W0178460

DROEMER

Daniel Jung

# Let's rock education

## Was Schule heute lernen muss

**Besuchen Sie uns im Internet:**
**www.droemer.de**

Aus Verantwortung für die Umwelt hat sich die Verlagsgruppe
Droemer Knaur zu einer nachhaltigen Buchproduktion verpflichtet.
Der bewusste Umgang mit unseren Ressourcen, der Schutz unseres Klimas
und der Natur gehören zu unseren obersten Unternehmenszielen.
Gemeinsam mit unseren Partnern und Lieferanten setzen wir uns für
eine klimaneutrale Buchproduktion ein, die den Erwerb von Klimazertifikaten
zur Kompensation des $CO_2$-Ausstoßes einschließt.
Weitere Informationen finden Sie unter: www.klimaneutralerverlag.de

Originalausgabe März 2020
Droemer Verlag
Ein Imprint der Verlagsgruppe
Droemer Knaur GmbH & Co. KG, München
Alle Rechte vorbehalten. Das Werk darf – auch teilweise – nur mit
Genehmigung des Verlags wiedergegeben werden.
Redaktion: Nadine Lipp
Covergestaltung: Isabella Materne, München
Coverabbildung: ewald & denizli Studios, Christian Ewald
Satz: Adobe InDesign im Verlag
Druck und Bindung: GGP Media GmbH, Pößneck
Printed in Germany
ISBN 978-3-426-27815-4

2   4   5   3   1

»Wenn jemand wie Daniel Jung so viele Jugendliche und Kinder dazu bringt, sich mit Mathematik zu beschäftigen und viele davon sogar Freude daran haben, dann hat er alles richtig gemacht. Auch der Schulunterricht kann davon profitieren.«

Heinz-Peter Meidinger,
Präsident des Deutschen Lehrerverbandes

»Als Botschafter der digitalen Bildungsinitiative ›Roberta – Lernen mit Robotern‹ bringt Daniel Jung unsere innovativen Lerninhalte rund um die Programmierplattform Open Roberta mit der Welt der Mathematik zusammen und zeigt einmal mehr: Digitalisierung ist themenübergreifend und durchdringt die Welt in allen Bereichen.«

Thorsten Leimbach,
Leiter Roberta Initiative, Fraunhofer IAIS

»Daniel Jung redet nicht nur über die Zukunft der Bildung, er treibt sie selbst aktiv voran und liefert klare Handlungsempfehlungen, was jetzt zu tun ist.«

Philipp Depiereux, Gründer und Geschäftsführer
etventure & ChangeRider, Partner EY

»Hunderte Millionen Views sprechen für sich – Daniel Jung zeigt, warum Mathe cool ist und wie man mit New Learning Schüler und Studenten begeistert!«

Philipp Justus, VP Central Europe at Google

# Inhalt

## New Learning ist der Schlüssel

# Vorwort

Ich liebe meinen Neffen. Er ist jetzt zwei, und wenn ich mit ihm im Wald bin oder auf einem Spielplatz, dann fasziniert mich seine Bereitschaft, Neues zu entdecken. Seine Fähigkeit, zu lernen. Wie er in dieser unnachahmlichen Art von Zweijährigen mit seinen kurzen Beinen über einen Ast stolpert, wieder aufsteht und weitergeht. Alles anfasst, um es zu be-greifen und mit allen Sinnen aufzunehmen.

Ich glaube, es gibt für meinen Neffen keine bessere Umgebung als den Wald und den Spielplatz. Hier, in der Natur und mit anderen Menschen zusammen, kann er alles lernen, was er braucht, um sich in Zukunft zurechtzufinden. Egal wie diese Zukunft aussehen wird. Ob er anstelle eines Führerscheins mal eine App bedienen können muss, um sein autonom fahrendes Auto zu steuern. Ob er als Programmierer künstliche Intelligenzen mit neuronalen Netzen ausstattet. Oder Manager eines Flugtaxiunternehmens wird. All dies kann er später lernen. Und wer weiß, vielleicht zeigt sich bei ihm in ein paar Jahren schon eine ähnliche Liebe zur Mathematik wie bei mir. Auch das würde ihn für die Zukunft stärken.

Die Mathematik ist die Lehre von Strukturen und Mustern. Sie zu erkennen und zu verstehen wird in der global vernetzten Welt angesichts von Big Data und sich rasend schnell verändernden Lebensverhältnissen immer wichtiger.

Dass mein Neffe als Digital Native schon früh mit den Technologien des 21. Jahrhunderts vertraut sein wird, spielt dabei keine Rolle. Im Gegenteil, ich bin fest davon überzeugt, dass er (und alle anderen Kinder) in den ersten Jahren seines

Heranwachsens so wenig wie möglich mit elektronischen Geräten in Berührung kommen sollte. Kein Handy, kein Tablet. Am besten gar nichts Elektronisches.

Hoppla! Keine Devices – dieser Rat kommt ausgerechnet von mir? Dem Mathe-Youtuber, der inzwischen gut 2500 Youtube-Videos produziert hat und damit bekannt geworden ist? Der in allen sozialen Netzwerken unterwegs ist? Wie kann ausgerechnet ich fordern, dass Kinder am besten ganz ohne elektronische Geräte aufwachsen sollen?

Über die Digitalisierung wird heftig gestritten. Viele halten Smartphones und Tablets für den Teufel. So wie der Psychiater und Hirnforscher Manfred Spitzer oder der Pädagoge Ken Robinson, der eine weltweite Studie durchgeführt hat mit einem erschreckenden Ergebnis. Robinson und seine Kollegen fanden heraus, dass viele Kinder sich täglich weniger im Freien aufhalten, als die Vereinten Nationen für Gefängnisinsassen vorschreiben. Selbst die Insassen von Hochsicherheitstrakten bekommen mehr frische Luft als manche Kids, die ihre Freizeit vor Bildschirmen verbringen.

Das Verrückte ist, dass die Gegner der Devices sich keineswegs nur unter Wissenschaftlern, Politkern oder auch Lehrern finden. Bei dieser Gruppe könnte man vielleicht noch sagen, dass die meisten unter ihnen keine Digital Natives sind. Ihnen könnte man entgegenhalten: Ihr seid in einer Zeit aufgewachsen, als es das Internet und soziale Netzwerke noch nicht gab – ihr versteht einfach nicht, wovon ihr da redet. Aber überraschenderweise kommt die Kritik an den digitalen Medien nicht nur von medienfernen Oldtimern, sondern auch von den Tech-Leuten selbst. Von denen also, die sie erfunden haben und die mit ihrem Verkauf sehr reich geworden sind.

In einem Gespräch mit einem Journalisten der *New York Times* gab Apple-Gründer Steve Jobs im Jahr 2010 freimütig zu Protokoll, dass er den Umgang seiner Kinder mit Devices streng überwachte (der Artikel »Steve Jobs Was a Low-Tech Parent« erschien 2014, das Gespräch fand jedoch Ende 2010 statt). Der Journalist konnte es kaum fassen: Das erste iPad war seit einem halben Jahr auf dem Markt, und Steve Jobs erklärte ihm, seine Kinder hätten es noch nicht in der Hand gehabt.[1]

Auch wenn der Apple-Gründer für seine Extravaganzen bekannt war – in Bezug auf den Umgang seiner Kinder mit digitalen Medien befand Jobs sich in bester Gesellschaft. Die CEOs nahezu aller großen Tech-Unternehmen regulieren strengstens, wie viel Zeit der Nachwuchs mit Elektronik verbringt – nämlich so wenig wie möglich. Einem Bericht des amerikanischen Fernsehsenders Fox News zufolge schicken die meisten Tech-Executives ihre Kinder auf Waldorfschulen im Silicon Valley.[2] Schulen, an denen jede Art elektronischer Geräte verboten und außer Papier und Stift keine Lernmittel zugelassen sind. Angeblich, so der Bericht, handelt es sich bei 70 Prozent der Waldorfschüler um den Nachwuchs großer Tech-Unternehmer. Dabei haben dieselben Unternehmer in den USA landesweit propagiert, amerikanische Schulen seien unbedingt mit Tablets auszustatten, das werde die Bildung um ein Vielfaches verbessern. Und doch schützen sie ihre eigenen Kinder vor ebendiesen Mitteln. Der Journalist der *New York Times* berichtet, nahezu alle Tech-Eltern stellen auch für zu Hause eine Hauptregel auf: Keine Devices im Schlafzimmer. Nie.

Und wie sieht es in Deutschland aus? Wie viele Erwachsene und Kinder verbannen hierzulande Smartphones und Tablets aus ihren Schlafzimmern? Ich gehe sicher davon aus, dass es nicht viele sind.

Das ist die eine Seite. Auf der anderen Seite bestreitet kaum jemand, dass wir uns auf die Digitalisierung einstellen müssen – in allen Lebensbereichen. In privat geführten Unternehmen, in der öffentlichen Verwaltung, in Krankenhäusern, Hochschulen etc. Und natürlich auch in den Schulen. Die digitale Bildungsreform ist beschlossene Sache. »DigitalPakt Schule« lautet der offizielle Name des Programms, das das Bundesministerium für Bildung und Forschung zusammen mit den Ländern 2018 aufgelegt hat. Die Mehrheit der Parteien unterstützt dieses Ziel. Allein über das Wie gibt es Diskussionen.

Wie aber passt das alles zusammen? Wenn die übermäßige Nutzung von elektronischen Geräten wirklich zu gesundheitlichen und psychischen Schäden führt und uns alle verdummen lässt, wieso wird dann überall beklagt, Deutschland hänge mit der Digitalisierung hinterher? Warum wird mehr Digitalisierung gefordert – und gleichzeitig immer lauter vor den Folgen gewarnt?

Dieser Widerspruch, in den uns die neue Technologie verwickelt, ist selbst sehr alt. In der griechischen Mythologie wird erzählt, Prometheus, der als Titan eine Art Halbgott war, habe seinem Vater Zeus das Feuer gestohlen und es den Menschen gegeben. Sie nutzten das Feuer, um ihre Häuser zu wärmen, Brot zu backen und Tongefäße zu brennen. Doch sie setzten es auch als Waffe ein, um zu brandschatzen und zu morden. Seither wird bei jeder neuen Erfindung darüber debattiert, ob wir mit der Technik, die wir in den Händen halten, mehr Nutzen oder Schaden anrichten. Oder, um es etwas moderner auszudrücken: »There is always a good use and a bad use«, wie Sebastian Thrun sagt, Pionier vieler Google-Technologien und Gründer einer Online-Universität.[3] Wir müssen uns gegen den Schaden wehren und dem Nutzen folgen.

Wenn über die Gefahren der Digitalisierung diskutiert wird, geht es meistens um ganz bestimmte Anwendungen:

Facebook, Instagram und Co. – Social Media. Sie stehen in der Kritik, weil Hate-Postings und das Mobbing von Internet-Trollen zu einem Problem geworden sind, das in den USA, Europa und vielen anderen Ländern der Welt sogar die Justizministerien beschäftigt.

Der Skandal um das Unternehmen Cambridge Analytica hat gezeigt: Bei Wahlen in den USA und bei der Abstimmung zum Brexit in Großbritannien wurden massenhaft Daten von Facebook-Accounts missbraucht, um die Ergebnisse zu manipulieren. Psychotherapeuten berichten von einer wachsenden Zahl von Teenagern, die depressiv werden, weil ihr Leben nicht so glänzt und glitzert wie auf Instagram. Wer dazu mehr wissen will, kann sich ein Video von Simon Sinek anschauen, er ist einer meiner Lieblingsvortragenden bei Youtube.[4] All das sind Dinge, die einen zweifeln lassen, ob die kleinen Supercomputer in unseren Händen wirklich ein so großer Segen sind. Ob das Feuer der Digitalisierung uns also mehr nutzt oder schadet.

Allerdings habe ich noch nie jemanden getroffen, der davor gewarnt hat, mit einem Smartphone Hörbücher anzuhören. Oder eine Sprache zu lernen. Worin wir also unterscheiden sollten, ist: Sind die Smartphones und Tablets das Übel, oder kommt es darauf an, was wir damit machen?

Die Antwort liegt auf der Hand. Trotzdem ärgern sich manche darüber, dass ich Mathe in Videos erkläre und sie auf Youtube zur Verfügung stelle. Nicht wenige Lehrer, aber auch Bildungsexperten regen sich darüber auf, dass immer mehr Schüler auf solche Youtube-Videos zurückgreifen, um Lerninhalte, die sie im Schulunterricht oder Studium nicht ausreichend verstanden haben, aufzubereiten. Weil Facebook und Co. uns zu Konsumenten machen, zu Klick-und-Likes-Süchtigen, weil sie Trollen und Hatern eine Plattform bieten, reagieren manche Bildungsexperten mit reflexhafter Abwehr auf alles Digitale. Auch dann, wenn es sich um hochwertigen Content handelt.

*Mathe-Youtuber.* Für die einen klingt das cool. Die anderen sagen es abwertend. Auch darin spiegelt sich diese Mischung aus Technikbegeisterung und Zukunftsangst wider, die in so vielen Diskussionen über Smartphones, soziale Netzwerke und künstliche Intelligenz mitschwingt. Youtuber werden bewundert für ihren Erfolg, und wenn Regierungschefs von Barack Obama bis Angela Merkel sich vor Wahlen mit ihnen treffen, dann ist das ein Zeichen höchster gesellschaftlicher Anerkennung. Doch wenn mich manche Lehrer und Bildungsexperten »Mathe-Youtuber« nennen, nutzen sie das als scheinbares »Argument«, um mich in der Diskussion über Bildung und Digitalisierung anzugreifen und zu diskreditieren: Der ist ein Youtuber. Was der zur Mathematik und zur Bildung zu sagen hat, ist unseriös. Den nehmen wir nicht ernst. Offenbar kommt es nicht allein darauf an, was jemand kann. Sondern auch darauf, dass ihm jemand ein Zertifikat dafür ausgestellt hat. Und das fehlt mir, zugegebenermaßen. Ich habe mein Studium früh abgebrochen. Wie übrigens auch Mark Zuckerberg, Steve Jobs und viele andere …

Steve Jobs hat der Welt das Smartphone und das Tablet gegeben. Er träumte von einer Technik, die uns nicht stört oder belästigt, sondern mehr Möglichkeiten an die Hand gibt. Schon mit dem ersten Personal Computer sollte jeder ein Gerät zu Hause haben, das es ihm erlaubt, kreativ zu sein. Als Steve Jobs 1984 den ersten Apple Macintosh präsentierte, war dieser mit Zeichenprogrammen und anderer Software ausgestattet, für mehr künstlerische Kreativität. Jahre später hatte er die große Vision, den Menschen ein Gerät in die Hand zu geben, mit dem sie ständig unterwegs sein konnten. Dafür wollte er das iPad entwickeln. Aber aufgrund der Technologie – damals konnte man noch nicht so viel Speicherplatz auf kleinem Raum zur Verfügung stellen – hat er dann mit seinem Team entschieden, zuerst das iPhone rauszubringen. Das war kleiner und von der Kostenstruktur her einfacher zu verwirklichen. All diese Geräte, vor allem die tragbaren Smartphones und Tablets, enthielten vor allem ein Versprechen: Sie sollten den Alltag erleichtern.

Es gibt einen riesigen Unterschied zwischen der Vision von Steve Jobs und dem Geschäftsmodell, das Technologie-Konzerne wie Facebook reich gemacht hat. Für Jobs waren die Geräte Werkzeuge. Mit Werkzeugen kann man tolle Sachen bauen, sie sind ein Hilfsmittel, das den Menschen dient. Für Zuckerberg sind die Menschen Konsumenten, mit ihren Daten kann er sehr viel Geld verdienen. Je häufiger sie eine Seite anklicken, je länger sie sich auf Facebook aufhalten, je mehr WhatsApp-Nachrichten und Instagram-Posts sie in den digitalen Äther pusten, desto mehr steigt der Wert von Zuckerbergs Unternehmen. Damit will ich nicht sagen, Apple sei ein gutes und Facebook ein böses Unternehmen (und natürlich wirbt auch Apple um möglichst viele Konsumenten). An beiden gibt es berechtigte Kritik. Es geht hier nicht um die moralische Bewertung der großen Tech-Konzerne, sondern um den Unterschied zwischen sinnvollen und schädlichen Anwendungen von elektronischen Geräten. Darum also, ob wir die digitalen Werkzeuge nutzen oder uns zu hirnlosen Konsumenten machen lassen.

Das Versprechen, den Alltag zu erleichtern, haben viele Geräte mehr als eingelöst. Vor der Erfindung des Internets mussten wir, wenn wir eine Information suchten, mindestens ans Regal gehen und in einem Lexikon nachschlagen – sofern wir eins hatten. Oder in eine Bibliothek gehen. Bibliotheken haben Öffnungs- und Wartezeiten. Es konnte Tage, manchmal Wochen dauern, bis man an eine Information kam. Wir können uns das heute kaum noch vorstellen. Egal ob wir das Bild eines bestimmten Malers sehen oder ein Musikstück hören wollen, ob wir uns einen Überblick über die aktuellen Wohnungsangebote oder die Restaurants in unserer Stadt verschaffen wollen – all das war noch bis vor einigen Jahren mit ziemlich viel Aufwand verbunden. Wie hat man sich früher als Ortsfremder ohne Navigationssystem in einer Stadt wie Hamburg oder München zurechtgefunden? Heute leitet das Navi uns entspannt durch den Verkehr, und das Aufrufen einer Information dauert ein paar Sekunden. Das Internet, mobile Endgeräte und eine gigantische Produktion von Content haben dazu geführt, dass wir ständig und überall auf Wissen zugreifen können – egal wo wir uns aufhalten.

Natürlich besteht gleichzeitig die Gefahr, dass man ständig auf die Geräte schaut und abgelenkt ist. Es ist eine Tatsache, dass sie uns vielen Eindrücken, Bildern und Informationen aussetzen, für deren Verarbeitung das menschliche Gehirn gar nicht entwickelt ist. Ich verstehe deshalb die Kritik und die Warnungen vor den Folgen der Digitalisierung. Ich sehe die Gefahren, und ich teile die Bedenken, vor allem angesichts der Auswirkungen des Medienkonsums auf die psychische und geistige Entwicklung von Kindern und Jugendlichen. Aber das ist für mich kein Grund, Devices nicht auf sinnvolle Art einzusetzen. Im Gegenteil: Wir können das Internet, Tablets und Smartphones dazu nutzen, Wissenslücken zu schließen, Dinge zu lernen und eigenes Wissen zu teilen. Wir können uns auf unkomplizierte Weise mit Menschen vernetzen, die dieselben Fragen haben wie wir, und mit anderen, die sie uns beantworten können. Und hier stehen wir erst ganz am Anfang. Wenn wir jetzt die richtigen Entscheidungen treffen, können wir in den nächsten Jahrzehnten eine Bildungsrevolution beginnen, zu der ich beitragen möchte, was ich kann.

Ich möchte alle, die sich für Social Media interessieren, über den Nutzen aufklären, zeigen, wie Kommunikation auf den verschiedenen Kanälen funktioniert und wie sie sich selbst auf den unterschiedlichen Plattformen am besten bewegen. Dazu gebe ich im Verlauf des Buches detailliert Einblick: Wie habe ich es gemacht – wie bin ich mit den Mathevideos so erfolgreich geworden? Und was könnt ihr tun (und was solltet ihr lassen), um euren eigenen Content erfolgreich in sozialen Netzwerken zu verbreiten? Ich will alle dazu ermutigen, digitale Hilfsmittel kompetent und selbstbestimmt einzusetzen. Wir sollten die Chancen erkennen, die sich uns durch die Digitalisierung bieten, um uns gemeinsam optimal zu bilden und auf die Zukunft vorzubereiten. Fangen wir an, die Medien nicht als Social, sondern als Educational Media zu nutzen.

# Die ganze Mathematik
# in Kurzvideos

## Wozu Mathematik?

Die Mathematik durchdringt die gesamte moderne Welt. Ihre wichtigste Funktion bestand lange Zeit darin, Phänomene der Naturwissenschaften zu beschreiben und auszudrücken.

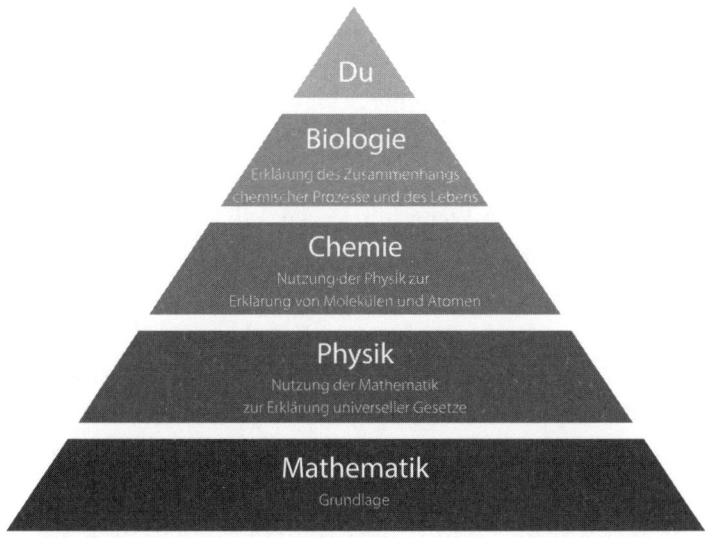

*Abb. 1*

Die Mathematik leistet aber heute noch viel mehr. Sie dient auf den Finanzmärkten dazu, Annahmen über die Zukunft zu treffen – hier werden auf der Grundlage von Informationen mithilfe der Wahrscheinlichkeitsrechnung Prognosen erstellt.

Vor allem aber ist die Mathematik Grundlage der modernen Computertechnologie und damit Voraussetzung für jedes technische Studium in einer zunehmend digitalisierten Welt.

Heute werden in nahezu allen Lebensbereichen riesige Mengen von Daten gesammelt. Mathematische Algorithmen spielen eine fundamentale Rolle, wenn es darum geht, diese Datenmengen zu strukturieren, um Prozesse zu optimieren und Anwendungen für Datensätze zu modellieren.

Die Mathematik hilft aber auch, die immer komplexeren Zusammenhänge in der Wirtschaft vereinfacht darzustellen. Egal ob wir auf Finanzmathematik schauen, auf Raumflüge, das autonome Fahren, Hochleistungsbatterien, das Klickverhalten von Nutzern im Internet oder auf die Vernetzung von alltäglichen Gebrauchsgegenständen wie Zahnbürste oder Toaster im Internet der Dinge: Überall ist Mathematik drin.

Wir brauchen ein Verständnis für digitale Technologie, etwa darüber, was passiert, wenn ich Textnachrichten versende oder mich durch Webseiten klicke. Wir müssen verstehen, wie man Algorithmen einsetzt, um Probleme zu lösen.

Und dann ist da noch das große Zukunftsthema: Mathematische Lösungskraft und Kreativität haben den Aufbau von künstlichen Intelligenzen möglich gemacht. Von Maschinen, die in der Lage sind, menschliche Denkprozesse auszuführen.

Wenn etwa 80 Prozent der künftigen Jobs erst noch erfunden und mit hoher Wahrscheinlichkeit immer digitaler werden, dann wird es immer notwendiger, schnell Zusammenhänge zu erkennen und Probleme zu lösen. Das gelingt nur mithilfe der Mathematik und entsprechenden Algorithmen.

Mathematik ist die Kunst des klaren Denkens und Sprechens, es ist die Schlüsselkompetenz, die uns als Individuen wie als Gesellschaft zukunftsfähig macht.

In der Schule jedoch begegnet Mathematik heute immer

noch als eine äußerst abstrakte Disziplin, eine Sache für Nerds, ohne konkreten Anwendungsbezug. Viele fragen sich: Wozu brauche ich diese Formel jemals? Mit Sprachen kann ich mich im Ausland verständigen, mit Erdkunde finde ich mich geografisch zurecht etc. ... Aber Mathe?

Zudem basiert der Mathematikunterricht in der breiten Fläche noch stark auf der Prä-Computer-Ära, wo man riesige Tabellen brauchte, um Dinge zu berechnen. Hier wird immer noch viel gerechnet, was in der Tiefe ermüdend, langweilig und fehleranfällig für die meisten ist und den Spaß an der eigentlichen Mathematik verdirbt.

## Vom Nachhilfelehrer zum Youtube-Star

Seit ich in die Schule gehe, erkläre ich anderen Mathe. Damals kamen meine Mitschüler morgens vor der Stunde zu mir und ließen sich ihre Hausaufgaben korrigieren. Viel später gründete ich ein kleines Nachhilfeunternehmen für Schüler und Studenten. Das war parallel zum Studium, ich hatte mich an der Universität eingeschrieben und bereits die ersten Semester hinter mir. Als Studienfächer hatte ich Mathe gewählt und Sport, meine zweite Leidenschaft. Seit meiner Kindheit spiele ich Tennis im Remscheider SV. In meinem Heimatverein leitete ich neben dem Studium auch Tenniscamps, in denen ich bis zu 45 Kids im Alter von 5 bis 18 Jahren betreute. Ich war und bin also auch in der Offline-Welt unterwegs. Und ich hoffe, dass mir der Sport geholfen hat, mich nicht zu einem digitalen Nerd zu entwickeln.

Ich lernte für die Uni, während ich in meinem Nachhilfeunternehmen fortsetzte, was mir schon in der Schule Spaß gemacht hatte, und mein Wissen so gut ich konnte an andere weitergab. Allerdings waren die Vorlesungen, in denen Professoren in kürzester Zeit endlose Tafelbilder vollschrieben, nicht immer der pure Mathegenuss für mich. Schon gar nicht montags morgens um acht. Deshalb recherchierte ich hin und wieder im Internet nach Mathe-Inhalten.

Eines Tages entdeckte ich beim Surfen Vorlesungen, die Mathematik-Professoren am Massachusetts Institute of Technology (MIT) und in Stanford hielten. Sie hatten das, was sie den wenigen privilegierten Studierenden an ihren Elite-Universitäten beibrachten, einfach auf Youtube hochgeladen. Der Videokanal war damals noch ziemlich jung – er wurde im Jahr 2005 gegründet und 2006 von Google gekauft. Die Universität Stanford ist dem Kanal bereits 2006 beigetreten, das MIT 2009 – was die beiden Universitäten da machten, war ziemlich ungewöhnlich. Das MIT und Stanford, die zu den renommiertesten US-amerikanischen Einrichtungen gehören, ließen mich kostenlos an den Vorlesungen berühmter Professoren teilnehmen! Man kann sich ungefähr vorstellen, was das bedeutete, wenn man weiß, wie viel Geld die Studierenden vor Ort in ihr Studium am College investieren und mit welchen Krediten sich viele dafür verschulden müssen. Knapp zwei Jahre später gründete ein Professor für künstliche Intelligenz aus Stanford Udacity, einen Online-Streamingdienst für Universitätskurse, ein Jahr später zogen zwei Informatikprofessoren von Stanford mit Coursera nach. So entstanden die beiden namhaftesten Online-Universitäten der Welt. Die ersten Partner: Stanford und das MIT. Aber das ahnte ich damals natürlich noch nicht. Ich war einfach nur begeistert über das kostenlose Studienangebot. Und darüber, dass amerikanische Professoren kein Problem damit hatten, auch als Youtuber aktiv zu sein.

Das Beste an den gestreamten Vorlesungen war: Ich konnte

selbst entscheiden, wann und wo ich mir den Stoff zu Gemüte führte. Am liebsten sonntagabends auf der Couch. Ich weiß nicht genau, warum, aber für mich erhöhte das den Spaßfaktor enorm. Vielleicht war es nicht nur die Couch. Vielleicht lag es auch daran, dass ich nicht gezwungen war, dem Tempo des Professors zu folgen, sondern das Video anhalten und zurücklaufen lassen konnte, wenn ich etwas nicht verstanden hatte. Oder mir zwischendurch etwas zu essen holen, falls ich Hunger bekam. Statt 90 Minuten Druckbetankung konnte ich alles schön in Ruhe aufnehmen.

Die Videos von Stanford und MIT erinnerten mich ein bisschen an die Sendung *Telekolleg,* die ich während meiner Schulzeit oft schaute. Vielleicht zeichnete sich hier schon meine Affinität zu Lernvideos ab ... Seit 1967 gab es dieses Angebot des öffentlichen Rundfunks. Im *Telekolleg* erklärten Lehrer vor laufender Kamera Unterrichtsstoff, die Sendungen wurden dann im Fernsehprogramm ausgestrahlt. Dazu gab es schriftliches Lehrmaterial und regelmäßige Unterrichtsstunden vor Ort, die es Erwachsenen ermöglichten, die Mittlere Reife oder das Fachabitur nachzuholen. Das *Telekolleg* war also eine Mischung aus Selbststudium und Präsenzunterricht. Mit dem einen Unterschied, dass man die Fernsehsendungen nicht an jedem beliebigen Ort und zu jeder beliebigen Uhrzeit anschauen konnte, und dass man sie nicht anhalten und zurückspulen konnte (es sei denn, man hatte einen Videorekorder – die in Europa allerdings erst in den 1980er-Jahren aufkamen).

Ich fand die Youtube-Vorlesungen sensationell. Ich merkte, dass ich im Internet nur lange genug suchen musste, um ein Problem zu verstehen. Wenn ich auf einen Professor oder Lehrer stieß, dessen Erklärungen mir nicht zusagten, suchte ich mir ein anderes Video zum selben Problem. Mit Glück fand ich eins.

Das galt natürlich auch umgekehrt. Die Professoren, die am MIT und in Stanford unterrichteten, erreichten auf einmal mich, Daniel Jung aus Remscheid. Und das, ohne mir je begegnet zu sein. Die Zahl der Studierenden, mit denen sie ihr Wissen teilten, wuchs exponentiell von ein paar Hundert im Semester auf eine unüberschaubar große Menge. Sie erreichten nicht mehr nur die, die sich auf dem Campus ihrer Universität aufhielten, sondern Menschen in der ganzen Welt.

Da ich selbst als Nachhilfelehrer aktiv war, dachte ich: Wie wäre es, wenn ich das genauso mache? Wenn ich das, was ich meinen Nachhilfeschülern und -studenten erkläre, in Videos zur Verfügung stelle? Bei diesem Gedanken machte es in meinem Kopf »Peng!«. Ich dachte: Videolernen – das wird die Bildung revolutionieren. Und ich sah sofort eine Chance, mich an dieser Revolution zu beteiligen und sie mitzugestalten. Ich nahm mir vor, den Stoff, egal wie kompliziert, einfach zu erklären, so, dass möglichst jeder in der Lage ist, ihn zu verstehen. Denn eins wusste ich aus meinem Nachhilfeunternehmen genau: Schüler brauchen oft schnell Hilfe, in Bezug auf ganz spezielle Fragen oder ganz spezifische Wissenslücken. Sie müssen am nächsten Tag in einem Test oder einer Arbeit eine bestimmte Art von Gleichung lösen. Und was für meine Nachhilfeschüler galt, das galt vermutlich für viele Schüler und Studierende überall auf der Welt.

Ich ging los, kaufte mir eine Videokamera und produzierte mein erstes Mathevideo. Das war im Jahr 2011. Nur einen Stift in der Hand, stellte ich mich vor eine weiße Tafel, erklärte ein mathematisches Problem und zeichnete das Ganze mit der Kamera auf. Vier bis sechs Minuten. Länger nicht. Mir war klar, dass diese Länge sinnvoll ist. Vom Rest hatte ich keine Ahnung. Ich wusste nicht, wie man schneidet, also musste ich fehlerfrei erklären, solange die Kamera lief. So mache ich es heute noch, und man sieht das auf den Videos auch: Ich schalte die Kamera ein, die auf die weiße Tafel gerichtet ist, und dann dauert es zwei, drei Sekunden, bis ich selbst im Bild erscheine und mit meiner Erklärung beginne. Und am Ende sieht man, wie ich zur Kamera zurückgehe und sie ausschalte.

Als ich das erste Video auf diese Art aufgezeichnet hatte, lud ich es bei Youtube hoch. Auf das erste folgten die nächsten kurzen Videos. Filmen, erklären, hochladen. Woche für Woche.

Zunächst passierte eine Zeit lang nichts. Dann kamen vereinzelt ein paar Rückmeldungen von Nutzern. Sie schrieben, dass sie mithilfe der kleinen Einheiten, die ich gemacht hatte, hier und da Lücken schließen konnten, ja sogar Themen zum ersten Mal verstanden. Einige meiner Schüler scherzten, dass sie mit den Videos besser lernten als mit mir persönlich. Vielleicht war es genau richtig, mich vor die Kamera zu stellen und genauso zu filmen, wie ich auch in der Präsenzphase zu erleben bin. Rückblickend würde ich es wieder so machen, da es den Erklärsequenzen meines Erachtens eine persönliche Note verleiht, wenn man den Tutor sieht. Auch wenn andere Produzenten (Creators) auch ohne die eigene Person im Bild auskommen (dazu später mehr).

Irgendwann verbreiteten sich die Videos stärker, wohl auch, weil immer mehr Menschen begannen, mobile Geräte zu nutzen, und die Internetleitungen an vielen Orten immer besser wurden. Vielleicht ist es kein Zufall, dass der Boom von Smartphones und Tablets im Jahr 2011 einsetzte, in dem Jahr also, in dem ich mein erstes Video auf Youtube veröffentlichte. Jedenfalls schoss die Zahl der Nutzer irgendwann in die Höhe. Am Anfang, als junger Schüler, erklärte ich einem einzigen, manchmal auch zwei oder drei Mitschülern Mathe. Heute sind es Millionen pro Monat.

Seit dem ersten Video von 2011 habe ich jede Woche ein

Mathevideo produziert. Stur und regelmäßig, ohne Unterbrechung. Daraus ist in den vergangenen acht Jahren ein ständig wachsendes Archiv entstanden, mit über 2500 Videos, in denen ausschließlich Mathematik erklärt wird. Ein Nutzer postete mal den Kommentar: »Daniel Jungs Videos sind wie Wikipedia für Mathe in Videoform.« Schöne Formulierung. Man könnte auch sagen, ich habe eine Art Mathevideopedia gebaut – die ganze Mathematik in Kurzvideos.

### *Exponentialkurve, Statistik, Kombinatorik*

Eins will ich hier gleich betonen, und ich werde das im Verlauf des Buches wiederholen: Ich erhebe keinen Alleinstellungsanspruch, und natürlich ist meine Mathevideopedia nicht allumfassend. Auch wenn ich inzwischen einen sehr großen Teil der für Schule, Ausbildung und Studium relevanten Mathematik in Form von Videos abgedreht habe. Ich habe von Anfang an andere dazu aufgefordert, selbst Videos zu produzieren, und ich freue mich über den tollen Content, den es im Internet gibt, zum Beispiel von Lehrern, die das Videoformat als zusätzlichen Weg entdeckt haben, ihren Schülern Mathematik zu erklären. Der im Moment erfolgreichste ist vielleicht ein Youtuber, der seinen Kanal unter dem Namen Lehrerschmidt betreibt. Ich bin ein riesiger Fan von ihm – seine Videos muss man gesehen haben! Es gibt die Jungs von Simpleclub, die eine App zum Mathelernen programmiert haben. Oder die Chemikerin Mai Thi Nguyen-Kim, die mit einem Youtube-Kanal angefangen hat und inzwischen im öffentlichen Rundfunk unter anderem als Nachfolgerin von Ranga Yogeshwar die Wissenssendung *Quarks* moderiert. Und viele andere, einige von ihnen werde ich in Kapitel zwei vorstellen. So wie an der Wikipedia viele verschiedene Autoren mitarbeiten, stelle ich mir das auch für die Mathematik vor. Je mehr (gute) Videos es von engagierten Erklärern gibt, desto besser!

Wenn ich versuche, meine Geschichte mithilfe der Mathematik zu erzählen, fällt mir die Exponentialfunktion ein. Mit ihr kann ich darstellen, wie etwas zunächst langsam und dann immer schneller wächst. So wie die Zugriffe auf meine Youtube-Videos, die irgendwann rasant in die Höhe gingen.

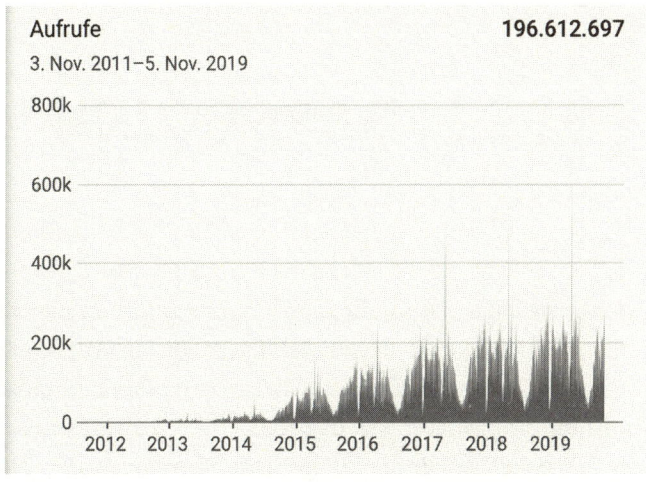

*Abb. 2*

Am Anfang verlief die Kurve relativ gerade, es wurden Tag für Tag ein paar Nutzer mehr – diese Art der langsamen, stetigen Zunahme nennt man »lineares Wachstum«. Dann aber schnellte die Zahl der Views plötzlich rasant in die Höhe: Die letzten 60 Millionen zusätzlicher Klicks kamen allein innerhalb des letzten Jahres dazu. Eine Kurve, bei der eine langsame, fast horizontale Steigerung an einem bestimmten Punkt plötzlich beinahe senkrecht nach oben geht, ist die Exponentialkurve. Sie ist ein gutes Beispiel, um zu zeigen, auf welche Weise die Mathematik Strukturen und Muster sichtbar macht.

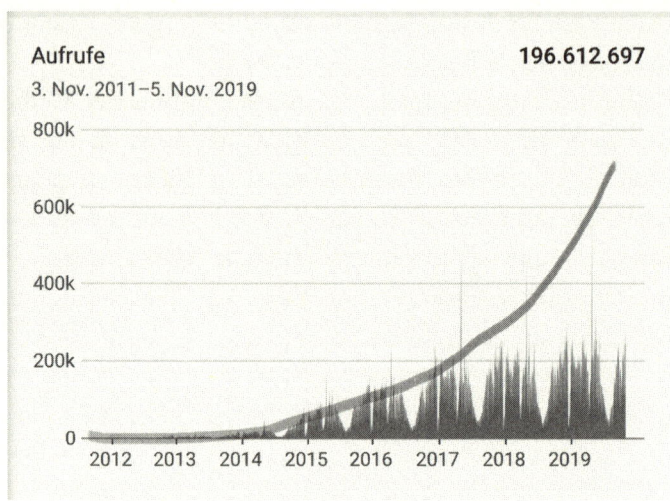

Aufrufe                     196.612.697

3. Nov. 2011–5. Nov. 2019

*Abb. 3*

Die statistischen Daten, die aus dem hier abgebildeten exponentiellen Wachstum hervorgehen, sehen in Wort und Zahl so aus: Derzeit gelte ich als der meistgesehene Mathe-Online-Educator in Europa und einer der meistgesehenen weltweit, mit 180 Millionen Views (im Sommer 2019); prognostiziert werden für das Jahr 2022 eine Milliarde Views. Seit meinem ersten Video sind rund 2500 Erklärvideos entstanden, mit einer Gesamtlaufzeit von mehr als 12 000 Minuten oder 200 Stunden. Ein User schrieb mir mal in einem Kommentar: »Daniel, ich habe nachgerechnet: Wenn ich mich jetzt dransetze und acht Tage nonstop schaue, habe ich die Mathematik komplett drauf.«

Ich kann meine Geschichte mithilfe von Exponentialkurven und Statistik erzählen – zwei wichtige Tools, die uns die Mathematik zur Verfügung stellt. Und wenn wir schon einmal dabei sind, könnte ich hier noch die Kombinatorik anführen. Denn oft sind es mehrere unterschiedliche Entwicklungen, die durch ihre Kombination dazu führen, dass sich unser Leben verändert.

Die Entstehung des Internets sollte die Welt in revolutionärer Weise verändern, das sahen kluge Medientheoretiker schon in den 1960er-Jahren voraus. Heute kann man nicht nur mit seinem Nachbarn, sondern auch mit einem Verwandten oder Freund auf der anderen Seite des Erdballs in Echtzeit kommunizieren. Aber erst durch die Erfindung des Smartphones wurde Wissen überall und zu jeder Tages- und Nachtzeit zugänglich. Ich werde darauf noch zurückkommen, was die kombinatorische Verbindung solcher Entwicklungen für unsere Gegenwart bedeutet.

Views machen bekannt. Da ich auf den Videos als Erklärender zu sehen bin, werde ich auf der Straße wiedererkannt. Ich werde von Universitäten oder auf Messen zu sogenannten Meet & Greets eingeladen. Dort halten mir Schüler und Studenten ihre Notizbücher, T-Shirts oder sogar Skateboards hin und bitten mich um Autogramme. Oder um ein gemeinsames Selfie – ein digitales Autogramm. Mir kommt das oft noch surreal vor, weil man das eher von Musikern oder Schauspielern kennt. Aber ich freue mich, dass so etwas mit Bildung möglich ist! Natürlich schütteln viele über diesen Erfolg verwundert den Kopf. Wie kann es sein, dass jemand mit Mathe einen derartigen Hype erzeugt?

## Die Kunst, Mathematik verständlich zu erklären

Was in den acht Jahren seit meinem ersten Online-Video entstanden ist, hat mich selbst überrascht. Denn ich habe ja am Anfang eigentlich nichts anderes gemacht, als meinem Nebenjob und meiner Leidenschaft nachzugehen: Mathe erklären. Ich habe mich beim Erklären vor eine Kamera gestellt, das Video auf der führenden Online-Plattform für Video-Content hochgeladen und das jede Woche wiederholt. Mehr nicht. Auch wenn die Angelegenheit mit der Zeit komplizierter wurde, weil ich mir überlegen musste, wie man die vielen unendlich komplexen Themengebiete der Mathematik in die kleinen Einheiten von Kurzvideos runterbricht, und wie man die Videos am besten ordnet.

Wie aber lässt sich dieser Erfolg erklären?

Ich muss dazu noch einmal auf meine eigene Homebase zurückkommen: Ich hatte ein Nachhilfeunternehmen gegründet, und zwar offline. Als Nachhilfelehrer hat man es vor allem mit einer Frage zu tun: Wie erklärt man etwas so, dass der andere es auch wirklich versteht? Natürlich stellen sich auch Lehrer diese Frage. Nur bekommen sie ihr Gehalt in jedem Fall, selbst wenn nicht alle Schüler alles verstanden haben. Beim Nachhilfelehrer ist das anders, sein wirtschaftlicher Erfolg hängt davon ab, dass seine Schüler wirklich besser werden.

Ich denke, die wichtigste Voraussetzung ist, dass man ein Gespür dafür entwickelt, *warum* jemand etwas *nicht versteht*. Wenn ein Schüler in der Schule oder im Nachhilfeunterricht etwas nicht versteht, kann er nachfragen. Funktioniert die Kommunikation zwischen Lehrern und Schülern, dann können sie gemeinsam herausfinden, an welchen Stellen es hängt, der Lehrer kann seine Erklärung wiederholen oder es mit einem anderen Erklärungsansatz versuchen. So lange, bis der Knoten bei den Schülern platzt.

Spricht das aber nicht gerade gegen das Lernen mit Videos? Wie soll ich als Erklärender in einem Video dieses Gespür entwickeln, wenn ich gar nicht weiß, wer sich das Video anschaut? Ich habe doch keine Ahnung, wer das Video nutzt, wie alt er ist, welche Vorkenntnisse er hat, mit welcher Art von Erklärung er gut zurechtkommt, was und warum er möglicherweise etwas nicht versteht. Ich kann nicht spontan auf eine gerunzelte Stirn oder fragende Blicke reagieren. Ich kann nicht mal eben kurz innehalten, nachhaken, es mit einem neuen Ansatz versuchen.

Warum aber sind die Mathevideos dann ein so großer Erfolg?

Ich glaube, dafür gibt es zwei wesentliche Gründe.

Erstens geht es vermutlich vielen Schülern und Studenten ähnlich wie mir im Studium: Die Videos können zu jeder Zeit und an jedem Ort abgerufen werden, man kann sie anhalten, zurück- oder vorspulen. Das ist hilfreich für alle, die im Unterricht irgendetwas nicht mitbekommen – aus welchen Gründen auch immer.

Ein Lehrer, der 32 Schüler hat, ist im schlimmsten Fall mit 20 oder 30 unterschiedlichen Wissenslücken konfrontiert. Wenn er Glück hat, kann er im Verlauf einer Unterrichtsstunde dem ein oder anderen dabei helfen, etwas nachzuholen. Wobei er nicht aus dem Auge verlieren darf, dass er die 45 Minuten, die ihm zur Verfügung stehen, vor allem dazu nutzen muss, *neuen* Stoff zu vermitteln. Wie soll er dabei 30 oder mehr Schülern gleichzeitig gerecht werden, die alle ganz unterschiedliche Bedürfnisse haben? Wie soll er verhindern, dass, wenn er sich auf die Schwierigkeiten einer kleinen Gruppe von Schülern einlässt, die anderen in der Zwischenzeit gelangweilt abschalten? Bei den Videos, die jeweils nur ein paar Minuten lang sind, kann sich jeder das raussuchen, was er braucht. Keiner muss warten, bis der Lehrer Dinge wiederholt hat, die nur ein Teil der Klasse verstanden hat. Was ich schon weiß, klicke ich weg, was mir fehlt, rufe ich auf. Die Videos helfen also zum Beispiel denen, die ein paar Tage krank waren und etwas nachholen müssen. Sie helfen denen, die mit einem

bestimmten Lehrer nicht zurechtkommen. Oder denen, die
Schwierigkeiten haben, sich montags morgens um acht schon
45 Minuten ohne Unterbrechung zu konzentrieren. Es kommt
aber noch besser: Videos sind auch für die interessant, die der
Schule voraus sind. Wer ein Fach liebt (es kann ja statt Mathe
auch Physik, Chemie oder ein anderes sein) und sich auch in
seiner Freizeit damit beschäftigt, muss nicht warten, bis er
sich endlich an der Uni einschreiben kann, um bestimmte
Dinge zu lernen. Sebastian Thrun, Gründer der Online-Universität Udacity, erklärt: »Online ist super für die, die etwas
suchen und es offline nicht finden. Junge Menschen, die etwas
lernen wollen und können, das erst für ältere vorgesehen ist.
Wie ein Mädchen in Pakistan, das mit 11 Jahren einen unserer
Kurse absolviert hat, der für 18-Jährige gedacht war.«

Der zweite wesentliche Grund für den Erfolg hat parado-
xerweise etwas mit der Frage zu tun, die ich eben gestellt habe.
Denn tatsächlich habe ich mich gerade zu Beginn, bei der
Produktion der ersten einfachen Videos, gefragt: Warum versteht jemand etwas nicht?

Das Schulsystem ist so organisiert, dass der Lehrstoff über
Jahre systematisch aufeinander aufbaut. Das ist absolut sinnvoll, hat aber einen erheblichen Nachteil: Die Lehrer müssen
bei der Gestaltung ihres Unterrichts alles als bekannt und verstanden voraussetzen, was in den Stunden, Wochen und sogar
Schuljahren zuvor erklärt und gelernt wurde. Sie gehen also
davon aus, dass ihre Schüler wissen, »was bisher geschah«.

Das mache ich anders. Wenn ich am Beginn eines Videos
vor einer weißen Tafel stehe, dann ist diese Tafel für mich
auch im übertragenen Sinne weiß. Das heißt, ich nehme an,
dass nichts von dem, was ich erklären will, schon bekannt ist.
Ich stelle mir den Lernenden also immer als absoluten Neu-
ling vor, als unbeschriebenes Blatt.

Nehmen wir zum Beispiel die Addition von Brüchen. Da ich die Empfänger meiner Videos nicht kenne, vermute ich, dass es unter ihnen welche gibt, die Zähler und Nenner nicht richtig zuordnen können, und andere, die das Wort »addieren« nicht verstehen. Während ich also in der Erklärsequenz den Ablauf demonstriere: »Addieren von zwei Brüchen, indem man die Nenner addiert und den Zähler so beibehält«, erkläre ich in diesem Fall auch: Was ist ein Zähler, was ist ein Nenner, und was bedeutet es, Zahlen oder Brüche zu addieren. Ich spreche dabei immer von Mathevokabeln, das heißt, ich gehe bei all meinen Erklärungen einfach davon aus, dass es den ein oder anderen Nutzer gibt, dem man erst einmal die Begriffe übersetzen muss, die verwendet werden. »Mathevokabel erkannt, Gefahr gebannt« nenne ich dieses Prinzip.

Auf diese Weise kann ich selbst in kleinen, kurzen Videos Wissenslücken schließen, die oft der Grund dafür sind, dass jemand etwas nicht versteht. Dazu gehören die allergrundsätzlichsten Grundlagen. Es mag manchem vielleicht banal erscheinen, aber als ich das Buch *Das Mathe-Gen* von Keith Devlin gelesen habe, habe ich selbst mein Fach besser verstanden. Mir wurde noch klarer, dass die Mathematik deshalb so nützlich und wichtig ist, weil sie uns hilft, Strukturen und Muster zu erkennen. Ich glaube, vielen fehlt in der Schule schon dieses Grundverständnis. Sie fragen sich: Warum soll ich das alles lernen? Ich empfehle deshalb jedem Devlins Buch als Pflichtlektüre.

Wer es nicht glaubt, schaue sich das Video »Die Wissenschaft Mathematik« von Christian Spannagel bei Youtube an. Dort kann man sehen, dass Studierende, die an der Hochschule eingeschrieben sind und somit 12 oder 13 Schuljahre hinter sich haben, die Frage: Was ist Mathematik? oft nicht beantworten können. Um das Rätsel hier aufzulösen: Die Ma-

thematik ist, anders, als viele glauben, keine Naturwissenschaft (sonst, so argumentiert Spannagel, würden die sogenannten MINT-Fächer, Mathematik, Informatik, Naturwissenschaften und Technik, einfach nur INT-Fächer heißen).
Mathematik ist ein Werkzeug der Naturwissenschaften, eine
formale Sprache, die dazu dient, naturwissenschaftliche Phänomene auszudrücken und zu beschreiben.

Natürlich suche ich mir selbst gerne meinen eigenen Weg,
wenn es darum geht, ein Thema zu erklären. Wenn ich zeigen
will, wie man mithilfe der Mathematik lernen kann, Strukturen und Muster zu erkennen, dann wähle ich gerne eines der
»schlimmsten« Beispiele, das in der Schule und Uni wenig beliebte sogenannte Beweisverfahren.

Ich liebe dieses Beispiel, weil man daran sieht, dass prinzi-
piell jeder solche Muster versteht und so auch tiefer in die Mathematik einsteigen kann.

1
1+3
1+3+5
1+3+5+7

Was erkennt man? Ungerade Zahlen werden addiert (Muster
1).

| 1        | = 1  |
| 1+3      | = 4  |
| 1+3+5    | = 9  |
| 1+3+5+7  | = 16 |

Schon schwieriger: Es kommen immer Quadratzahlen raus
(Muster 2).

| | |
|---|---|
| 1 | $= 1 = 1\hat{\ }2$ |
| 1+3 | $= 4 = 2\hat{\ }2$ |
| 1+3+5 | $= 9 = 3\hat{\ }2$ |
| 1+3+5+7 | $= 16 = 4\hat{\ }2$ |

Die Krönung: Wenn man die ungeraden Zahlen hintereinander addiert, ist das Ergebnis immer identisch mit der Anzahl der zusammengezählten ungeraden Zahlen hoch 2 (Muster 3). Wenn man also die ersten 100 ungeraden Zahlen addieren soll, kann man also einfach $100\hat{\ }2$ rechnen.

Es geht, wie man hier sehen kann, in der Mathematik nicht um das Rechnen, sondern darum, solche Muster zu verstehen.

Man kann hier noch kurz »richtig tief mathematisch werden«. Der Mathematiker möchte jetzt beweisen, dass die gerade erdachte Formel immer gilt, auch da kommt man mit etwas Übung rein. Ich verweise hier auf mein Video »Vollständige Induktion, völlig verrückt angegangen zum Verstehen«, in dem ich den Beweis führe, dass die oben beschriebene Formel immer gilt: www.youtube.com/watch?v=YsUXaBGIQCc.

Wer sich für die zahllosen Teilbereiche der Mathematik und ihre Anwendungen interessiert, sollte sich unbedingt auch das Video »Die Karte der Mathematik« von Dominic Walliman anschauen.[1] Ein wunderbares Beispiel dafür, was man mit Mathematik – aber auch mit Videos machen kann!

Das Schulsystem mit seiner aufeinander aufbauenden Organisation des Wissens führt dazu, dass Lücken bei mäßig guten Schülern im Verlauf der Schulzeit größer werden. Wenn jemand ein Schuljahr oder -halbjahr mit einer Drei oder Vier abschließt, fehlen ihm schon wesentliche Voraussetzungen, um den Stoff der nächsten Jahre aufzunehmen. Gelingt es ihm nicht, die Lücken außerhalb des regulären Unterrichts zu schließen – zum Beispiel mithilfe von Nachhilfeunterricht –, werden sie mit jedem weiteren Schuljahr größer. Oft fehlen Schülern und Studenten, die vor dem Abitur oder an der Universität schon mit hochkomplexen mathematischen Themen konfrontiert sind, immer noch banale Grundlagen, was den Verständnisprozess erheblich erschwert.

Es ist ein bisschen so, als würde man ein Haus bauen, wie der amerikanische Online-Educator Sal Khan (ich werde ihn später noch vorstellen) in einem Youtube-Video veranschaulicht. Stellt euch vor, jemand sagt: Für das Fundament hast du zwei Wochen Zeit. Nun regnet es in den zwei Wochen, ein Lieferant bringt Bauteile nicht. Trotzdem kommt der Architekt nach Ablauf der vereinbarten Zeit und sagt: »So, ich würde sagen, vom Fundament habt ihr 80 Prozent geschafft. Der Beton ist hier noch nass, und dort drüben fehlt einiges, aber im großen Ganzen ist das Fundament fertig. Wir fangen also mit dem ersten Stock an, oder?« Dann, nach ein paar Monaten Bauzeit, kommt er wieder und sagt: »Wir sind jetzt auch mit dem ersten Stock so weit. Da passt im Großen und Ganzen alles, na ja, sagen wir, 75 Prozent sind fertig. Hier und da fehlen Stützstreben, das liegt daran, dass der Beton im Fundament noch nass war. Aber wir fangen trotzdem mal mit der nächsten Etage an.« Wir wären irre, wenn wir so arbeiten würden. Aber so in etwa funktioniert Schule.

Das Prinzip, die Dinge so zu erklären, dass möglichst viele Verständnishindernisse von vorneherein ausgeschlossen werden, ist der Kern meines Erkläransatzes in den Videos. Für *bento,* das Jugendmagazin von *Spiegel Online,* habe ich vor Kurzem zusammengefasst, wie der Verstehensprozess meines Erachtens im Idealfall aussieht. Dabei habe ich meine Vorgehensweise anhand der Differenzialgleichung in vier Schritten erklärt:

Für all diejenigen, bei denen die letzte Mathestunde schon ein paar Jahre her ist – mit einigen Differenzialgleichungen können wir Naturgesetze erklären. Zum Beispiel: »Wie fällt ein Stein, wenn man ihn loslässt?« Die folgenden Schritte können aber auch auf jedes andere – nicht mathematische – Thema angewendet werden.

1. Im ersten Schritt legen wir die Teilvokabeln fest: Was ist eine Ableitung? Wie funktioniert die Ableitung von verschiedenen Funktionstypen? Und welche verschiedenen Lösungsverfahren gibt es? Wenn du diese Teilbereiche erst mal verstanden hast, ergibt sich aus den einzelnen Puzzleteilen langsam ein Bild. Das ist die Voraussetzung für unseren zweiten Schritt.

2. Sieh dir verschiedene Differenzialgleichungen samt Lösungen an – bis du eine Struktur erkennst.

3. Erst jetzt beginnst du damit, die Gleichungen anhand der Lösungen durchzurechnen.

4. Im vierten und letzten Schritt schnappst du dir einen Freund und erklärst ihm, wie du die Rechnung gelöst hast. Dadurch merkst du ganz schnell, ob du das Thema wirklich verstanden hast oder ob du gerade einfach nur deine Rechenschritte laut vorliest. Je simpler du ein Thema erklären kannst, desto besser hast du es verstanden.[2]

Etwas möglichst einfach zu erklären ist keineswegs trivial. Richard Feynman, ein US-amerikanischer Nobelpreisträger für Physik, hielt Vorlesungen, die auch wegen ihrer großen Klarheit und Verständlichkeit heute noch zu den Standards an amerikanischen Universitäten gehören – 30 Jahre nach seinem Tod! Feynman erklärte: »Ein Meister ist man nur, wenn man etwas einfach erklären kann. Erkläre etwas so einfach wie möglich, und du wirst ein Meister deines Fachs.«

*Feedback: Wo ein Erlöser ist, gibt es offenbar ein Leiden*
Seit etwa vier Jahren, seit der spürbaren Verbreitung meiner
Videos, bekomme ich über die Kommentarfunktion bei Youtube, über Snapchat, Instagram, TikTok und Co. und das Kon-
takt-Widget auf meiner Webseite ein konstantes Feedback.
Nach vier Jahren staune ich immer noch über diese Kommentare.

*Vorlesung gehört … nichts verstanden! Tutorium besucht …*
*immer noch nichts verstanden! Versucht, selber einzuarbei-*
*ten, kein Erfolg! Playlist von Daniel Jung geschaut … 1,7 in*
*HM 2 [Höhere Mathematik 2] geholt*
*Durch dich habe ich nicht nur die Zusammenhänge verstan-*
*den, sondern auch den Spaß an Mathe gefunden*
*Du erklärst es immer so genau und ausführlich, dass wirklich*
*keine Frage offenbleibt*
*Dank dir habe ich höhere Mathematik 1 und 2 direkt bestan-*
*den bei einer Durchfallquote von ca. 60 Prozent*
*Ohne dich hätte ich mein Studium abbrechen müssen*
*Eigentlich muss man dich klonen und an allen Schulen ein-*
*stellen*
*Ich besitze 9 Mathebücher, die gesamte Papula-Reihe bis hin*
*zur höheren Mathematik für Ingenieure. Ende der Geschichte*
*ist, dass ich mit Stoff aus rund 400 Videos von dir gelernt und*
*alles bestanden habe. Also wollte ich einfach mal ein Danke*
*da lassen. PS: Du bleibst natürlich abonniert.*

*Hi daniel, ich wollte mich nur bei dir bedanken und dich wis-*
*sen lassen, dass ich als 4er-schüler in mathe heute in meiner*
*mündlichen Prüfung eine 2+ bekommen habe :-)*
*Konnte durch deine videos sehr gut lernen. DANKESCHÖN*

Ich freue mich natürlich darüber, dass meine Videos offenbar vielen zu wirklichem Verständnis – und zu Spaß an Mathe – verhelfen. Weit mehr als dieses Feedback aber erstaunt mich, wie emotional das Thema besetzt ist. In vielen Kommentaren schäumen die Emotionen geradezu über.

> *Daniel Jung saved my Mathe Life.*
> *Du nimmst uns die Angst in Mathe!*
> *Legende und Vorbild!*
> *Gott segne dich!*

Schüler, Studenten und oft auch Eltern schreiben mir immer wieder, dass sie in Bezug auf die Mathematik Frust, Angst und Anspannung loswerden und auf einmal Erfolg und Spaß am Lernen haben. Das ist wunderbar. Trotzdem finde ich es fast ein bisschen unheimlich.

Meine Videos mögen gut sein (was ich hoffe und woran ich arbeite), aber letzten Endes sind sie nicht mehr als das: Videos, in denen Mathematik gut erklärt wird. Wenn Schüler, Eltern und Lehrer mich gelegentlich als Superman, als Lebensretter oder gar als Erlöser beschreiben, dann sagt das auch etwas über die Schule aus. Wo ein Erlöser ist, muss es ein Leiden geben. Ich nenne es den »Matheschmerz«.

Ich glaube, dabei spielt auch ein psychologisches Phänomen eine Rolle. Wer mit Lücken in das nächste Halbjahr geht, entwickelt schnell das Selbstbild: »Ich bin schlecht in Mathe.« Dieses Selbstbild kann sich zu einem großen Lernhindernis entwickeln. Aus »Ich bin schlecht in Mathe« wird im Verlauf der Schulzeit »Ich werde immer schlechter in Mathe«. Die Noten gehen in den Keller, und dort verfestigt sich auch das Selbstbild. Besser kann man eine »Anleitung zum Unglücklichsein«[3] nicht schreiben.

Das ist geradezu tragisch, denn viele Schüler sind keineswegs schlecht in Mathe. Sie haben nur irgendwann mal im entscheidenden Moment nicht aufgepasst und sind in den Teufelskreis einer sich selbst erfüllenden Prophezeiung geraten.

Viele erleben mit den Videos nun den genau umgekehrten Prozess: Da ich immer versuche, alles zu erklären – auch scheinbar selbstverständliche Dinge wie die grundlegenden Mathevokabeln –, verstehen die Nutzer meiner Videos auf einmal Zusammenhänge, die ihnen vorher unverständlich geblieben sind. Nach langen Zeiten des Frusts – oft sind es Jahre! – erleben sie plötzlich Erfolg. Ihr Selbstbild »Ich bin zu doof für Mathe« löst sich in Luft auf. Dass viele darauf höchst emotional reagieren, ist nachvollziehbar.

Dass »verständliche und für alle nachvollziehbare Erklärungen von Mathematik« derartige Begeisterungsstürme hervorrufen, lässt darauf schließen, dass da, wo Schüler und Studenten eigentlich lernen, etwas nicht stimmt. Es gibt an Schulen und Universitäten viele junge Menschen, die sehr unter ihrem Matheschmerz leiden. Die Videos geben ihnen die Möglichkeit, sich eigenständig von diesem Schmerz zu befreien. Kein Wunder, dass viele darüber begeistert sind!

Alle, die mithilfe der Videos Erfolg haben, machen die Erfahrung: Es liegt nicht an mir. Ich bin nicht zu blöd, es mangelt mir nicht an Intelligenz. Wenn ich bisher schlecht in Mathe war, dann liegt der Grund dafür irgendwo außerhalb meiner Person. Ich glaube, vor allem dieser Zusammenhang erklärt, warum irgendwann rund um die Videos ein Gefühl entstanden ist, das ich »Let's rock Mathe« genannt habe. Die Begeisterung, die viele mir zurückmelden, ist wirklich verblüffend. Es ist toll, dass auf einmal diese emotionale Begeisterung für die Mathematik entsteht! Ich habe inzwischen einen Shop, in dem ich Fanartikel und andere Gegenstände mit der Message verkaufe, dass man zu Mathe ein ähnliches Verhältnis wie zu Musik- oder Filmstars entwickeln kann. Ein Shirt mit dem Aufdruck »Daniel Jung saved my live« ist ein Bestseller, vor Kurzem erhielt ich eine Anfrage von einem Schulkurs, ob ich etwas dagegen hätte, wenn sie das Shirt als Abi-T-Shirt nutzen. Dabei habe ich den Shop überhaupt nur angefangen, weil diese Dinge nachgefragt wurden. Einige schrieben mir: »Daniel, kannst du den Hashtag #LetsRock-Mathe nicht mal als T-Shirt machen?«

Die Begeisterung zeigt, dass es möglich ist, ein trockenes, von vielen verhasstes Fach mit Dingen zu verbinden, die niemand für möglich gehalten hätte: Spaß, Jugendkultur, Hype. »Rockstar der Mathematik« nannte mich die *Frankfurter Allgemeine Zeitung* in einem Artikel. Die Reaktionen auf meine Videos zeigen, dass man dafür nicht unbedingt eine E-Gitarre oder ein Rapper-Outfit braucht. Es geht auch mit Mathe!

### Kritik?

Natürlich gibt es auch jede Menge Kritik. »Ein Daniel Jung kann niemals die Schule ersetzen«, schreibt ein Nutzer, »Herr Jung möchte Auswendiglernen fördern«, ein anderer. Es gab auch den Kommentar: »Herr Jung möchte, dass jetzt alle alleine vorm Laptop lernen«, und während einer Podiumsdiskussion erklärte ein Mathematikprofessor, das, was ich betreibe, fördere das »Bulimie-Lernen« – in ihrer kurzen Form würden die Videos Matheprobleme nur sehr oberflächlich behandeln, ein tieferes Verständnis der Mathematik bleibe dabei aus.

So schmerzhaft Kritik oft ist, und so unberechtigt oder unsinnig einige Kommentare – oft hilft das Feedback, um Dinge besser zu machen. »Viel zu schnell und hektisch«, schrieb jemand anfangs, woraufhin ich etwas Tempo rausgenommen habe. »Furchtbar dieser Ausbilderton« – ich habe mich bemüht, das zu verändern (witzigerweise postete daraufhin jemand den Kommentar, er habe den Ausbilderton gemocht und vermisse ihn. Man kann es halt nie allen recht machen!).

Solche und andere Kommentare haben mir geholfen, die Videos ständig weiterzuentwickeln. Abgesehen vom Ton, der einem im Netz häufig entgegenschlägt, ist die Kommentarfunktion bei Plattformen wie Youtube deshalb ein absoluter Vorzug dieses Mediums! Lehrer bekommen längst nicht ein so offenes und umfassendes Feedback. Erst durch die unmittelbaren Reaktionen aber ist mit der Zeit das entstanden, was der oben zitierte Nutzer als »Wikipedia für Mathe« bezeichnet hat. Die Kommentare haben mich dazu angestachelt, besser zu werden und einiges auszuprobieren. Auf diese Weise wurde mir klar, dass es gut ist, die Videos so schlicht wie möglich zu gestalten: ohne Effekte, ohne didaktische Spielchen. Einfach nur Mathe.

Ein Argument, das ja häufig gegen die digitalen Medien ins Feld geführt wird, lautet: »Auf diesen Plattformen ist viel zu viel Ablenkung, da kann man nicht lernen« (so formulierte es ein Nutzer in einem Kommentar). Das stimmt. Deshalb habe ich mich für den Minimalstil entschieden: weiße Tafel, Stift. Keine Vorrede, kein Nachwort. Einfach nur: Thema. Erklären. Rechnen. Dabei musste ich lernen, wirklich auf den Punkt zu erklären, denn anders als im Live-Unterricht, wo man auch mal eine Pause machen, sich korrigieren, etwas wiederholen kann, läuft die Kamera, und die Zeit von vier bis sechs Minuten ist nicht lang, um ein kompliziertes Problem zu behandeln. Aber sie kann dann doch lang werden, wenn man dabei ununterbrochen und möglichst fehlerfrei sprechen soll.

Eine, die sich schon früh intensiv mit dem Lernen beschäftig hat und deren äußerst beliebte Vorlesungen man auf Youtube sehen kann, ist die inzwischen verstorbene Management-Trainerin und Sachbuchautorin Vera Birkenbihl. Ihre Videos sind legendär. Sie erklärte mal, warum sie einen schlichten Videostil bevorzugt: Früher, so Birkenbihl, waren in einer Talkshow vor der Kamera zwei Gäste zu sehen, die ein hochinteressantes Gespräch führten. Zwei Stühle, Mikrofone, Kamera. Heute sitzen sechs oder sieben Gäste in der Runde, dazwischen wird wahnsinnig viel geschnitten, kleine Kurzfilme werden eingespielt und ein zusätzlicher Gast im Publikum befragt. Das scheint abwechslungsreicher, aber leider, so Birkenbihl, wird dabei sehr viel oberflächliches Zeug geredet.

### Die Mathematik in Playlists

Nachdem ich eine signifikante Menge an Videos in meinem Channel hochgeladen hatte, fing ich an, sie systematisch zu ordnen und nach Playlisten und Suchbegriffen zu sortieren. Das Prinzip selbst habe ich wiederum in einem fünfminütigen Video erklärt.[4] Wer also zum Beispiel innerhalb der Bruchrechnung etwas nicht versteht, der kann zunächst unter »Rechnen mit Brüchen« schauen. Dort findet er nicht nur ein Video, in dem die Bruchrechnung grundsätzlich erklärt wird. Sondern auch eine Playlist »Bruchrechnung« und unter dieser weitere Videos. Also: Was ist ein Bruch? Wie multipliziere ich Brüche? Wie dividiere ich Brüche? Etc.

Zu den meisten Themen habe ich zudem Übungsbeispiele hinzugefügt. Die Playlists wiederum habe ich noch einmal nach Kategorien geordnet, und zwar so, wie sie als Stoff in der Schule behandelt werden, zum Beispiel von der fünften bis zur zehnten Klasse: Bruchrechnung, Analysis, Geometrie,

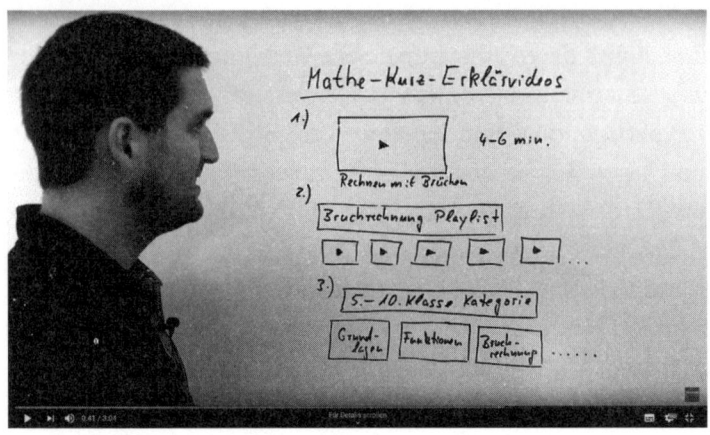

*Abb. 4*

Stochastik etc. Fängt man hier an zu suchen, findet man dann
ebenfalls wieder alle Videos zu einem bestimmten Thema.
Entweder geht man also mit einem speziellen Suchbegriff für
eine einzige kleine Wissenslücke ran, oder man nimmt zu einem Thema mehrere Erklärsequenzen hintereinander dazu.
Einziger Nachteil ist, dass viele sich doch individuell eine andere Auswahl an Videos wünschen. Die Lernenden lösen das
gerade durch eigens erstellte Playlists auf Youtube. Für mich
bietet sich hier die Option, etwas intuitiv zu entwickeln, sodass man zum einen die eigenen Videos einsortieren kann,
aber auch Content von anderen Creators. Diese Möglichkeit
teste ich derzeit auf meiner Plattform mathefragen.de, damit
die Nutzer, egal welches Thema sie gerade suchen, nicht mehr
nur von mir als Tutor und von meinem Content abhängig
sind.

## Spin-offs: neue Projekte

Als die Mathevideos immer bekannter wurden (und ich mit ihnen), erhielt ich eine Facebook-Anfrage von Daniel Weiner aus Paderborn. Zusammen mit seinem Geschäftspartner Carlo Oberkönig bot Weiner in einem jungen Unternehmen Crashkurse für Studierende an, um ihnen damit durch die Prüfungen zu helfen. Sie wollten etwas Ähnliches zur Vorbereitung auf das Abitur in Mathe anbieten. Bei aller Digitalisierung vertrauten sie auf die Idee, die Menschen offline zusammenzubringen, mit Tutoren, die auf Augenhöhe mit den Schülern und Studenten komplizierte Zusammenhänge verständlich runterbrechen.

Ich fackelte nicht lange, setzte mich ins Auto und fuhr nach Paderborn, um mit den beiden mal zu brainstormen. Daniel und Carlo hatten bereits eine GbR gegründet. Später wurde ich Mitgründer der GmbH, die daraus entstehen sollte: StudyHelp, ein Unternehmen, das Seminare anbietet, bei denen das Wissen für Abitur- und Uniprüfungen vor Ort und in einem Zeitraum von mehreren Tagen vermittelt wird. Bei den Prüfungsvorbereitungskursen für Mathe werden meine Videos genutzt und durch Übungen etc. ergänzt. In der Gestaltung des Konzepts fand ich es hier sehr spannend, meine Expertise des Lernens in kleinen Einheiten beizutragen und nun auch offline vielen Menschen helfen zu können. StudyHelp ist heute eine Firma mit Vorbereitungskursen für mehrere Fächer an knapp 200 Standorten in Deutschland und Österreich. Ich bin permanent auf der Suche nach Möglichkeiten, neue Bildungsmodelle auf den Weg zu bringen. Mit StudyHelp konnte ich durch die Zusammenarbeit mit einem tollen Gründerteam mein erstes erfolgreiches Spin-off verbuchen.

Die Jungs aus Paderborn waren nicht die Ersten, die bei mir an die Tür klopften. Im Jahr zuvor hatte mir ein Konzern, der

mit einem großen Angebot an Nachhilfekursen auf dem
Markt ist, ein lukratives Angebot gemacht. Die Vertreter des
Konzerns boten mir eine Art goldenen Handschlag: Ich sollte
für viel Geld meine gesamten Videos aus dem Netz nehmen.
Stattdessen bot man mir an, im Online-Bereich des Unter-
nehmens konzeptionell mitzuarbeiten. Damals hatte ich 500
Tutorials produziert und hatte etwa 30 000 Abonnenten. Dem
Konzern, der mit einem zum Teil ähnlichen Angebot Umsät-
ze macht, waren die kostenlos auf Youtube hochgeladenen
Videos wahrscheinlich eine unbequeme Konkurrenz. Ich
lehnte das Angebot ab und fühlte mich erst recht zur Produktion angestachelt.

In dieser Zeit, in den Jahren 2014 bis 2016, drehte ich die
Videos sogar in meinem Zimmer zu Hause. Ich stapelte ein
paar Wasserkästen aufeinander, stellte ein Whiteboard drauf
und installierte die Kamera auf dem Couchtisch. Auf diese
Weise habe ich an manchen Sonntagen 30 bis 40 Videos aufgenommen, und manchmal auch zehn Filme pro Tag hochgeladen (das hat manche dann veranlasst, meinem Kanal nicht
mehr zu folgen – ihn zu deabonnieren, wie es auf Netzdeutsch
heißt –, weil ich ihnen auf die Nerven ging). Aber ich hatte
nach nur einem Sommer 1000 neue Videos online.

Die hohe Summe, die der Konzern mir anbot, machte mich
hellhörig: Neben der steigenden Zahl von Nutzern und Abonnenten meines Youtube-Kanals war es ein weiterer Hinweis,
dass ich offenbar einen Nerv getroffen hatte. Erfahrene in der
Branche sahen wohl schon voraus, dass aus zigtausend schnell
Millionen von Views werden konnten. So war ich 2015, in
dem Jahr, als wir StudyHelp gründeten, voller Tatendrang. Ich
wollte keinen goldenen Handschlag, und vor allem wollte ich
meine ganze Arbeit nicht einfach in die Tonne treten. Ich
wollte mich weiterentwickeln. Neues ausprobieren. Die Zu-

kunft der Bildung gestalten und immer die Freiheit haben, eigene Projekte zu starten.

Es kam, was wohl in jeder Karriere nicht ausbleibt: Ich traute mir alles zu, und scheiterte erst mal. Angespornt und überrascht vom Erfolg, hatte ich angefangen, mich mit dem Bildungssystem zu beschäftigen (dazu später mehr). Ich hatte mich über neue Bildungskonzepte informiert und war dabei in meiner These bestätigt worden, dass die Lernumgebung vor Ort enorm wichtig ist. Also schaute ich mir meine Ersparnisse an, um sie in die nächste Idee zu investieren: einen Lern-Hub, nach dem Vorbild der Arbeitsumgebungen, die Unternehmen wie Google oder Facebook für ihre Mitarbeiter gebaut hatten. Ich wollte einen Ort schaffen, an dem Schüler schon durch die Architektur und die Einrichtung anders an Wissen herangeführt werden. Sie sollten nicht nur rechnen lernen, sondern auch mit Computern und Robotik experimentieren und so den Sinn und die Bedeutung der Mathematik begreifen. Das Ganze wollte ich als Treffpunkt für Jugendliche zum intuitiven Lernen etablieren und später mit digital verfügbarem Content und Mentoren vor Ort verbinden. Dabei hatte ich mir in den Kopf gesetzt, alles selbst zu machen. Ich wollte keinen Architekten, keine Berater, kaufte stattdessen eine Immobilie in einem Vorort meiner Heimatstadt und legte los.

Bis dahin hatte ich immer sehr darauf geachtet, mit meinen Unternehmen keine allzu großen finanziellen Risiken einzugehen. Doch dann traf mich ein privater Schlag. Mein Vater erhielt im Jahr 2012 die Diagnose Krebs. Für mich und meine Familie war das ein Schock. Mein Vater verstarb noch im selben Jahr, und das stürzte mich in eine Krise. Zum ersten Mal fragte ich mich: Warum mache ich das alles?

Unter den Stars der Tech-Branche bewunderte ich schon

damals Elon Musk, den Mitgründer des Online-Bezahlsystems PayPal. Mir gefiel, dass Musk sein verdientes Geld immer mit hohem Risiko in neue Projekte investierte, wie in den Hersteller von Elektroautos Tesla oder das Raumfahrtprogramm SpaceX. Der Tod meines Vaters hatte irgendetwas in mir verändert, und so gab ich zum ersten Mal all meine Sicherheitsbedenken auf, nahm mein Erspartes und steckte es in den LernHub.

Die Sache ging nicht gut aus. Am Ende musste ich mir Geld von der Familie und Freunden leihen, um nicht finanziell unterzugehen. Trotzdem war die Geschichte ein Wendepunkt in meinem Leben. Zum einen ergaben sich durch das Projekt neue Kontakte und neue Ideen. Zum anderen lernte ich, meine Fehler einzugestehen, offen zu kommunizieren und entsprechend damit umzugehen.

Ich war gescheitert, aber um viele wertvolle Erfahrungen reicher. Vor allem hatte ich gelernt, dass Risiko möglich ist, dass man, auch wenn man scheitert, wieder aufstehen und Neues ausprobieren kann.

Während ich meinen LernHub buchstäblich in den Sand setzte, verbreiteten sich die Videos weiter. Stand 2015: 100 000 Abonnenten. Ich erholte mich von dem Desaster, nahm aus dem Scheitern wichtige Erfahrungen mit und machte mich an neue Projekte. 2017, zwei Jahre später, gründete ich die Daniel Jung Academy, die Konzepte für das New Learning erarbeitet. Im selben Jahr erhielt ich den Blogger Award für Bildung in Österreich. Über diesen Preis habe ich mich wahnsinnig gefreut – den Blogger Award gibt es schon länger, doch die Kategorie »Bildung« war neu, und ich hatte das Gefühl: Mathe wird endlich Lifestyle!

Die Zahl der Views auf Youtube erreichte die magische Marke von 100 Millionen, und ich gründete den Bildungs-Accelerator VisionsFirst, eine Beteiligungsfirma mit dem Zweck, in vielversprechende Start-ups im Bildungsbereich zu investieren.

Dazu muss ich ein bisschen ausholen. Abgesehen von den Mathevideos, die ich jede Woche produziere, habe ich noch während meines Studiums begonnen, mein erstes kleines Unternehmen zu gründen – mit Nachhilfe für Mathe und einem Sportangebot. Und so wie ich bis heute konstant Woche für Woche Mathe erkläre, so habe ich meine Leidenschaft, neue Geschäftsideen zu entwickeln und zu verwirklichen, permanent weiterbetrieben. StudyHelp in Kooperation mit dem Team aus Paderborn war nur der Anfang, und da ich inzwischen inhaltlich eine leicht andere Richtung einschlage, bin ich da nur noch in begrenztem Umfang beteiligt. Dafür ergab sich aus dem LernHub, mit dem ich so auf die Nase gefallen bin, ein neues Business, das mir sehr am Herzen liegt.

Auf der Eröffnungsfeier des LernHubs begegnete ich zum ersten Mal Tiberius Jeck, einem meiner heute engsten Vertrauten, Geschäftspartner und Mentoren. Nach nur wenigen Treffen passierte etwas, das selten ist: Tiberius unterstützte meine exponentielle Reise – ich startete mehrere Projekte gleichzeitig – auf Vertrauensbasis und nur per Handschlag! Für mich ein schöner Beweis dafür, was der persönliche Austausch und die Begegnung zwischen Menschen in Zeiten der Digitalisierung und Hyperconnectivity bedeuten.

Ich bin kein finanzkräftiger Investor, wie wir sie aus der Presse kennen. Ich investiere mein Kapitel, wo es geht, aber das ist natürlich nicht exorbitant, nicht so wie bei Uber und Co., wo in den Finanzierungsrunden Hunderte Millionen über den Tisch gehen. Deshalb nutze ich, wo ich kann, Gelegenheiten, um nach einem »VisionsFonds« zu rufen. Zum Beispiel im Talk mit Philipp Depiereux, einem der bekanntesten Digitalunternehmer Deutschlands, der mich in seinem Videoformat »ChangeRider – Triff die Gestalter der Zukunft« zu einer Autofahrt eingeladen hat. Nun bin ich, wie ich bin: zu ungeduldig, um zu warten. Deshalb probiere ich die Dinge selbst. Zusammen mit Tiberius gründete ich daher die Beteiligungsfirma VisionsFirst, um wenigstens in kleinem Umfang Start-ups im Bildungsbereich zu fördern und mit aufzubauen. Mit VisionsFirst (für mich kommen die Visionen immer an erster Stelle!) wollen wir entsprechende Start-ups mit meinem Netzwerk, Know-how und – soweit wir dazu schon in der Lage sind – auch monetär unterstützen.

Da ich ständig mehrere Ideen gleichzeitig verfolge, standen bis heute eher meine eigenen Projekte im Vordergrund. Dennoch haben wir mit VisionsFirst einen Grundstein gelegt, um die Zukunft der Bildung gestalten zu können: Wir sind permanent auf der Suche nach frischen Ideen, Umsetzungen und Teams, die die Intention verfolgen, der Bildungswelt einen Mehrwert zu geben.

Während VisionsFirst entstand, erhielt ich weitere Angebote von Verlagen und Unternehmen, die im Bildungs- und Nachhilfebereich aktiv sind. Manche Angebote schlug ich aus, mit anderen einigte ich mich auf eine Zusammenarbeit. Heute werden meine Videos etwa von Verlagen für Unternehmen im Auszubildendenbereich oder als Lehrermaterialien additiv in verschiedenen Projekten genutzt, um Lernenden und Lehrenden eine optimale Zusammenarbeit zu ermöglichen. Und während die Zahl der Abonnenten für meinen Youtube-Kanal inzwischen auf 500 000 gestiegen ist (hier sei erwähnt, dass die meisten meiner Nutzer nicht Abonnenten sind; auf den »Abonnieren«-Knopf drückt man klassischerweise dann doch eher bei Lifestyle-Channels), bin ich vom Fraunhofer-Institut für Intelligente Analyse- und Informationssysteme

IAIS eingeladen worden, mich als Botschafter an der Initiative »Roberta – Lernen mit Robotern« zu beteiligen und darüber hinaus unterstützend und beratend bei der Erstellung von Video-Content zu fungieren. Seit 2002 werden hier Lehrerinnen und Lehrer darin geschult, Schülerinnen und Schüler in den MINT-Fächern (Mathematik, Informatik, Naturwissenschaften und Technik) auszubilden und sie für Technik zu begeistern.[5]

Es gibt noch andere Initiativen, die sich für die MINT-Fächer einsetzen, wie die »Stiftung Rechnen«. Auch sie hat mich zum Mathebotschafter gemacht. Für mich ist es eine große Ehre und eine weitere Gelegenheit, Jugendlichen die Mathematik näherzubringen, aber auch, mich mit anderen Mathematikern auszutauschen, wie etwa mit Prof. Gert Mittring, der nicht müde wird, darauf hinzuweisen, wie wichtig es ist, dass Kinder kopfrechnen lernen. Mittring ist, nebenbei bemerkt, *Weltmeister* (!) im Kopfrechnen.

Auf meinem Weg vom Mathe-Nachhilfe-Unternehmer eines lokalen Start-ups über das Parallelleben als Mathe-Youtuber hin zum Bildungsunternehmer bin ich zunehmend und intensiv in die Bildungsdiskussion des 21. Jahrhunderts eingetaucht und habe mich zum Online-Educator und Bildungsarchitekten weitergebildet, und zwar autodidaktisch und natürlich auch mithilfe von hervorragendem Video-Content. Als solcher bin ich heute in meinen verschiedenen Unternehmen, aber auch als Keynote-Speaker tätig – als Boardmember für das Masterprogramm in Entrepreneurship der WHU Otto Beisheim School (u. a. neben Gründern wie Oliver Samwer von Rocket Internet) und als Berater »Digitale Strategie & Innovationen« für den Bankensektor. Außerdem bin ich als Partner der Initiative »Jugend gründet« zum »New Learning Botschafter« ernannt und fungiere bei der Google Impact

Challenge als Bildungsbotschafter und Jurymitglied. Und das alles, weil ich mich an einem Tag im Jahr 2011 dazu entschieden habe, drei- bis siebenminütige Videos zu drehen, in denen ich Mathe erkläre.

Heute mache ich all diese Dinge, weil ich zum einen dabei ständig selbst Neues lerne, aber auch, weil ich der Meinung bin, dass wir die Kräfte derjenigen besser bündeln müssen, die aktiv die neue Bildungswelt gestalten. Und weil ich das nicht nur digital tun will, bin ich unter anderem als ehrenamtlicher Mitarbeiter Teil des Präsidiums im Remscheider SV, einem großen Sportverein, und kümmere mich hier zusammen mit anderen um die Frage: Wie führt man einen solchen Verein in die Zukunft? Wie führt man die Kids auch in Zukunft weg von ihren elektronischen Geräten, hin zu mehr Bewegung, und das in einer Gemeinschaft wie dem Sportverein?

### *Videos sind ein Supertool*

Wenn ich noch einmal zurückschaue, würde ich sagen: Nachdem ich die ersten Videos produziert habe, stellte sich – zu meiner eigenen Überraschung – heraus, dass es einen großen Bedarf gab. Offenbar helfen die Videos nicht nur, die Wissenslücken von Millionen von Lernenden zu schließen, sie füllen auch eine Lücke im Bildungssystem.

Dabei sollte eins immer klar sein: Vom Video bis zur App handelt es sich um Tools, um Werkzeuge, die man benutzen kann. Sie ersetzen die Schule nicht, sie werden nicht dazu führen, dass man sich nicht auch in Zukunft trifft, um zu lernen – in Präsenzphasen. Im Gegenteil, sie sind ein Additum, ein Zusatz, den man beliebig einsetzen kann. Es ist wie mit allen Werkzeugen: Einen Hammer kann man benutzen, um Bilder an einer Wand zu befestigen. Aber natürlich hilft der Hammer nicht, schöne Bilder auszuwählen (und erst recht nicht, sie zu malen). Die Mathematik bleibt eine hoch ausdifferenzierte, wunderschöne, vielfach anwendbare Wissenschaft, ganz gleich ob man Videos und Social Media nutzt oder nicht.

Die Mathematik, das sind die Bilder, die Videos ein Werkzeug, um zu lernen. Ein Hammer ist eben nur ein Hammer. Und doch ist es beeindruckend, was man damit alles bauen kann. Videos sind ein absolutes Supertool, um sich Wissen anzueignen. Ich kann mich heute noch, nach mehr als acht Jahren, in Begeisterung reden über die vielen Möglichkeiten dieses Werkzeugs, das Lernen einfacher und flexibler zu gestalten:

1. Videos sparen dem Lernenden Zeit. Wer schnell ist (auch die kommen im Schulsystem nämlich oft zu kurz: die ganz Schnellen, die genötigt sind, auf den Langsamsten in der Klasse zu warten, bis es im Stoff endlich weitergeht), kann sich den Inhalt einer Schulstunde online in fünf Minuten aneignen. Und wenn er seinen Mitschülern entsprechend voraus ist, kann er sich schon die Videos von Vorlesungen anschauen.

2. Jeder Lernende findet einen Pädagogen, der individuell zu ihm passt, weil es in den Weiten des Internets Video-Content von vielen unterschiedlichen Lehrern und Erklärern gibt. Niemand ist mehr auf den Zufall angewiesen, der entscheidet, ob und wie viele Jahre er in der Schule, wenn er Glück hat, mit einem tollen Lehrer lernt, oder, wenn er Pech hat, mit einem, der ihm nicht zusagt.

3. Eltern können mit ihren Kindern zusammen lernen. Auch das gehört zu den Feedback-Kommentaren, die mich besonders oft erreichen: Eltern sind begeistert.

Wenn ihre Kinder in der Schule etwas nicht verstanden haben, konnten sich die meisten bisher nur an einen Nachhilfelehrer wenden – den sie teuer bezahlen mussten. Die Mathebücher sind so aufgebaut, dass viele Eltern nicht in der Lage sind, sich den Stoff selbst anzueignen, um dann ihren Kindern beim Lernen zu helfen. Mit den Videos ist das auf einmal möglich. Hier zahlt sich das Prinzip, dass ich beim Erklären immer vom Wissensstand »Null« ausgehe, noch einmal doppelt aus.

4. Die Kombination aus Wort und Bild hilft, selbst komplexeren Stoff aufzubrechen und nachvollziehbar zu erklären. Ich höre nicht nur etwas, sondern sehe es UND bekomme es passgenau erklärt.

5. Durch die Möglichkeiten, wie auf der Plattform Youtube Playlists zu erstellen, können die einzelnen, kurzen Videos zu größeren Themen zusammengefasst und nach Kategorien sortiert werden. Auf diese Weise kann man sich in einem riesigen Themenuniversum orientieren und in Sekundenschnelle das finden, was man braucht.

6. Die Stichwortsuche und Kommunikationsplattformen wie mathefragen.de, auf die ich noch zu sprechen komme, liefern Content und die Lösung von Problemen »on demand«, also ganz nach individuellem Bedarf.

7. Das sogenannte Cross-Channeling: Videos haben den Vorteil, dass man mit ihnen die unterschiedlichsten Kanäle bespielen kann: neben Youtube zum Beispiel Snapchat, Instagram, Facebook, Twitter oder ganz frisch Tik-Tok, die mittlerweile von Kids meistgenutzte App, zu denen ich weiter unten noch einiges sagen werde. Auf diese Weise kann man mit Inhalten in sehr kurzer Zeit sehr viele Menschen erreichen und mit relevanten Inhalten begeistern.

8. Mich haben Videos mit Bildungscontent immer wieder zu neuen Ideen inspiriert. Deshalb wiederhole ich gegenüber Schülern, Eltern und Lehrern mein Mantra: Konsumiert nicht nur, sondern fangt selbst an, Videos zu drehen!

9. Wenn Lernvideos in der gesamten Netz-Community geteilt werden, entsteht durch das unmittelbare und unverblümte Feedback der Nutzer eine hohe Transparenz in Bezug auf die Qualität der Tutorials. Wer das etwas professioneller haben will und nach einem systematischen Überblick sucht: Die Plattform Youtube erfasst nicht nur die Zahl der Views und Abonnenten, sondern trackt auch positive und negative Beurteilungen, die einerseits durch einfache Klicks (Daumen hoch, Daumen runter) abgegeben werden, andererseits in ausführlicheren Kommentaren. Auf der Seite socialblade.com kann jeder diese Daten einsehen. Bei Socialblade handelt es sich um eine von Youtube zertifizierte Übersicht, in der statistische Daten von allen Personen und Firmen aufgeführt werden, die auf Youtube Kanäle betreiben. Also: Wie viele Abonnenten hat jemand, wie viele Views, wie ist die Prognose für die folgenden Monate und Jahre, weltweite Vergleiche, Zustimmungs- und Ablehnungsraten.[6] Meine Videos erreichen hier bis zu 99 Prozent Zustimmung – mit schnöder Mathematik!

## Von #LetsRockMathe zur Plattform mathefragen.de

Videos sind ein Lern-Supertool. Dennoch drängte sich, als meine Tutorials sich im Netz zu verbreiten begannen, bald eine Frage auf, die sich der ein oder andere Leser vielleicht auch schon gestellt hat: Was ist, wenn ich etwas nicht verstehe – auch dann nicht, wenn ich ein Video 100-mal vor- und zurückspule? Wer beantwortet meine offenen Fragen?

Mir war klar, dass ich Hunderte oder Tausende Anfragen pro Tag nicht beantworten kann. Aber ich fand bald eine andere Lösung. Ein großer Vorzug des Internets besteht ja darin, dass es kaum eine Frage gibt, mit der nicht schon andere Nutzer im Netz unterwegs sind.

Ich gründete also eine Plattform, um die verschiedenen Fragen zu bündeln. Das gab mir die Gelegenheit, noch einen Schritt weiterzugehen: Wenn sich auf einer Plattform Fragen sammeln lassen, dann kann ich die Lernenden doch auch gleich zu Helfern machen! Wer etwas wissen will, wird aufgefordert, andere Fragen zu beantworten. Da jeder, der auf der Suche nach Unterstützung beim Lernen ist, sich bereits auf einem bestimmten Niveau bewegt, musste das möglich sein. Ich wollte, dass Schüler, die vielleicht in die Oberstufe gehen, einem Siebtklässler eine Gleichung oder einem Fünftklässler das Bruchrechnen erklären. Ich wollte mir (bzw. den vielen Lernenden, die im Netz unterwegs sind) einen absolut wichtigen Effekt zunutze machen: Wer etwas wirklich verstehen will, sollte es anderen erklären. Dann nämlich zeigt sich, wie tief ich in ein Thema eingestiegen bin und wo es möglicherweise noch hängt.

Im Grunde genommen ging es darum, den Schwung mitzunehmen, der durch das Let's-rock-Mathe-Gefühl um die Videos auf Youtube entstanden war. Ich wollte die Tatsache, dass sich durch die Kommentare unter den Videos eine Community gebildet hatte, nutzen, um Menschen direkt miteinander zu verbinden. Ich suchte mir ein Team zusammen und entwickelte zunächst die Webseite LetsRockMathe.de, auf der Nutzer Fragen stellen und/oder beantworten können.

Mir war es wichtig, erst mal mit einer digitalen Testversion im Web zu starten, ohne größeren Programmieraufwand, aber von Anfang an als selbst verwaltete Plattform, bei der unter anderem Transparenz in Bezug auf den Umgang mit Daten gewährleistet ist.

Genau wie ich damals mit den Videos einfach loslegte, erwies sich das Vorgehen auch hier als Gold wert. Durch das frühe Feedback der Community konnte ich die nächsten Schritte planen, stand jedoch vor einem nicht ganz unerheblichen Problem: Für eine vollständige, technologische Eigenentwicklung brauchte ich Developer. So fing ich an, diesen Bedarf über meine Socials und während meiner Besuche an Universitäten offen zu kommunizieren: Wer von euch kann programmieren? Hat jemand Lust, bei mir einzusteigen?

Gegen Ende 2018 war es so weit, zusammen mit zwei Developern bauten wir das Projekt aus. Aus irgendeinem Grund entschied ich mich zunächst dafür, das Projekt im Kern als Webplattform mit zusätzlicher nativer App hochzuziehen. Wir merkten jedoch bald, dass digitales Lernen im Bereich Mathematik doch besser am Laptop oder PC funktioniert, insbesondere wenn man mit Visualisierungen arbeitet. So kamen wir mitten im Projekt zu dem Entschluss, die Apps aufzugeben und uns mit dem Developer, der für die Webseite zuständig war, voll auf die von Grund auf neu entwickelte Webversion zu konzentrieren. Im Moment ist noch nicht entschieden, in welcher Funktion die Apps in Zukunft dienen werden. Ich denke, es wird auf kurze Verständnisabsprachen hinauslaufen. Außerdem merkte ich, dass auf der Webseite LetsRockMathe.de immer mehr Lerner und Helfer auftauchten, die nicht aus meiner #LetsRockMathe-Community stammten. Da ich immer den Plattformgedanken hatte und hier jeder so lernen oder helfen soll, wie es für ihn am besten ist, bauten wir die Plattform mathefragen.de.

mathefragen.de ist wirklich als reine Plattform gedacht, auf
der möglichst viele Online-Lernangebote gebündelt werden:
Wir verlinken hier die Channels von Kollegen, deren Content
ich sehr schätze. Mittlerweile treffen sich hier Mathematiker,
Informatiker und Software-Ingenieure mit der Passion, das
Lernerlebnis permanent zu optimieren. Mir ist es egal, wenn
Videos von Lehrerschmidt, SimpleClub oder sonst wem ein-
gesetzt werden – im Vordergrund steht der persönliche Erfolg.

Im Kern von mathefragen.de geht es darum, zwei Menschen miteinander in Kontakt zu bringen, die gemeinsam versuchen, ein bestimmtes Verständnisproblem, eine Mathefrage
zu lösen oder sogar ein Lernziel zu verfolgen. Dieser Prozess
soll so intuitiv wie möglich für beide Seiten (Lerner und Helfer) sein. Da Lernvideos, bereitgestellt via Youtube, eine derzeit sehr gute Lernergänzung sind, werden diverse Lernchan-
nels in einer Extraübersicht vorgestellt und bei Bedarf in den
Helferprozess eingebaut. Dazu kommen ausgewählte, beste-
hende Mathetools wie etwa wolframalpha, die, wenn sie an
der richtigen Stelle eingesetzt werden, den Verständniserfolg
fördern (zu wolframalpha siehe Kapitel 3). Und genau das
kann am besten ein echter Mensch (Helfer) koordinieren.

Zu meiner großen Freude entwickelt sich mathefragen.de
zu einer Plattform, auf der sich Menschen digital helfen.
Gleichzeitig nutze ich die Plattform, um andere Creators und
ihre Youtube-Channels vorzustellen. Manche produzieren direkt für die Plattform hochwertigen Content, zum Beispiel
Artikel über Mathe; andere treffen sich, um knifflige Aufgaben, sogenannte Matheknobeleien, zu lösen.

Ich werde in diesem Buch noch häufiger auf die Plattform
zu sprechen kommen. Eine Erweiterung dazu ist das Digitale
Mathebuch, ein E-Book, mit dem ich den ähnlichen Gedanken verfolge wie mit mathefragen.de: Zum Digitalen Mathe-

buch wird das E-Book dadurch, dass hier der klassische Buchinhalt, die Mathematik, mit Links zu Erklärvideos und Plattformen verknüpft wird, was dem Nutzer einen schnellen Zugang zum Wissen der breiten Netzgemeinde ermöglichen soll (zum Digitalen Mathebuch siehe auch Abschnitt *Online lernen im New-Learning-Ökosystem,* Seite 202).

Wie andere Plattformen auch, nutzen wir bei mathefragen. de die anfallenden Daten, um Lerner und Helfer optimal nach ihren jeweiligen Bedürfnissen miteinander zu verknüpfen. Und da wir uns in einer Zeit exponentieller Veränderungen befinden, entwickeln wir auch unsere Plattform ständig weiter: Es gibt nicht mehr DAS fertige Produkt, das darauf ausgelegt ist, für eine lange Dauer in der immer gleichen Form auf dem Markt zu bestehen.

Für die Entwicklung von mathefragen.de arbeitete ich mit einem Team von Mathematikern und Informatikern zusammen. Zudem besteht ein großer Teil meiner Lerncommunity aus Studenten der Informatik. Sie gaben mir die Rückmeldung, dass sie sich eine ähnlich intuitive Plattform für ihren Bereich wünschten. Insofern war es nur eine Frage der Zeit, bis wir uns dazu entschieden, für die Informatik etwas Ähnliches zu bauen. Als Nächstes schalteten wir informatikfragen. de frei (Ende 2019), geplant sind auch Plattformen für weitere MINT-Fächer.

Nach langer Suche und einigen fehlgeschlagenen Experimenten habe ich im Herbst 2019 die New Learning GmbH gegründet, ein Unternehmen, das Produkte und Technologie zum Verbessern des Lernens entwickelt und als Betreiber der Plattform mathefragen.de fungiert. Das Ziel ist, zum einen neues Lernen bestmöglich zu gestalten, zum anderen geht es darum, ein Technologieunternehmen mit dem Fokus auf Bildung aufzubauen und damit endlich wieder eine deutsche

Firma international im Bildungssektor zu platzieren. Jeder ist herzlichst eingeladen, das Lerner-Helfer-Netzwerk zu unterstützen!

Schon jetzt ist ein interessanter Effekt eingetreten: Viele Helfer bauen sich durch ihre Tätigkeit auf mathefragen.de quasi beiläufig ein wertvolles Profil für die berufliche Zukunft auf. Denn Unternehmen und potenzielle Arbeitgeber können hier leicht sehen, auf welchem Wissensstand sich jemand befindet sowie auf welche Art und wie erfolgreich er sein Wissen an andere weitergibt. Man kann zum Beispiel sehen, wie jemand schriftlich erklärt oder, wenn er schnell zum Handy greift und ein kleines Erklärvideo produziert, wie er sich mündlich vor der Kamera schlägt. So entdecken die Nutzer hier für die von ihnen investierte Zeit einen echten Mehrwert.

Ich bin gespannt, in welche Richtung wir diese Plattform gestalten können, indem wir permanent mit den Nutzern interagieren und sie dadurch ständig weiterentwickeln. Die Tech-Konzerne – allen voran Amazon – leben es uns vor. Warum sollten wir nicht endlich entsprechende Innovationen vorantreiben?

## Konkurrenz für die Schule?

Wenn uns wirklich daran gelegen ist, dass Schüler lernen, wenn wir wirklich wollen, dass sie dabei möglicherweise Spaß haben (was das Lernen nachweislich erheblich effektiver macht), wenn wir wollen, dass sie verstehen, warum sie lernen, und dass sie das in Eigenregie tun – dann wundere ich mich manchmal über die zum Teil unfreundliche bis aggressive Ablehnung, die nicht nur mir im Netz entgegenschlägt. Zumal ja niemand gezwungen wird, sich Online-Content anzuschauen!

Dennoch verstehe ich die Reaktion mancher Lehrer. Da viele Schüler mithilfe der Videos plötzlich gute Noten einfahren, müssen sie sich natürlich fragen: »Mache ich etwas falsch?« Das erklärt vielleicht einige der negativen Kommentare, die mich erreichen. Zum Glück aber gibt es an den Schulen viele Lehrende, die in den Videos, wie ich, vor allem ein digitales Werkzeug sehen, das die Schule nicht ersetzt, sondern Möglichkeiten bietet, den Schülern wirklich zu helfen – eine Möglichkeit, die auch Lehrer nutzen können. Viele sehen diese Chancen des New Learning und wissen genau wie ich, dass Videos, Webseiten und Apps eine große Bereicherung sein können, wenn man sie richtig einsetzt.

Einmal erreichte mich die Bitte einer Abiturklasse: »Lieber Daniel, wir, der Mathe-Kurs xy, haben vielleicht eine etwas ungewöhnliche Bitte ...« Die Lehrerin des Kurses hatte den Schülern das Lernen mit meinen Videos nahegelegt. Damit hatte sie vielen geholfen. Die Schüler wollten sie dafür bei der Abschlussfeier mit einem persönlichen Videogruß von mir überraschen. Das habe ich natürlich gerne gemacht, und ich habe mich, wie die Schüler, über die Reaktion der Lehrerin gefreut. Sie war total gerührt!

Ich spreche viel mit Schülern, Lehrern und Studenten, bei Meet & Greets, Abendvorträgen oder als Keynote-Speaker. Dabei erlebe ich es oft, dass Schüler und Lehrer in Bezug auf den digitalen Wandel dieselben Fragen an mich haben. Mir ist besonders wichtig, ihnen mitzugeben, dass jeder mit genau denselben einfachen Mitteln Content produzieren kann. Jeder Lernende kann anderen etwas erklären. Macht selbst Videos! Wenn ihr eine Idee habt, etwas wisst, etwas besonders gut könnt: Teilt es mit anderen. Probiert euch aus! Wer die Öffentlichkeit, die im Netz entsteht, kritisch sieht und sich und seine Schüler nicht einer unkontrollierbaren Masse von

Usern und Viewern aussetzen möchte, der kann den Content in den geschlossenen Netzwerken innerhalb einer Klasse, Schule oder Universität teilen. Es gibt keinen Grund, alles auf Instagram oder Snapchat zu posten.

## Die Marke Daniel Jung

Ich bin viel unterwegs und spreche mit einer wachsenden Community von Mathematikbegeisterten. Dabei werde ich immer wieder gefragt, ob es ein bestimmtes »Geheimnis meines Erfolgs« gibt, irgendetwas, das erklärt, wie ich zu dem geworden bin, der ich heute bin. Warum ich als Studienabbrecher heute in den Boards von Unternehmen und Bildungsgremien sitze und an Universitäten zu Vorträgen eingeladen werde.

Ich glaube, zu den wichtigsten Faktoren gehört meine Bereitschaft, Neues zu testen, in dem Bewusstsein, dass ich komplett scheitern kann – etwas, das ich nur jedem mitgeben kann: Beharrlichkeit. Seit den ersten Videos aus dem Jahr 2011 habe ich ununterbrochen Tutorials aufgezeichnet, und bis heute bearbeite ich, soweit es meine Zeit neben den unternehmerischen Aktivitäten zulässt, Kommentare, Feedback und Anfragen. Mathematik ist in der Tiefe harte Arbeit, die man nicht allein durch Videokonsum betreiben kann. Daher verstehe ich mich mit den Videos als Mathematikübersetzer. Inzwischen ist es mein Ziel, entsprechenden Content in zeitgemäßer Form so bereitzustellen, dass er flächendeckend eingesetzt werden kann. Dabei habe ich das Glück gehabt, das zu tun, was mir schon seit meiner Kindheit Spaß macht: erklären. Und Spaß ist immer eine gute Zutat, wenn man in etwas außergewöhnlich gut werden will.

Wenn User auf mich zukommen und fragen: »Daniel, was ist eigentlich das Geheimnis deines Erfolgs?«, muss ich immer an den Film *Das Geheimnis meines Erfolges* mit Michael J. Fox denken. Als Jugendlicher begeisterte mich dieser Streifen, ich habe ihn unzählige Male geschaut. Der Protagonist alias Michael J. Fox kommt vom Land nach New York, froh darüber, dass eine Firma so gnädig ist, ihn als Postboten einzustellen. Auf einmal findet er sich zwischen hochdekorierten Managern wieder. Ohne Vorerfahrung belagert er sie mit eigenen Ideen darüber, was man im Unternehmen besser machen könnte. Natürlich wird er verhöhnt und verspottet. Aber seine Ideen sind gut und ungewöhnlich. Mit Mut und Beharrlichkeit beißt er sich durch. Nimmt Rückschläge in Kauf, traut sich, Fragen zu stellen, wo es ihm an Erfahrung und Wissen fehlt. Und kommt auf diesem Weg irgendwann ganz oben an. Klar, Hollywood.

Aber mich erinnert das manchmal tatsächlich an meine eigene Geschichte. Auch ich fand mich, je bekannter ich wurde, zwischen lauter Menschen wieder, die mit hochwertigen Abschlüssen dekoriert waren und jahrzehntelange Erfahrung im Bereich Bildung hatten, und die mich mit Worten, manchmal auch nur mit Blicken fragten: »Was wollen Sie denn hier?« Ich habe einiges ausprobiert, Fehler gemacht, Rückschläge erlitten, mir neue Wege gesucht.

Zu der Frage nach meinem Erfolg fällt mir noch eine andere Geschichte ein, die vielleicht wichtig ist. Mit meinem ehemaligen Nachhilfeschüler Christian hatte ich noch lose Kontakt, und als er 2012 mitbekam, dass ich etwas in Richtung digitales Lernen plante, kamen wir für unser erstes Projekt zusammen – und scheiterten. Doch sollte das nicht das Ende der Zusammenarbeit mit Christian sein, im Gegenteil. Wie immer in meinem Unternehmerleben, trauerte ich nicht dem nach, was nicht erfolgreich geworden ist, sondern nahm mit, was ich daraus lernen konnte. Da Christian mittlerweile unter anderem ein sehr versierter Filmproduzent ist, wagte ich Anfang 2017 wieder einen völlig neuen Schritt – ich wollte Vlogs erstellen, mit dem Fokus auf Bildung. Vlogs sind Blogs in Videoform. Wir machten daraus: Education trifft Vlogging und nannten unsere neuen Filmchen EduVlogs. Anders als bei meinen Mathevideos sollten meine Vlogs auch von filmischer Seite hochwertig sein, und dafür ist bis heute Christian verantwortlich.

Ich glaube, man macht vermutlich wenig, ohne vorher von irgendeiner Seite inspiriert worden zu sein. Die Inspiration für die EduVlogs bekam ich durch den amerikanischen Social-Media-Entrepreneur Gary Vaynerchuk und seinen Youtube-Kanal GaryVee. Schon seine Geschichte ist beeindruckend: Vaynerchuks Vater hatte einen Weinhandel, den der Sohn übernehmen sollte. Als er die Plattform Youtube entdeckte, fing er an, Weinshows zu machen. Er setzte sich vor die Kamera, verkostete Weine, erzählte etwas darüber. Später, als er richtig bei seinem Vater einsteigen sollte, wollte er expandieren und an verschiedenen Orten in den USA lokale Stores eröffnen. Doch dann änderte er seine Strategie und begann, die Weine im Internet zu vertreiben. Damit gehörte er zu den ersten E-Commerce-Entrepreneuren. Aus dem Laden seines Vaters wurde ein 60-Millionen-Dollar-Business. Vaynerchuk zählte zu den ersten Social-Media-Entrepreneuren, die eine Million Follower bei Twitter hatten. Er investierte früh in Facebook und Uber. Doch das tat er eher nebenbei.

Im Jahr 2009 startete Vaynerchuk ein neues Projekt. Er gründete eine digitale Beratungsagentur, die Firmen hilft, über die sozialen Netzwerke zu kommunizieren. Mittlerweile ist seine Agentur in diesem Bereich eine der führenden weltweit. Was mich aber besonders an Gary Vaynerchuk begeistert, ist die Tatsache, dass er auf seinem Kanal GaryVee und über andere Medien nach wie vor Personal Content produziert, Tipps zum Thema Entrepreneurship, die er kostenlos zur Verfügung stellt, mit einem Mehrwert für alle, die Unternehmer werden wollen. Dafür wird er sehr gefeiert.

GaryVees Weinshows waren unterhaltsam, ich dachte mir: So etwas wird bestimmt bald auch in Europa eine Welle. Als ich dann begann, seine Reise gezielter zu verfolgen, war er schon mit seiner Digitalagentur unterwegs. Das brachte mich auf die Idee, nicht mehr nur Mathevideos zu drehen, sondern auch Content zu Bildung zu produzieren.

Natürlich musste ich mir überlegen, was genau ich mit meinen EduVlogs wollte, denn der Content, den ich hier anbiete, besteht nicht aus Matheaufgaben. Stattdessen wollte ich dem Zuschauer Einblicke in meine Arbeit geben, von den Kooperationen und Gründungen im Bildungsbereich berichten und zeitgleich Tipps weitergeben an alle, die von meinen Erfahrungen profitieren könnten. Inzwischen hat sich auch das Format der EduVlogs verbreitet. Der von mir so geschätzte Lehrerschmidt zum Beispiel ergänzt seinen Youtube-Content mit EduVlogs, in denen er sich einfach selbst mit seinem Smartphone filmt. Mit dem ihm eigenen Humor nennt er sie »Gassi-to-Go«.

Ich persönlich habe irgendwann gemerkt, dass es bei mehreren Projekten und Unternehmungen zeitgleich schwierig bis unmöglich wird, sich bei der Content-Produktion nicht zu verzetteln. An dieser Stelle hilft es mir ungemein, jemanden an der Seite zu haben, der sprichwörtlich mitdenkt beim Filmen, damit auch hier (wie bei meinen Mathe-Tutorials) der Zuschauer die Zusammenhänge bestmöglich versteht und die Filme einen Mehrwert generieren.

Ein User schrieb mir vor Kurzem: »Danke, Daniel, mit deiner Hilfe habe ich eine sehr gute Englischprüfung im Abitur abgelegt.« Ich fragte ihn etwas verwundert, inwiefern meine Mathevideos bei einer Englischprüfung geholfen haben. Seine Antwort bestätigte mich darin, nach der Mathematik weitere Themen im Bildungsbereich zu verfolgen. Er hatte sich neben meinen Mathe-Tutorials meine EduVlogs angeschaut und meinen New-Learning-Podcast verfolgt. Dort produziere ich unter anderem Content zum Thema künstliche Intelligenz, ihre Bedeutung für die Zukunft des Lernens und der Arbeitswelt, wobei ich auch Tipps gebe, mit denen ich die Nutzer dazu anregen will, sich mit dem Thema zu befassen. Davon inspiriert, beschäftigte er sich intensiver mit KI-Themen. Da es in der Englischprüfung um einen Text zu Auswirkungen der künstlichen Intelligenz auf die Menschheit ging, konnte er sein nebenbei erlangtes Wissen bestens anwenden.

Christian und ich filmen mittlerweile regelmäßig zusammen, zum Teil sind aus dem Format, das wir entwickelt haben, bezahlte Aufträge geworden. Ohne dass es meine Absicht war, sind aus dem Stil der EduVlogs bezahlte Aufträge für Firmen geworden. Das lässt mich als unternehmerisch denkenden Menschen natürlich nicht los, daher plane ich in diesem Bereich eine Agentur.

Dabei geht es mir immer darum, Anregungen für die Zukunft der Bildung zu geben und Firmen dabei zu helfen, mithilfe von Weiterbildungen über soziale Netzwerke zu kommunizieren. Auch hier lohnt sich wieder ein Blick Richtung USA, etwa zum Medienunternehmen Impact Theory von Tom Bilyeu, das eine Interview-Talkshow veröffentlicht, in der Bilyeu regelmäßig inspirierende Persönlichkeiten interviewt. Dabei teilt er am Anfang jeder Sendung mit, durch welchen Partner der kostenlose Content ermöglicht wird, und er achtet darauf, dass es Medienpartner sind, zu denen er einen Bezug hat.

Damit wäre ich auch bei meinem neuesten Format, das sich daran anlehnt: Daniel Jung Talks! Hier versuche ich, mit spannenden Persönlichkeiten nicht nur über die Mathematik, sondern allgemein über die Zukunft der Bildung zu sprechen und meinen Zuschauern Einblicke und damit Denkanstöße zu geben. Das Feedback, über das ich mich im Zusammenhang mit meinen Vlogs am meisten freue, klingt meistens ungefähr so: »Durch dich habe ich begonnen, mich im Netz weiterzubilden, und jetzt teste ich einen eigenen Podcast, um mein Wissen weiterzugeben!«

Auch bei meinem Vlogging-Experiment war ich vom Ergebnis überrascht. Man erreicht Leute, indem man von seinen Projekten erzählt. Durch Storytelling. Derzeit denke ich darüber nach, eine Produktionsfirma zu starten mit dem Fokus Videoinhalte und dem Schwerpunkt Bildung und Storytelling, und das in die von mir geplante Agentur einfließen zu lassen – wer weiß, was passieren wird?

## Die Zukunft ist jetzt

In relativ kurzer Zeit bin ich eines von diesen »Klickwundern« geworden. Mit den Mitteln, die die Digitalisierung hervorgebracht hat, habe ich riesige Mathe-Playlists mit Videos gefüllt – und sie sind »viral gegangen«.

Aber so einfach ist es natürlich nicht. Und zwar nicht nur deshalb, weil das Schulsystem veraltet ist, weil wir es völlig neu denken müssen und uns dabei fragen, wie wir mit der Digitalisierung umgehen – ihren Möglichkeiten, aber auch ihren Gefahren.

Während ich mich in den letzten Jahren immer intensiver mit Bildungsfragen beschäftigt habe, bin ich auf eine zweite Exponentialkurve gestoßen: Auch die digitale Revolution hat uns zunächst, in den letzten ca. 50 Jahren, ein lineares Wachstum beschert, das ziemlich genau jetzt, zu diesem Zeitpunkt, an dem wir uns befinden, senkrecht in die Höhe schießt. Und zwar deshalb – hier kommt wieder die Kombinatorik ins Spiel – weil in den letzten Jahren verschiedene, zunächst unabhängig voneinander ablaufende Entwicklungen *in ihrer Kombination* dazu geführt haben, dass in der Forschung zur künstlichen Intelligenz gerade gigantische Durchbrüche erzielt werden.

Drei Ereignisse sind von besonderer Bedeutung, weil sie durch ihre Kombination eine Situation geschaffen haben, die vor wenigen Jahren noch niemand vorausgesehen hat.

Zum einen die Tatsache, dass sich die Rechenkapazitäten von Computern vervielfacht haben. Die kleinen Supercomputer, die heute jeder von uns in der Tasche hat, legen eine enorme Rechenleistung an den Tag und können dabei gleichzeitig riesige Datenmengen speichern. Für Computer mit einer vergleichbaren Leistung musste man noch vor zehn Jahren Kisten kaufen, die den halben Schreibtisch besetzten. Geht man noch ein paar Jahre weiter zurück, brauchte man für die Rechenleistung eines Smartphones ganze Lagerhallen. Und das bedeutet natürlich auch: Noch vor Kurzem war die Verarbeitung allzu großer Datenmengen unbezahlbar.

Die Tatsache, dass heute jeder täglich einen (oder mehrere) Supercomputer nutzt, führt dazu, dass sich bei den Konzernen, die die entsprechenden Dienstleistungen zur Verfügung stellen, eine gigantische Menge von Nutzerdaten ansammelt – für die die Unternehmen meist nicht einmal bezahlen müssen. Jeder, der die Suchmaschine von Google bedient, schenkt dem Unternehmen kostenlos wertvolle Daten. Dasselbe gilt für nahezu jede Bewegung, die wir online ausführen: Wir können gar nicht anders, als dabei Daten preiszugeben, die von den Tech-Giganten dankbar gesammelt werden.

Darauf bin ich persönlich gestoßen, als ein weiterer Online-Konzern mit seinem Angebot an mich herantrat, meinen Youtube-Channel zu kaufen (bzw. ihn für viel Geld abzuschalten). Das Angebot fiel wahrscheinlich nicht nur deshalb so hoch aus, weil das Unternehmen verhindern wollte, dass ich zahlende Nachhilfekunden abwarb. Sondern auch, weil die Nachhilfekunden nebenbei kostenlos einen Datensatz generieren, mit dem sich Geld verdienen lässt. Ich werde auf das Thema im dritten Kapitel dieses Buches zurückkommen.

Nach der Einführung von Smartphones, Tablets und der Entstehung von sozialen Netzwerken dauerte es also nur wenige Jahre, bis Google, Apple und Co. über einen gewaltigen Schatz verfügten: Big Data. Damit waren die Voraussetzungen gegeben, um jene Technologie zu schaffen, die einen entscheidenden Durchbruch für Entwicklungen im Bereich der künstlichen Intelligenz (KI) brachte.

KI ist ein Bündel an Techniken, mit denen man versucht, menschliche Intelligenz nachzuahmen. Maschinelles Lernen ist ein Teil der KI: Hier werden riesige Mengen an Daten verarbeitet, wobei die Maschinen durch die Anwendung von Algorithmen eigenständig lernen, ohne explizit programmiert worden zu sein. Das maschinelle Lernen wurde noch einmal signifikant besser (und dem menschlichen Lernen ähnlicher) durch einen technischen Durchbruch, das sogenannte Deep Learning bzw. »tiefe Lernarchitekturen«: Dabei bauen die Maschinen sogenannte neuronale Netze auf, die ähnlich jenen in unserem Gehirn funktionieren. Diese neuronalen Netze bilden sich in einer Software aus, indem man sie mit Unmengen von Daten füttert und sie stunden-, manchmal tagelange Rechenoperationen durchführen lässt. Man spricht deshalb davon, dass eine künstliche Intelligenz »trainiert«, ihre Ergebnisse also immer besser werden. Mit jeder Stunde Training lernen diese KIs etwa, beim Erkennen von gesprochener Sprache immer weniger Fehler zu machen. Oder bei allen möglichen anderen Aufgaben.

Allerdings brauchen die KIs dafür »vast amount of data« – unendliche viele Daten, wie es in der letzten Zeile des folgenden Schaubilds heißt:

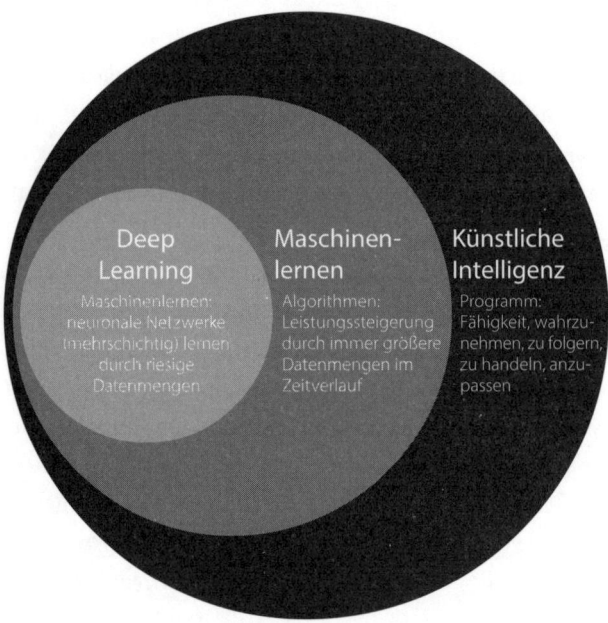

*Abb. 5*

Das Deep Learning, die tiefen Lernarchitekturen, brachten der Forschung im Bereich der künstlichen Intelligenz den bisher größten Fortschritt. Deshalb haben die »Väter der Deep-Learning-Revolution«, Yoshua Bengio, Geoffrey Hinton und Yann LeCun im März 2019 den prestigeträchtigen Turing Award erhalten, der so etwas wie der Nobelpreis für Informatiker ist und von der Association for Computing Machinery vergeben wird.[7]

Zur Ausbildung der neuronalen Netze, die dem Deep Learning von Maschinen zugrunde liegen, muss man sie mit Daten versorgen. Um zum Beispiel einem Computer beizubringen, ein Gesicht in den unterschiedlichsten Erscheinungsformen wiederzuerkennen, muss ich den Computer mit möglichst vielen Bildern dieses Gesichts füttern – je mehr Bilder, desto genauer wird die Gesichtserkennungssoftware arbeiten. Diese Daten – in diesem Fall also Bilder – stellt jeder, der sich im Netz bewegt, den Tech-Konzernen ununterbrochen zur Verfügung. Insofern ist es nicht uninteressant, dass von den drei »Vätern« des Deep Learning einer bei Google arbeitet – Hinton ist dort VP und Engineering Fellow – und einer bei Facebook – LeCun ist dort Chief AI Scientist. Die beiden arbeiten also für zwei der wenigen weltweiten Konzerne, bei denen sich die mit Abstand größten Datenmengen angesammelt haben.

$$+ \quad \begin{array}{l} \textit{GROSSE DATENMENGEN} \\ \textit{VERFÜGBARKEIT VON HIGH} \\ \textit{PERFORMANCE COMPUTERN} \end{array}$$
$$+ \quad \textit{TIEFE LERNARCHITEKTUREN}$$
$$= \quad \textit{FORTSCHRITT IN KI}$$

Abb. 6

Die Formel (ich muss hier einfach bei meiner Matheterminologie bleiben) lautet also: Drei verschiedene technologische

Entwicklungen – Big Data, Hochleistungscomputer, Deep Learning – lösen ein exponentielles Wachstum aus. Grafisch dargestellt sieht es so aus:

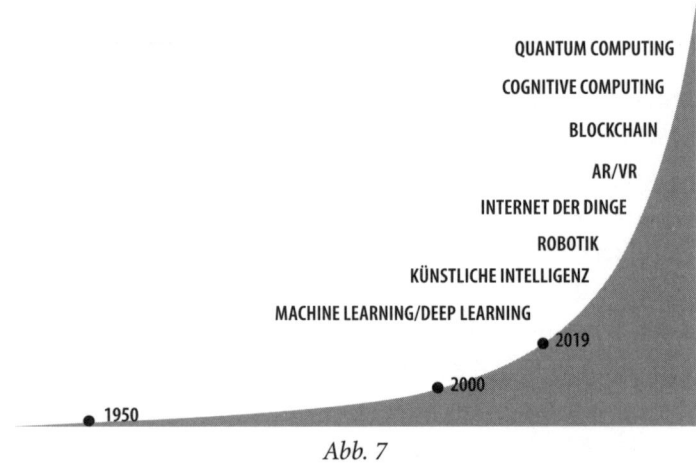

*Abb. 7*

In den nächsten zwei, drei Jahren werden sich mehr Dinge verändern als in den letzten hundert Jahren. Um es noch einmal an einem Beispiel zu veranschaulichen: Das Unternehmen Google war dabei, eine künstliche Intelligenz weiterzuentwickeln, die zur Spracherkennung eingesetzt wird. Die verantwortlichen Ingenieure rechneten damit, dass sie für bestimmte Verbesserungen etwa zehn Jahre benötigen würden. Doch das Machine-Learning entwickelte sich mit den neuronalen Netzen des Deep Learning, das ja ein Teilbereich des Maschinenlernens ist, plötzlich so viel schneller, dass Google sein Zehnjahresziel innerhalb von nur einem Jahr erreichte. Allein dieser Prozess, die Verbesserung einer KI zur Spracherkennung, hat sich also plötzlich um ein Zehnfaches beschleunigt!

Wir erleben einen technischen Wandel, dessen Auswirkungen sich heute noch niemand konkret und in allen Einzelheiten vorstellen kann. Wir wissen nicht, wie die Arbeitswelt aussehen wird, wenn immer mehr Jobs von Robotern übernommen werden. Wir wissen nicht, was das für den Zusammenhalt der Gesellschaft bedeutet. Ob und welche der gegenwärtigen Probleme wir lösen werden. Ob wir den Klimawandel aufhalten werden, die Versauerung der Meere, oder ob wir das Problem mit unserem Plastikmüll in den Griff bekommen. Wir wissen nicht, welche Krankheiten wir in Zukunft heilen können und wie lange wir leben werden. Im Silicon Valley arbeiten einige Tech-Gründer bereits an ihrer Unsterblichkeit.

Der Ausgang vieler dieser Ideen und Fragen ist unbekannt. Deshalb gibt es nicht wenige, die der Zukunft eher mit Angst als mit Hoffnung entgegensehen. Das Paradoxe aber ist: Ich rede gar nicht von morgen, sondern von heute. Die Zukunft ist jetzt! Alles, was wir im Bereich der künstlichen Intelligenz gestern noch für Zukunftsmusik hielten, tritt jetzt gerade schon ein. Wir leben in Zeiten des »exponential growth« – des exponentiellen Wachstums: In extrem kurzer Zeit verändert sich extrem viel.

Die Grundlage dieser technischen Revolution ist die Mathematik. Die neuronalen Netze des Deep Learning zum Beispiel entstehen durch Millionen von Rechenoperationen, die von Computern in extremer Geschwindigkeit durchgeführt werden. Deshalb liegt zwischen den beiden Exponentialkurven, die ich hier im ersten Kapitel beschrieben habe, das, was ich in den folgenden beiden Kapiteln erzählen will: Sie verbinden die Mathematik mit dem größten Wandel, den unsere Gesellschaft seit mindestens hundert Jahren erlebt. Wenn wir uns daranmachen, ein neues Bildungssystem zu entwerfen, dann müssen wir uns diese Tatsachen vor Augen halten. Wir müssen ein Bildungssystem schaffen, das die nachfolgenden

Generationen von Schülern und Studenten bestmöglich auf technische Veränderungen vorbereitet. Auch wenn wir davon, wie die Welt von morgen aussieht, bisher nur eine vage Vorstellung haben. Gerade weil sich Dinge in immer kürzeren Zeitabständen ändern und wir nicht mehr eine Tätigkeit über mehrere Jahrzehnte mit einem mehr oder weniger gleichbleibenden Wissensstand verrichten werden, weil wir in der Lage sein müssen, Muster zu erkennen, und in einer datengetriebenen Welt Algorithmen verstehen müssen, wird erstens der Mathematikunterricht in neu zu konzipierender Form und zweitens ein von Grund auf neu durchdachtes Bildungssystem notwendig sein.

# Unser Bildungssystem: ein Dschungel

## Die digitale Gefahr

Als die heute 40- bis 80-Jährigen jung waren, bedeutete »technischer Fortschritt«, dass Amerikaner und Russen sich ein Wettrennen um den Weltraum lieferten, die Medizin besser wurde und die Autos schneller. Der Fernseher zeigte auf einmal Bilder in Farbe und hatte dann, Ende der 1980er, sogar mehr als drei oder vier Sender im Angebot. Man gewöhnte sich an Walkman und Videorekorder und daran, im Büro nicht mehr mit der Schreibmaschine, sondern mit einem Computer zu schreiben. Der allerdings auch nicht viel mehr konnte als eine Schreibmaschine. Und wenn der Vater und die Tochter zusammen versuchten, das frisch erworbene Videogerät zu installieren, dann war nicht unbedingt gesagt, wer von beiden weniger davon verstand.

Heute ist das anders. Und zwar deshalb, weil Kinder um ein Vielfaches schneller lernen als Erwachsene. Um eine Sprache mitsamt ihrer Grammatik fehlerfrei zu beherrschen, brauchen sie ein bis drei Jahre. Und sie schaffen dabei auch zwei, manchmal sogar drei Sprachen gleichzeitig. Das ist absolut erstaunlich, wenn man sich anschaut, wie viel Arbeit Erwachsene investieren müssen, um eine Fremdsprache zu lernen. Was Kindern scheinbar mühelos gelingt – eine zweite Sprache akzent- und fehlerfrei zu beherrschen –, können wir als Erwachsene nicht mehr erreichen. Insofern ist es eigentlich kein Wunder, dass die Jüngeren gegenüber den Älteren in einen

Vorteil geraten sind, seit sie Zugang zu denselben technischen Innovationen haben: Die meisten Kinder können mit Smartphones und Tablets wesentlich besser umgehen als ihre Eltern.

Eigentlich könnte man denken, dass Kinder durch ihre hohe Lerngeschwindigkeit für das exponentielle Wachstum der technischen Veränderungen gut gerüstet sind. In der neuen, digitalisierten Welt passen sie sich rasend schnell an. Während die Älteren von uns noch damit beschäftigt sind, dem großen »Change« hinterherzulaufen, und zum Beispiel einen DigitalPakt Schule auflegen, bewegen die Jugendlichen sich längst ganz selbstverständlich zwischen den beiden Parallelwelten: der Online- und der Offline-Welt.

Doch ganz so einfach ist es nicht. Dass die CEOs der Tech-Konzerne im Silicon Valley ihre Kinder in Waldorfschulen schicken, in denen Devices verboten sind, muss einen Grund haben. Der bereits erwähnte Psychiater und Hirnforscher Manfred Spitzer weist mit viel Nachdruck darauf hin, dass der Gebrauch von elektronischen Geräten sich in den frühen Kindheitsjahren auf die geistige und seelische Entwicklung schädlich auswirkt. Zwar sind Spitzers Thesen und seine Forschung dazu stark umstritten, doch er steht mit seinen Warnungen keineswegs alleine da.

Es gibt verschiedene Gründe dafür, warum elektronische Geräte für Heranwachsende so gefährlich sind. Aus vielen aktuellen Untersuchungen in der Neurologie, der Biologie und anderen Forschungsbereichen geht immer klarer hervor, dass körperliche Bewegung bei der Entstehung und Entwicklung der menschlichen Intelligenz eine entscheidende Rolle spielt. Wenn sie aber die Wahl haben und sich selbst überlassen sind, bleiben viele Kinder und Jugendliche vor ihren Devices hängen, anstatt sich Räume zu suchen, wo sie spielen und sich bewegen können. Das führt nicht nur zu Bewegungsmangel, sondern mindert auch die Entwicklung von Kreativität.

Dass Kinder offline in kurzer Zeit sehr viel lernen können, während bestimmte Fähigkeiten unterentwickelt bleiben, wenn sie nur vor Bildschirmen groß werden, wird inzwischen kaum noch bestritten. Smartphones und Tablets beeinträchtigen die geistige, seelische und körperliche Entwicklung von Kindern, sie schaden ihrer Gesundheit. Leider haben wir es verpasst, den Gebrauch von Devices ähnlich wie das Autofahren mit einer Altersfreigabe zu beschränken. Beim Autofahren wissen wir: Jugendliche sind kognitiv noch nicht in der Lage, das Navigieren im Straßenverkehr zu leisten. Ähnliches gilt für das Smartphone. Adam Gazzaley zeigt in seinem Buch *Das überforderte Gehirn. Mit Steinzeitwerkzeug in der Hightech-Welt,* dass unser Gehirn nicht dafür ausgestattet ist, mit den Anforderungen der Technologie umzugehen: den ständigen Ablenkungen durch eintreffende Nachrichten zum Beispiel. Deshalb wäre es absolut sinnvoll, zumindest Kinder so lange zu schützen, bis ihre kognitiven Fähigkeiten ausgeprägt sind. Keine elektronischen Geräte für Kinder bis zu einem bestimmten Alter. Als Teenager oder junge Erwachsene haben sie immer noch Zeit genug, den Umgang mit digitaler Technik zu lernen.

Es gibt aber noch einen weiteren Grund, warum man den Smartphonegebrauch von Jugendlichen in jungen Jahren kritisch sehen sollte. Steve Jobs, Mark Zuckerberg und viele andere Tech-Giganten des Silicon Valley werden nicht müde, zu betonen, dass sie die Welt zu einem besseren Ort machen wollen. Sie wären jedoch vermutlich nicht die erfolgreichsten Konzernchefs der Welt, wenn sie im Angesicht solch hehrer Ziele die Interessen ihrer Unternehmen hintanstellen würden.

Der Erfolg eines Unternehmens hängt von seinen Gewinnen ab, und die steigen, wenn es gelingt, möglichst viele Nutzer zu Konsumenten zu machen. Hinter Apps und sozialen Netzwerken sitzen Programmierer, die alles daransetzen, jeden Einzelnen von uns so lange wie möglich vor dem Bildschirm zu halten. Schon die Apps selbst waren für diesen Zweck eine bahnbrechende Erfindung. Ein einziges Tippen mit dem Finger genügt, um »on screen« zu sein, und dabei appellieren die Anwendungen, die wie kleine Spielzeugkistchen designt sind, an den Spieltrieb, der in uns allen steckt. Die Tricks, mit denen hier gearbeitet wird, sind so harmlos wie genial. Kaum einer wird bemerkt haben, welche Marketing-Revolution den Programmierern gelungen ist, als sie das sogenannte Notification Badge entwickelten: einen kleinen roten Kreis mit einer Zahl darin, der in der oberen rechten Ecke einer App anzeigt, dass es neue Nachrichten gibt. Rot ist eine Signalfarbe. Es ist schwer, dem Reflex zu widerstehen und nicht auf das Icon zu drücken, wann immer es auftaucht. Und schon sind wir wieder »on screen« …

Die meisten digitalen Geschäftsmodelle ringen vor allem um eins: die Aufmerksamkeit der Nutzer. Sie ist eine kostbare Währung. Wie hart Unternehmen kämpfen, um schon kleine Kinder als Konsumenten zu binden, kann man an der auf Kleinstkinder zugeschnittenen Werbung beobachten. Oder bei McDonald's, wo Kinder mit Geburtstagspartys und Kinderspielzeug überhäuft werden, damit der Genuss von Burgern möglichst früh eine feste Verbindung mit Begriffen wie »Abenteuer« oder »Kindheit« eingeht.

Je länger Nutzer auf den Bildschirm schauen, desto einfacher wird es, ihnen etwas zu verkaufen. Zum einen, weil es angesichts der Reizüberflutung, der wir »on screen« und »off screen« ausgesetzt sind, immer schwieriger wird, Käufer auf ein Produkt aufmerksam zu machen. Zum anderen, weil die User mit jeder Minute, die sie im Netz verbringen, große Mengen an Informationen über sich preisgeben. Hirnforscher Manfred Spitzer sagt: Wenn du neun Sachen auf Facebook machst, also zum Beispiel etwas schreibst, etwas likst, zwei, drei Sachen über dich erzählst – dann kennt das Unternehmen dich vollständig.

Daten sind Gold, deshalb werden für jeden neuen Player, der im Netz hohe Klickzahlen erzeugt, fantastische Summen gezahlt. Daten sind aber auch ein heikles Thema, die Rechte ihrer Nutzung sind kompliziert zu regeln, und im Grunde genommen wissen wir nie genau, was mit den Informationen, die wir über uns preisgeben, passiert. Zu den dunkleren Seiten der Digitalisierung gehört sicher nicht nur die aggressive Werbung, die auf der Grundlage unserer Daten möglich ist, sondern auch die Tatsache, dass Nutzerdaten für alle möglichen Dinge missbraucht werden können. Wer sich ins Internet begibt und dort Daten hinterlässt, sollte wissen, welchen Gefahren er ausgesetzt ist. Aber oft sind sich nicht einmal Erwachsene bewusst, wie leicht Daten gehackt werden können. Ein Klick auf einen falschen Link, und jemand hat Zugang zu deinem Smartphone und liest deine Passwörter aus. Es ist schwierig, Kinder wirksam vor den Gefahren zu schützen, denen sie sich im Netz ausliefern. Auch das ist ein Grund, warum man sich überlegen sollte, wann und wie sie die ersten Devices in die Hände bekommen.

Die Sicherheit von Daten – Cybersecurity – ist, nebenbei bemerkt, auch für mich als Betreiber einer Plattform ein Problem. Denn ich muss mir die Frage stellen: Wie verhindere ich, dass jemand sich als Mathehelfer registriert, um dann anderen, möglicherweise strafbaren oder jugendschädlichen Content hochzuladen? Wie gehe ich damit um, wenn es doch passiert? Wie sorge ich dafür, dass die User meiner Plattform nicht gehackt werden können?

All diese Probleme sind nicht leicht zu lösen, und so muss ich – neben vielen anderen Dingen – auch in die Cybersecurity bei mathefragen.de einiges an Zeit und Geld investieren. Das Thema Datensicherheit wird ein immer größerer Jobmarkt, in dem wir dringend Experten ausbilden müssen. Ich bin froh, jemand Kompetentes für diese Aufgaben in meinem Team zu haben, der fachlich in der Mathematik und im hochsensiblen Thema Datensicherheit zu Hause ist. Das hat einen immensen Mehrwert für die Plattform, denn es ist wichtig, dass die Lernenden sicher sein können, dass mit ihren Daten verantwortlich umgegangen wird.

Um diese Daten in sinnvoller Weise zu verwerten und auszuwerten, befinde ich mich derzeit in ersten Gesprächen mit der Kompetenzplattform für künstliche Intelligenz Nordrhein-Westfalen (KI.NRW), um ein Forschungsprojekt zur Lernanalyse zu starten. Das könnte zum Beispiel ein neuer Lerner-Helfer-Algorithmus sein, der Menschen zum Lösen von Matheproblemen zueinander bringt.

## Jugend im Netz: Instagram, Snapchat, TikTok und Co.

In Frankreich sind Smartphones und Tablets an Schulen gesetzlich verboten, zumindest bis einschließlich der Sekundarstufe I. Ausnahmen gelten, wenn Devices gezielt für den Unterricht eingesetzt werden. In Bayern gibt es ein ähnliches Gesetz, und in anderen Kultusministerien werden Verbote ebenfalls diskutiert.

Ich glaube, dass das richtig und notwendig ist, vor allem wenn die Verbote mit einem sinnvollen Ersatz verknüpft werden. Mathematik kann man wunderbar durch haptische Möglichkeiten erlernen, ebenso wie das so oft geforderte Verständnis für das Programmieren. Dennoch ist es kaum realistisch, elektronische Geräte, Streamingdienste und Kommunikationsplattformen auch außerhalb der Schule zu verbieten, also etwa ein Gesetz durchzusetzen, das Jugendlichen den Gebrauch von Devices bis zu einem bestimmten Alter untersagt. In der Welt, wie sie heute ist, wäre das politisch und wirtschaftlich völlig undenkbar. Insofern führt an einer Tatsache derzeit kein Weg vorbei: Die Aufmerksamkeit von Kindern und Jugendlichen wird zu einem erheblichen Teil von sozialen Netzwerken, Online-Games, Videos und Filmen absorbiert. Die Jugend verbringt einen Großteil ihrer Zeit vor Smartphones und Tablets – sie lebt im Netz. Und deshalb bleibt uns nur eins: Wir müssen ihnen folgen. Wir müssen dahin gehen, wo die Kinder und Jugendlichen mit ihrer Aufmerksamkeit ohnehin schon sind.

Bei meinen Vorträgen erlebe ich es immer wieder, dass Erwachsene kaum wissen, wo die Kids sich aufhalten. Viele Lehrer glauben, ihre Schüler seien noch auf Facebook unterwegs. Ein verständlicher Irrtum, denn Facebooks Position als Nummer eins unter den Betreibern von sozialen Netzwerken ist unbestritten. Mark Zuckerberg und seine Plattform haben es in den ersten Jahren geschafft, die meisten anderen sozialen Netzwerke vom Markt zu verdrängen. In Deutschland traf das vor allem die Plattform StudiVZ, die sich anfangs erfolgreich in mehreren europäischen Ländern als Netzwerk für Studierende und später auch Schüler etabliert hatte. Facebook schaffte es, User auf der ganzen Welt von anderen Diensten abzuwerben, und so musste StudiVZ im Jahr 2017 Insolvenz anmelden.[1] Auch Google, nicht gerade ein kleiner Konzern, startete einen Versuch, Facebook Konkurrenz zu machen, gründete den Kommunikationsdienst Google+ und musste ihn im April 2019 einstellen. Dabei hatte das Netzwerk zwischendurch bis zu 500 Millionen Nutzer. Bei Facebook waren es im Jahr 2018 allerdings 2,23 Milliarden Nutzer.

Dass Facebook auch heute noch der wahrscheinlich bedeutendste Player im Bereich der sozialen Netzwerke ist, liegt aber daran, dass Zuckerberg verstanden hat, wie schnell sich neue Trends etablieren – und zwar vor allem unter Jugendlichen. Im September 2011 entwickelte ein ebenfalls amerikanisches Unternehmen einen Messaging-Dienst mit einem damals neuen Feature: Die Gründer von Snapchat ermöglichten es ihren Nutzern, Fotos und Videos zu versenden, die nur für wenige Sekunden sichtbar sind und dann von selbst verschwinden. Der Dienst wuchs rasant, und so machte Facebook mehrere Übernahmeangebote, die von den Snapchat-Gründern jedoch abgelehnt wurden. Daraufhin wendete sich Zuckerberg an die Mitarbeiter eines ähnlichen Online-Dienstes, den er bereits gekauft hatte: Instagram. Facebook hatte viel Geld für Instagram ausgegeben, und das, obwohl die Entwickler bis zur Übernahme durch Facebook überhaupt kein tragfähiges Geschäftsmodell hatten. Doch nun begann Instagram, zunehmend ähnliche Features wie Snapchat anzubieten. Damit begann die unglaubliche Erfolgsgeschichte des Dienstes, der zu einem ganz eigenen Netzphänomen geworden ist. Auch hier kann man Fotos und kurze Videos teilen und zu einer Story verbinden, Instagram ist damit Snapchat sehr ähnlich, durch die Verbindung mit Facebook und seiner weltweiten Basis an Nutzern jedoch haushoch überlegen. Als Facebook zwei Jahre später, im Jahr 2014, auch noch den Nachrichtendienst WhatsApp kaufte, sicherte es sich das Monopol auf einen großen Teil der Nutzer von sozialen Netzwerken und Online-Diensten in der gesamten westlichen

Welt, und darüber hinaus, denn WhatsApp und Facebook sind zum Beispiel auch in den arabischen Ländern und in Afrika verbreitet. So kann Zuckerbergs Unternehmen es verkraften, dass sich vor allem Jüngere auf der ursprünglichen Homebase des Konzerns – auf Facebook selbst – kaum noch aufhalten.

Wie *Spiegel Online* berichtet, rüstet sich Facebook schon für die nächsten digitalen Trends. Es gebe »alle 10 oder 15 Jahre eine neue große Plattform«, soll der Tech-Gigant in einem Interview als Begründung angegeben haben, als er sich zum Kauf eines der großen Anbieter von 3-D-Brillen entschloss.[2] Auch wenn solche Käufe natürlich Wetten auf die Zukunft sind: Sollte die Virtual-Reality-Technologie sich doch noch durchsetzen und Teil unseres Alltags werden, wird ein Großteil der Nutzer wieder Kunde von Facebook sein.

Viele Lehrer, mit denen ich spreche, wissen nicht, dass die Schüler kaum noch auf Facebook selbst unterwegs sind. Sie kennen Snapchat nicht, und wenn ihnen WhatsApp und Instagram ein Begriff sind, dann wissen sie nicht, dass die beiden Messaging-Dienste ebenfalls zu Facebook gehören. Zwar ändert sich das allmählich. Doch während Lehrer und Eltern sich bemühen, ihre Wissenslücken zu schließen, wandern ihre Kinder schon wieder in neue Kanäle ab. Aktuell passiert das gerade mit TikTok, einem Dienst, der ausnahmsweise mal nicht aus den USA, sondern aus China kommt. Im Jahr 2018 gehörte die App von TikTok weltweit zu den am stärksten wachsenden Apps des Jahres. 150 Millionen nutzen die App täglich, 500 Millionen sollen es insgesamt sein.

TikToks mächtiger chinesischer Besitzer hat eine Plattform übernommen, die ursprünglich musical.ly hieß. Zwei Gründer in Asien hatten zunächst eine App programmiert, um mit kurzen Videos Bildungsinhalte zu verbreiten. Die App lief nicht gut. Dann aber soll einer der Gründer in der U-Bahn beobachtet haben, wie die Fahrgäste ihre Smartphones in der Hand hielten und zur Musik mitsangen. Daraufhin dachte er sich: Warum machen wir nicht eine App, bei der man seine eigenen Lippenbewegungen zu Musik filmen kann? So entstand 2014 musical.ly, eine App zum Karaoke- und Playbacksingen.

Die Gründer Louis Yang und Alex Zhu, die ihren Firmensitz in Shanghai haben, gingen damit in den Markt in den USA und Europa. 2016 wurde in Asien TikTok gegründet, eine App, die Ähnliches für den asiatischen Markt anbot. 2018 wurde musical.ly dann für knapp eine Milliarde von dem chinesischen Medienunternehmen Bejing ByteDance Technology gekauft, jenem Unternehmen, dem auch TikTok gehört. Das Unternehmen führte die beiden Anwendungen im August 2018 zusammen, heute gibt es nur noch TikTok, das nun den östlichen und den westlichen Markt verbindet.

Mit der App von TikTok können Nutzer Videos drehen und dabei zu einer ausgewählten Musik Lippensynchronisationen und Gesten aufnehmen, tanzen und die Videos mit speziellen Effekten bearbeiten. Alles, was man schon von Snapchat und Co. kennt, ist hier natürlich auch möglich, also: Filme schneiden, Farbfilter drüberlegen etc. Dabei verstehen auch musical.ly und sein Nachfolger TikTok sich als soziales Netzwerk; auch hier kommt es vor allem darauf an, dass die Nutzer sich vernetzen und ihre Filme teilen.

Kinder und Jugendliche lieben soziale Netzwerke und nutzen sie exzessiv, vor allem Videos, weil sie hier miteinander kommunizieren und sich dabei vollkommen frei ausdrücken können. Erwachsene sehen diese Trends meist eher mit gemischten Gefühlen oder lehnen sie sogar aus genau diesem Grund ab: weil die sozialen Netzwerke von Facebook bis Tik-

Tok von Millionen von Menschen mit Selfies, Katzen-, Essens- und Urlaubsfotos geflutet werden. Vor allem TikTok hat keinen guten Ruf. In erster Linie, so schimpfen manche, seien dort leicht bekleidete Vierzehnjährige zu sehen, die albern rumhüpfen. Ich kann verstehen, dass das nicht jedermanns Sache ist. Als ich jedoch durch das Feedback der Community und eine wachsende LetsRockMathe-Fangemeinde verstand, dass die meisten Kids sich vor allem bei Snapchat, Instagram und TikTok aufhalten, bin ich mit meinen Mathevideos in all diese Kanäle reingegangen. Mit trockener Bildung. Auf Tik-Tok habe ich am Anfang das Feedback bekommen: »Wie, Daniel, du bist keine zwölf mehr? Hau ab! Wir sind hier zum Spaß!« Aber zu meiner großen Überraschung bin ich schon bald auf eine wachsende Fangemeinde gestoßen! Auch hier zahlte es sich für mich am Ende aus, Ausdauer zu haben, meiner Linie treu zu bleiben und Bildungsinhalte in den sozialen Netzwerken voranzutreiben.

Wie nutze ich TikTok? Als Erstes natürlich mit Mathetutorials. Zu Beginn waren es 15-Sekunden-Häppchen, unterlegt mit Musik, das war die Formatvorgabe von TikTok. Dann erweiterte der Betreiber auf 60 Sekunden (also eine Art Twitter-Begrenzung im Filmformat), und so schuf ich das Format »Mathe in 60 Sekunden«, ohne Musik. Da erkläre ich dann: Was ist ein Bruch? Was ist eine Potenz? Was ist eine Wurzel? Was ist ein Kreis? Was ist ein lineares Gleichungssystem? – immer in 60 Sekunden.

Dabei ergibt sich dann auch bei TikTok wieder die Möglichkeit zur Interaktion. Ich habe zum Beispiel mal eine Challenge gemacht und die Crowd dazu aufgefordert, mit Körpern einen Kreis zu gestalten. Als Reaktion tauchten schon bald die ersten Videos auf: Die einen legten sich zusammen in einen Kreis, einer von ihnen hat gefilmt. Andere haben Hand in

Hand einen Kreis gebildet und sich von oben filmen lassen. Da kommen die unterschiedlichsten Ideen zustande. Viele werden kreativ, beschäftigen sich mit dem Kreis. Ich habe das aufgegriffen, erklärt, was der Kreis mit Mathematik zu tun hat.

Ich glaube, dass gerade TikTok zeigt, wie leicht solche Netzwerke unterschätzt werden. Die Betreiber machen vieles richtig, und so wird der Content dort immer besser; immer mehr Ältere und Erwachsene tauchen auf. Ich glaube, in zwei, drei Jahren wird TikTok so verbreitet sein wie Instagram und andere Plattformen, die jetzt gerade schon etablierter sind.

Aus Gesprächen mit vielen Gleichgesinnten weiß ich, dass ich bei TikTok keineswegs nur deshalb erfolgreich bin, weil ich durch meinen Youtube-Kanal bereits ein gewisses Image habe. So erzählte mir eine Lehrerin, sie habe mit ihren Schülern aus Spaß eine Challenge gemacht, für die sie gemeinsam 15 Sekunden lange TikTok-Videos gedreht haben. Die Schüler waren Feuer und Flamme – und lernten etwas dabei. Leider musste die Lehrerin das Projekt wieder aufgeben, weil es gegen die in der Schule geltende Datenschutzverordnung verstieß. Aber das ist ein anderes Thema.

Man mag Klagen darüber als berechtigt empfinden, dass Jugendliche Deutsch und Englisch wild mischen und sich Dinge wie »Chill mal deine Base« zurufen (auf Deutsch: Beruhige dich), anstatt sich in lupenreinem Deutsch zu beharken. Aber das ist nur die eine Seite der Digitalisierung. Auf der anderen steht, dass viele Schüler heute im Alter von 12 oder 13 Jahren schon so gut Englisch verstehen, dass sie einer amerikanischen Late-Night-Show mühelos folgen können. Und das, nachdem sie gerade die ersten zwei, drei Jahre Englischunterricht hinter sich haben. Sie lernen die Sprache gewissermaßen nebenbei und aus ganz unterschiedlichen Grün-

den – weil sie sich Interviews ihrer Stars auf Youtube anschau-
en oder weil sie sich für Manga-Comics begeistern und hier
das wesentlich größere englischsprachige Angebot nutzen.

Manche Kritiker beschweren sich über den »flapsigen Ton«
meiner Videos. Aber ich habe mich bewusst entschieden, den
Jugendlichen nicht nur in ihre digitalen Räume zu folgen, sondern mich auch auf ihre Sprache einzulassen – allerdings in
bestimmten Grenzen. Wenn man es übertreibt, wirkt das meines Erachtens anbiedernd. Ich muss nicht zwanghaft Kraftaus-
drücke verwenden, die gerade »in« sind. Ich glaube, es geht
eher um eine gewisse Lockerheit und Unverkrampftheit.

Meine eigene Mathematikbegeisterung wurde nicht durch
Youtube-Videos ausgelöst (die gab es zu meiner Schulzeit
noch nicht), sondern ganz klassisch: durch einen Mathematik-
almanach, den ich in jungen Jahren geschenkt bekam. Und
durch einen Leistungskurs Mathe in der Oberstufe, mit einem
Lehrer, der zu begeistern wusste und dem ich heute noch
dankbar bin.

Ich möchte mehr Lehrer, Professoren und Bildungsverantwortliche dazu ermutigen, die Jugend dort abzuholen, wo sie
sich aufhält. Sich also auf die Online-Welt einzulassen. Wir
müssen versuchen, die Jugend mit Bildungscontent zu erreichen und für Wissen zu begeistern. Von hier aus lässt sich
Bildung an Schulen und Universitäten neu denken. Wenn wir
die Jüngeren jedoch in bestimmten digitalen Räumen sich
selbst überlassen, dann werden wir unserer gesellschaftlichen
Verantwortung nicht gerecht.

Nicht nur Lehrer in den Schulen tun sich schwer damit, der
Jugend ins Netz zu folgen. Immer häufiger erhalte ich Anfragen wie die des deutschen Textilreinigungsverbands, der mich
zu seiner Jahresversammlung eingeladen hat. Warum? Weil
solche Verbände erkannt haben, dass man soziale Netzwerke

für Weiterbildung und Recruiting nutzen kann. Immer häufiger erkläre ich deshalb auch Verantwortlichen in der freien Wirtschaft, wo man die Jugend im Netz am besten findet und wie man sie dort anspricht, vor allem mit Bildungscontent in Videoform.

Die Bedeutung, die die sozialen Räume im Netz haben, wurde mir selbst erst so richtig klar, je mehr ich über die Kommentarfunktionen auf den verschiedenen Plattformen mit Usern kommunizierte. Mag sein, dass bei Instagram, Snapchat und Co. viele alberne Teenager rumhüpfen – die Kommunikation, die hier stattfindet, wird meines Erachtens unterschätzt. Ich glaube, dass gerade darin die Power und das Potenzial dieser Medien liegen: Man erreicht die User dort wirklich! Viele, die selbst nicht in sozialen Netzwerken aktiv sind, stellen sich die »Community« als eine Masse von Unbekannten vor; vielen macht der Gedanke Angst, dass sie nicht wissen, wer da alles unterwegs ist; sie halten die sozialen Kontakte im Netz für »nicht echt«, den Bekanntschaften in der analogen Welt unterlegen. Ein besonders nettes Gegenbeispiel habe ich mit Prof. Spannagel erlebt, dessen Video zur Mathematik als Wissenschaft ich bereits empfohlen habe. Spannagel hatte in einem meiner Tutorials einen formalen Fehler entdeckt und seinen Kommentar unter dem Youtube-Video mit dem Satz eingeleitet: »Ich spiel mal den Korinthenkacker …« – eben weil es sich nur um einen kleinen, formalen Fehler handelte. Daraufhin habe ich das Video mit der Korrektur des formalen Fehlers neu aufgenommen und unter dem Titel: »Korinthenkacker-Video zu Parabeln und quadratischen Funktionen, Gleichungen – mit freundlichem Dank an Prof. Spannagel«, erneut hochgeladen (und nach meinem Prinzip, absolut ALLES zu erklären, beginne ich im Video mit der Erklärung des Wortes »Korinthenkacker«). Am Ende des Filmchens fordere ich ihn dazu auf, einen Beitrag zu drehen, in dem er ein paar Anwendungen der Mathematik erklärt. Sein Kommentar: »Grüße zurück! Und die Challenge nehme ich gerne an.«

Natürlich ist die Kommunikation im Netz manchmal schwierig. Eine Frage, die jeder für sich beantworten muss, lautet: »Wie gehe ich mit den Hate-Posts um?« Manche sperren User, die sich unsachlich und beleidigend äußern. Ich bin inzwischen ziemlich entspannt geworden. Meist versuche ich, sachlich und höflich zu antworten. Dann kommt entweder eine Reaktion in der Art des folgenden Nutzers, der mir zunächst eine Flut von aggressiven Vorwürfen geschickt hatte (die er später gelöscht hat, deshalb kann ich sie hier nicht mehr zitieren):

*Mathe by Daniel Jung*
*Ich nehme an, dein Kommentar beruht nur auf diesem Video im Channel und all dem kostenlosen Mathecontent von mir. Neben über 2200 Mathetutorials hier im Channel kannst du auf meiner Plattform kostenlos spezielle Mathefragen posten, die anderen helfen, und dabei Punkte sammeln: https://fragen.letsrockmathe.de (inclusive iOS und ANDROID APP) BG Daniel*

*@Mathe by Daniel Jung*
*Es tut mir leid, ich habe nur überreagiert, weil mich meine Hausaufgaben gestresst haben und ich bei Mathe noch nicht so den Durchblick bekommen habe! Ich entschuldige mich aufrichtig für die Beleidigungen.*

Nach anfänglicher Erregung ist der User hier wohl in sich gegangen und hat sich entschuldigt. Das machen nicht alle.

Manche antworten mit einer neuen Tirade. In diesen Fällen sage ich mir: Hier kann ich nichts tun; denen muss irgendwie anders geholfen werden.

## Schule im Netz

Videos werden die Schule nicht ersetzen. Aber die Schule muss sich verändern. Die Tatsache, dass so viele Schüler sich mit Videos und anderen Angeboten im Internet helfen, zeigt, dass die Digitalisierung längst zu einem tief greifenden Wandel in unserer Lebenswelt geführt hat. Viele vergleichen den Impact, also das Ausmaß und die Auswirkungen dieses Wandels, mit der industriellen Revolution. Sei es die im Vorwort erwähnte Studie des Pädagogen Ken Robinson, der zufolge Kinder so viel Zeit vor den Devices verbringen, dass sie täglich weniger frische Luft und Bewegung bekommen, als einem Gefängnisinsassen zusteht. Sei es das Ergebnis einer Untersuchung des Rats der kulturellen Bildung, der letztes Jahr bestätigt hat: Die Jugend verweilt extrem lange in sozialen Netzwerken.

Angesichts dieser Daten ist es dringend an der Zeit, die Debatte über Internetphänomene nicht nur in den Farben Schwarz und Weiß zu diskutieren. Das Netz ist weit mehr als nur ein Ort, wo sinnlos gezockt und gedaddelt wird. Das ist – unter anderem – von einer von der Körber-Stiftung in Auftrag gegebenen Studie wissenschaftlich belegt worden. »Youtube sticht Schule«, heißt es in der entsprechenden Meldung, die am 18. Juni 2019 auf der Webseite der Stiftung zu lesen war.

*Youtube ist für Jugendliche ein unverzichtbarer Bestandteil ihres Alltags. 87 Prozent der Mädchen und 93 Prozent der*

*Jungen im Alter von 12 bis 19 Jahren nutzen Youtube mehr-*
*mals in der Woche. Ein wichtiges Motiv ist die Informations-*
*beschaffung: Zum Nutzungszweck befragt nennen 38 Prozent*
*der Jugendlichen »Wissen aneignen«, das damit nach »Un-*
*terhaltung« und »Zeitvertreib« an dritter Stelle steht.*

Die Studie der Körber-Stiftung belegt zum ersten Mal mit systematisch erhobenen Daten eine Wahrheit, die sich im Feedback vieler Nutzer schon andeutete: Schüler und Studierende
lernen mit Videos. Gerade erreichte mich die Anfrage eines
Nutzers, der das auf seine Weise bestätigt:

*Schönen guten Tag, Herr Jung,*
*ich bin Redakteur des Studentenmagazins … Nicht nur an*
*unserer Uni, sondern im ganzen deutschsprachigen Raum*
*wären Mathe- und Statistikklausuren ohne Daniel-Jung-Vi-*
*deos kaum noch denkbar. In der Lernphase laufen gefühlt auf*
*jedem zweiten Rechner in der Bib Videos von Ihnen. Daher*
*würde ich gern einen Beitrag über das Phänomen Mathe-*
*videos und Daniel Jung machen. Unser Drehtermin liegt am*
*nächsten Dienstag, den 20. August. Über eine Interviewzu-*
*sage würden wir uns sehr freuen.*
*Beste Grüße …*

Der Nutzer spricht hier von »gefühlt« 50 Prozent der Studierenden, die mit Videos lernen. Noch weiter geht der Sprecher,
der die Studie der Körber-Stiftung auf einem dazu veröffentlichten Youtube-Video vorstellt: »Wenn drei Viertel der Jugendlichen mit Videos besser lernen, sollte sich Schule Gedanken machen.« Und er schließt an: »Vielleicht werden Videos für die Schule das, was Amazon für den Einzelhandel
ist.«

Endlich sagt es mal jemand! Ich feiere solche Äußerungen, weil ich mich lange wie ein einsamer Rufer im Wald gefühlt habe. Drei Viertel der Jugendlichen lernen mit Videos! Das entspricht der Erfahrung, die ich auf den unterschiedlichen Kanälen mache, in denen Jugendliche sich aufhalten, bei Snapchat, Instagram oder TikTok: Auch hochwertiger Bildungscontent kommt an!

Eine andere Studie belegt diesen Befund. Einer Statistik zufolge ist Youtube für 37 Prozent des gesamten Datenverkehrs im Internet verantwortlich. Das bedeutet: Mehr als ein Drittel der Informations- und Unterhaltungsaktivitäten im Netz fallen auf den Konsum von Youtube-Videos.

Ja, die Digitalisierung bringt gerade für die Entwicklung unserer Kids jede Menge Gefahren mit sich. Und ja, das wird zu einer riesigen Herausforderung, wenn die Schulen sich zu mehr Digitalisierung entschließen. Wenn wir eine Klasse mit Tablets ausstatten und das dann »Digitalisierung der Schule« nennen, haben wir vermutlich bald wirklich Probleme. Das sollte uns jedoch nicht dazu verleiten, auf die Vorteile zu verzichten, die wir mit dem Videolernen gewinnen. Es bedeutet eigentlich nur, dass wir, wenn wir Schule neu denken, uns mit vielen Fragen gründlich auseinandersetzen müssen, und nicht so naiv und hemdsärmelig an die Sache herangehen sollten, wie manche glauben, die die Ausstattung einer Klasse mit elektronischen Geräten für Digitalisierung halten. Die Digitalisierung wird nichts daran ändern, dass Schule in Präsenzphasen besteht, in denen Schüler und Studierende, Aus- und Weiterzubildende gemeinsam mit anderen Lernenden und Lehrenden lernen. Denn natürlich hat alles seine Vor- und Nachteile. Wenn wir schlau sind, sprechen wir uns also nicht gegen das eine System und für das andere aus, sondern verbinden die Vorzüge von beiden.

Der britische Autor Simon Sinek hat dazu ein schönes Beispiel: Er fragt: Warum kommen die Leute einer Gaming-Community zweimal im Jahr zusammen? Sie begegnen sich doch permanent online – warum also machen sie sich irgendwann auf die Reise und organisieren Treffen? Weil es ein menschliches Bedürfnis ist, sich physisch zu begegnen.

Die Veränderungen, die wir durch die Digitalisierung erleben, haben in eine Art Culture-Clash zwischen der Offline-Schule und der Online-Welt vieler Jugendlicher geführt (diese Lücke setzt sich dann in Universitäten und Ausbildungsbetrieben fort). Die Frage, ob und wieweit sich die Schule und das gesamte Bildungssystem verändern und darauf einlassen, ist deshalb überhaupt nicht nebensächlich, sondern hat enorme Bedeutung für unsere Zukunft. Dass ich als Mathematikbegeisterter und technikaffiner Mensch gute Voraussetzungen habe, mit dem rasanten Lerntempo mitzuhalten, das Jugendliche in der digitalen Welt an den Tag legen, ist sicher ein Grund für meinen LetsRockMathe-Erfolg. Ein weiterer Grund ist, dass ich, da ich »nur« als Nachhilfelehrer angefangen habe, keinen pädagogischen und didaktischen Vorgaben folgen muss, die in den Kultusministerien für die Schulen festgelegt werden. Da die Politik schwerfällig und langsam ist, entsprechen viele dieser Vorgaben nicht mehr unserer Zeit. Leider bestimmen sie immer noch die Lehrpläne für den Unterrichtsstoff und die Methoden, nach denen unterrichtet wird.

Das Ergebnis der Studie, die von der Körber-Stiftung durchgeführt wurde, ist für mich ein weiterer Beleg dafür, dass die Schule als Bildungseinrichtung neu gedacht werden muss. Youtube sticht Schule! Das wirft nicht nur Fragen in Bezug auf das System Schule auf, sondern adelt auch die pädagogischen Qualitäten der »Youtube-Stars«, auf die manche Bildungsverantwortliche immer noch herabschauen.

## Lern- und Lehrstrukturen parallel zur Schule

Eine andere Frage, die mir in Interviews und bei Vorträgen sehr häufig gestellt wird, lautet: Wie lerne ich eigentlich selbst? Woher habe ich mein Wissen? Wie habe ich es mir angeeignet?

Ich kann es kurz machen: online, und zwar vor allem durch Video-Tutorials. Sehr vieles zumindest, denn was ich online finde, ergänze ich durch ein bis zwei Bücher, die ich pro Woche lese. Als ich die ersten Vorlesungen der Universität Stanford und des Massachusetts Institute of Technology (MIT) im Netz fand, ging die Suche los. Da ich mit den Videos schneller und bequemer lernen konnte als in der Vorlesung montags um acht, suchte ich mir für mein Studium auch anderen Content im Netz. Und als ich dann anfing, selbst produzierte Videos online zu stellen und auf die ersten Fragen und Probleme stieß, suchte ich mir die Antworten und Lösungen wieder im Internet. Irgendwann kam das Feedback der Nutzer dazu, die ihre Fragen in Kommentaren posteten und mich zu neuen Ideen und Themen inspirierten. Ich geriet in eine Art Lernschleife aus Input und Output – je mehr ich produzierte und mit Usern kommunizierte, desto mehr Wissen eignete ich mir an. Und das gebe ich in neuen Videos wieder nach draußen. So entstanden infolge der Reaktionen auf die Mathevideos irgendwann meine EduVlogs, und daraus wiederum dieses Buch.

Das einzige Zeugnis, das ich besitze, ist mein Abitur. Meine Arbeitsnachweise sind nicht aus Papier, sondern digital: mehr als 12 000 Minuten bzw. 200 Stunden Videomaterial mit ausschließlich mathematischem Content, und 180 Millionen Views (und die bereits erwähnten Statistiken mit Bewertungen auf Socialblade, die man, übrigens, nicht verfälschen kann).

Dass Views und Klickzahlen eine kostbare Währung sind, haben Unternehmen und politische Akteure längst verstanden. Deshalb ermöglicht die Nutzung von sozialen Medien Karrieren wie meine. Vielleicht könnte man sagen: Anstatt mich auf die ausgeschilderten Pfade zu verlassen, habe ich mich einfach querfeldein durchgeschlagen. Oder, um es mit einem Zitat aus meinem absoluten Lieblingsfilm zu sagen: »Im Wald zwei Wege boten sich mir dar, und ich ging den, der weniger betreten war. Und das veränderte mein Leben.« So heißt es in einer Gedichtzeile des amerikanischen Lyrikers Robert Frost. Im Film *Der Club der toten Dichter* lässt der von Robin Williams gespielte Lehrer Keating seine Schüler durch den Hof gehen, und als sie nach kurzer Zeit alle in einen Gleichschritt verfallen, fordert er sie auf, ihr jeweils eigenes, individuelles Tempo zu finden. Im Film verbindet Keating solche Lektionen mit der Lektüre von Gedichten und bringt seinen Schülern damit die Literatur nahe. Er zeigt ihnen, dass Lyrik die Dinge oft so viel schöner und treffender beschreibt. Nach dem Abitur und dem Abbruch meines Studiums bin ich, vorbei an sämtlichen öffentlichen Institutionen, meinen Weg gegangen und zu dem geworden, der ich heute bin.

Meine Biografie mag dem ein oder anderen ungewöhnlich vorkommen, doch dieser Eindruck trügt. Ich bin längst kein Einzelfall, und in meiner Geschichte spiegeln sich Veränderungen, die sich seit geraumer Zeit in unserer Gesellschaft vollziehen. Wer sich die Berufs- und Arbeitsbiografien heute anschaut, wird feststellen, dass unsere Bildungswelt zu einem Dschungel geworden ist, in dem es ziemlich viel Wildwuchs gibt. Und zwar nicht nur online, sondern auch offline.

*Parallele Lernwelten 1: Offline*

Schon lange vor der Digitalisierung haben sich außerhalb der
Schule parallele Lern- und Lehrstrukturen entwickelt. Vor
mehr als 40 Jahren, 1974, kamen zwei Abiturienten in Gelsen-
kirchen auf die Idee, aus dem, was vielleicht mal als Gefällig-
keit zwischen Freunden oder Nachbarn begann, ein Geschäft
zu machen. Sie gründeten die Schülerhilfe, ein Unternehmen,
das heute an mehr als 1000 Standorten 10 000 Nachhilfelehrer
beschäftigt.[3] Beinahe zeitgleich entstand das zweite große
deutsche Nachhilfeunternehmen, der Studienkreis. Seine Geschichte liest sich ganz ähnlich wie die der Schülerhilfe: ebenfalls 1974 gegründet,[4] mit heute ebenfalls circa 1000 Standorten und etwa 10 000 Nachhilfelehrern. Beide Unternehmen
bieten eine Dienstleistung an, die sich in fast einem halben
Jahrhundert im Kern kaum verändert hat: In kleinen Gruppen von ein bis mehreren Schülern wird Schulstoff aufbereitet, um Schülern durch die Prüfungen zu helfen, vor allem bei
der Mittleren Reife und dem Abitur (natürlich haben auch
diese Unternehmen ihre Angebote inzwischen digitalisiert).

Vor etwas mehr als zehn Jahren hat das Bundesministerium für Bildung und Forschung eine Studie in Auftrag gegeben, um sich einen Überblick über das Nachhilfeangebot in
Deutschland zu verschaffen.[5] Aus den im Januar 2008 veröffentlichten Ergebnissen geht hervor, dass die großen Unternehmen, die Schülerhilfe und der Studienkreis, zu diesem
Zeitpunkt einen deutschlandweiten Marktanteil von 15 Prozent hatten. Die übrigen 85 Prozent zerfielen – und zerfallen
bis heute – in eine unüberschaubare Zahl kleinerer, meist lo-
kaler Angebote (zu ihnen gehörte auch mal mein eigenes,
während des Studiums gegründetes Nachhilfeunternehmen).

Im Januar 2016 veröffentlichte wiederum die Bertelsmann
Stiftung eine Studie, der zufolge Eltern jährlich 900 Millionen

Euro für zusätzlichen, privat finanzierten Unterricht ausgeben, um ihre Kinder durch die Schule zu bringen.[6] Diese Studien zeigen: Nachhilfe ist ein Markt, auf dem sich Geld verdienen lässt. Was könnte man mit 900 Millionen alles anstellen, um die Bildung zu revolutionieren!

Die Studie zeigt aber auch: Viele Eltern sehen bei der Bildung ihrer Kinder einen Bedarf an zusätzlicher Unterstützung. Ich bin mir nicht sicher, ob man das noch damit erklären und rechtfertigen kann, dass manche Schüler für die Schule nicht geeignet sind. Vielleicht weisen die Zahlen eher darauf hin, dass die Schule für immer mehr Schüler nicht geeignet ist? Ich frage mich auch, ob der Lehrer, der geschrieben hat: »Ein Daniel Jung kann die Schule nicht ersetzen«, den Offline-Nachhilfelehrern dieselben Vorwürfe macht. Ich vermute nicht. Jedenfalls erhalten offenbar schon heute nicht wenige Jugendliche einen Teil ihrer Erziehung und Bildung außerhalb der Schule.

Für die USA bescheinigt Ken Robinson ein ähnliches Problem: Die Zahl der Jugendlichen, die ohne Abschluss aus dem System ausscheiden, liegt bei 15 bis 40 Prozent. Angesichts dieser hohen Quoten, so Robinson, kann man das nicht mehr ernsthaft auf Defizite bei den Jugendlichen schieben. »Das Problem sind nicht die Kids«, sagt Robinson, »das Problem ist die Schule.«[7]

In den vergangenen knapp 50 Jahren ist also parallel zur Schule die privat finanzierte Nachhilfe entstanden. Zwar ist das Schulsystem, unsere von der öffentlichen Hand organisierte Bildungsstruktur, in Deutschland aufgrund der föderalen Zuständigkeit auch nicht gerade einheitlich und übersichtlich. Darüber wird seit Jahren zwischen Bund und Ländern gestritten – Stichwort: Bildung ist Ländersache. Doch das Nachhilfeangebot ist noch unübersichtlicher, nicht nur im

Hinblick auf das Angebot, sondern auch in Bezug auf die Qualität.

In internationalen Rankings schneiden deutsche Schulen je nach Bundesland stark unterschiedlich ab, und seit Jahrzehnten streiten Länder, Kommunen und politische Parteien über die beste Schulform, sei es Gymnasium oder Ganztagsschule, sei es das 12- oder 13-jährige Abitur. Wobei die Schulen – wenigstens das ist einheitlich – bundesweit ausgebildete Lehrer mit Universitätsstudium beschäftigen. In Bezug auf die Ausbildung von Nachhilfelehrern gibt es dagegen keine Vorgaben. So kann jeder, wie ich damals als Student, Nachhilfe anbieten und damit Geld verdienen. Da es jedoch den Schulen zunehmend schwerfällt, ausgebildetes Personal zu rekrutieren, müssen inzwischen auch die öffentlichen Schulen immer mehr Quereinsteiger beschäftigen, die nicht als Pädagogen ausgebildet sind. Auch das ist vielleicht eines von vielen Indizien, dass das Schulsystem erodiert: Der seit Jahren herrschende Lehrermangel befindet sich im Jahr 2019 auf einem Höchststand. Dabei gibt es offenbar nicht nur zu wenig Lehrer, sondern auch zu wenig Ausbildungsplätze für die, die den Beruf ergreifen wollen. Im Bericht einer Tageszeitung vom 21. September 2019 ist zu lesen, dass von 2218 Bewerbern auf den Bachelor-Studiengang für Grundschullehrer an der Universität Wuppertal in Mathematik und Deutsch knapp 60 Prozent (1276) eine Absage erhielten – es fehlt an Studienplätzen, aber auch an Professoren.[8]

Für alle, die sich von solchen Zuständen entmutigt fühlen: Auch hier bieten die Möglichkeiten von Social Media Alternativen! Lehrer werden wir immer brauchen – in den kommenden Jahren sogar dringender denn je. Künstliche Intelligenzen werden diesen Beruf nicht ersetzen – im Gegenteil, ich glaube, dass der Bedarf an Coaches, Trainern, Mentoren und Lehrern sogar noch steigen wird. Wer also im klassischen System keinen Ausbildungsplatz findet, der sollte bei Skillshare, Udemy, Udacity oder Coursera – die ich alle im Folgenden noch ausführlich vorstelle – einen Online-Kurs belegen und die Ausbildung einfach selbst in die Hand nehmen. Vielleicht sucht man sich ein Praktikum bei einem der New-Learning-Vertreter oder wendet sich auch dafür mal an eine der Online-Universitäten. Wer auf diese Weise lernt, Erfahrungen macht und ein paar Zertifikate einsammelt, wird später sicher keine Schwierigkeiten haben, einen Job zu finden!

### Die Khan Academy

Auf meiner Suche nach Bildungscontent im Netz bin ich irgendwann auf einen Lehrer in den USA gestoßen. Für mich ist er einer der besten Lehrer der Welt. Obwohl er keine pädagogische Ausbildung hat. Sal Khan war Finanzanalyst, bevor er die Nachhilfe im großen Stil digitalisierte. Die Khan Academy, eine reine Online-Institution, bietet Bildungscontent in den Fächern Mathematik, Physik, Biologie, Chemie und Geschichte, und zwar zum größten Teil in Form von Erklärvideos.

Khans Geschichte beginnt ganz ähnlich wie meine: mit einem Zufall. Der Sohn von aus Indien und Bangladesch eingewanderten Eltern wuchs in New Orleans auf, ging dann für seine Abschlüsse an das MIT und die Harvard University, um anschließend bei einem Hedgefonds-Unternehmen in Boston anzuheuern. Als er seiner Cousine bei den Matheaufgaben half, kam er auf die Idee, die Lösungswege auf dem Computer (mit einem entsprechenden Programm) zu zeichnen. Da die Cousine 2000 Kilometer entfernt in seiner Heimatstadt wohnte, schickte er ihr die Zeichnungen über das Internet, sodass sie zu seinen telefonischen Erklärungen ein Bild hatte. Das war 2004. Ein Jahr später startete die Videoplattform Youtube, zunächst als eigenständiges Unternehmen, dann von Google übernommen. Bei einem Technikaffinen wie Khan dauerte es nicht lange, bis er dazu überging, die Aufgaben vor laufender Videokamera zu erklären und dann im Internet hochzuladen.

Die Videos verbreiteten sich, immer mehr Lernende gaben begeistertes Feedback, und so wurde Khan zum Internetphänomen, zum »globalen Mathelehrer«, wie das deutsche Magazin *Focus* titelte.[9] Der damals 35-jährige Finanzanalyst war vom Erfolg seiner Videos genauso überrascht wie ich später auf meiner eigenen Videoreise. Es zeigte sich, dass Khan eine große Begabung dafür hat, komplexe Sachverhalte verständlich zu erklären.

Irgendwann wurde der Nachrichtensender CNN auf ihn aufmerksam. Als 2008 eine Blase von Immobilienspekulanten platzte und die Pleite der amerikanischen Bank Lehman Brothers eine schwere Finanzkrise auslöste, erklärte Khan den Zuschauern vor dem Bildschirm live die wirtschaftlichen Zusammenhänge, die zu der Krise geführt hatten.

Khan entschied sich, seinen Job als Finanzanalyst aufzugeben und seine Erklärmethode zum Grundstein seines Unternehmens zu machen. Das Erstaunliche dabei ist, dass er nicht den naheliegenden Weg ging und den Bildungscontent im Netz einfach mit einer Bezahlschranke versah. Stattdessen sammelte er Spenden: Zunächst halfen ihm kleinere Unternehmen, dann gab Google zwei Millionen Dollar, die Stiftung von Microsoft-Gründer Bill Gates legte 1,5 Millionen Dollar obendrauf. »Ich sehe Sal Khan als Pionier einer Bewegung, die Technik nutzt, um mehr Menschen Bildung zu ermöglichen«, wird Gates im Bericht des *Focus* zitiert.[10] Auch die

Kinder des Microsoft-Gründers sollen mit Khans Videos gelernt haben.

Mithilfe der großzügigen Spenden gründete der »globale
Mathelehrer« die Khan Academy, eine gemeinnützige Organisation, die ein riesiges Angebot an Wissen in den Fächern Mathematik, Biologie, Chemie, Informatik, Physik, Wirtschaft
und Geschichte online zur Verfügung stellt. Und das alles in
Form von Videos, in denen Khan selbst den Stoff erklärt.

Für seine Videos wählte er einen nüchternen Tablet-Stil:
Man sieht eine schwarze Tafel, die ein Stift mit Formeln und
Zeichen in mehreren Farben füllt. Khans Stimme ist aus dem
Off zu hören. 3000 Videos sind es inzwischen, die Lernenden
im gesamten englischsprachigen Raum der Welt kostenlos zur
Verfügung stehen. Das Angebot wurde durch Tests ergänzt,
die sicherstellen sollen, dass der Stoff auch verstanden wurde.
Khan entwickelte eine Software, deren Kern das sogenannte
Mastery Learning ist, ein wesentlicher Bestandteil des New
Learning, auf den ich im nächsten Kapitel ausführlich zu spre-
chen komme.

Wie so viele, die über den Erfolg von Lernvideos erstaunt
und überrascht sind, beschränkte auch Khan sich nicht auf
sein Business, sondern begann, sich intensiv mit den Schwä-
chen und Stärken des öffentlichen Bildungssystems zu beschäftigen. Es folgte der Schritt in die Schulen, an denen auch
in den USA bis dahin weitgehend offline unterrichtet wurde.
Die Khan Academy startete versuchsweise Kooperationen
mit einer Schule in Kalifornien, an der die Videos im Unterricht zum Einsatz kommen sollten. Dafür nutzte Khan das
von Erziehungswissenschaftlern entwickelte Konzept des
Flipped Classrooms bzw. Inverted Classrooms, auf Deutsch
das »umgedrehte Klassenzimmer«. Da die Schüler sich den
Unterrichtsstoff mithilfe der Videos flexibel und ganz nach

dem eigenen Tempo aneignen können (durch Vor- und Zurückspulen und beliebiges Wiederholen), sollten sie diesen
Teil zu Hause erledigen. So sollten Hausaufgaben und Schulunterricht einfach vertauscht werden: Neuen Stoff erarbeiten
sich die Schüler eigenständig zu Hause. Die gemeinsame Zeit
in der Schule dient dazu, zusammen mit Mitschülern und
Lehrern Fragen zu klären und Übungsaufgaben zu lösen.

Der Flipped Classroom ist ein gutes Beispiel dafür, wie
Online-Videos das Lernen in der Schule nicht ersetzen, sondern verändern können. Mit seiner Online-Plattform und
dem Buch *Die Khan Academy. Die Revolution für die Schule
von morgen* wurde Sal Khan zu einem der Vorreiter des New
Learning. Ich empfehle unbedingt, es zu lesen! Für Khan ist es
übrigens eine Selbstverständlichkeit, dass digitale Werkzeuge
die Schulen und Lehrer nicht ersetzen werden. »Technologie
muss vor allem der Lehrer einsetzen, und zwar immer so, wie
es gerade am sinnvollsten ist«, erklärt er in seinem Buch.

### Parallele Lernwelten 2: Online

Khan reihte sich mit seiner Online Academy unter die Versuche ein, das Internet mit seiner globalen Reichweite vor allem
für idealistische Ziele zu nutzen. In seinem Fall bedeutet das:
Bildung und Wissen für alle zur Verfügung zu stellen. Er
träumte vom weltweiten kostenlosen Klassenzimmer. Solche
frei zugänglichen Bildungsinhalte werden Open Educational
Resources (OER) genannt; sie sind Teil einer größeren Bewegung, die sich allgemein für Open Access (freien Zugang) zu
Inhalten im Netz einsetzt. Doch bisher ist dieses Konzept
nicht aufgegangen – weder für Bildung noch für andere Inhalte; stattdessen sind im Internet riesige Märkte entstanden, in
denen viel Geld verdient wird. Anders als bei anderen On-

line-Gründungen ist im Bereich der Nachhilfe auch kein Monopol entstanden. Amazon, Facebook, die private Hoteliersplattform Airbnb oder der Fahrdienst Uber sind in ihren Geschäftsbereichen nahezu konkurrenzlos. Auf dem Markt der Nachhilfe hat sich noch keine derartige Plattformökonomie herausgebildet: Sal Khans Academy ist selbst in den USA nur ein Anbieter unter vielen. Was vielleicht auch daran liegt, dass Khan sich nicht dafür entschieden hat, nur die Plattform zu betreiben, auf der Content von allen möglichen Anbietern zur Verfügung steht. Stattdessen erhält man auf der Khan-Academy-Webseite nur Content von Khan. Wer Hilfe bei den Hausaufgaben sucht oder sich online auf Prüfungen für die Highschool oder fürs College vorbereiten will, findet daher im Internet jede Menge andere Tutorials und Vorbereitungskurse; die Mehrheit ist mit den üblichen Bezahlschranken versehen, so wie andere Apps auch. Das heißt, für die meisten Online-Education-Inhalte bezahlt man eine Monats- oder Jahresgebühr.

Auch in Deutschland ist das unüberschaubare Geflecht an Nachhilfeangeboten, das sich seit den 1970er-Jahren entwickelt hat, durch die Digitalisierung nicht übersichtlicher geworden. Vor etwa zehn Jahren erkannten Gründer und Investoren das wirtschaftliche Potenzial, das im Bildungsbereich zu heben ist, und so entstanden zahlreiche Online-Angebote mit Lerncontent in nahezu allen Fächern. Bei vielen stiegen klassische Schulbuchverlage als Teilhaber oder Geldgeber ein. So investierte der Cornelsen Verlag zunächst in das 2009 gründete Berliner Unternehmen Sofatutor, das sich zu einem der bekannteren deutschen Anbieter entwickelte. 2016 lernten hier rund 100 000 Schüler, 2018 waren es 200 000 in Deutschland, Österreich und der Schweiz. Neben Videos bietet Sofatutor Übungsaufgaben und Hausaufgabenchats. Schließlich wagte das Unternehmen sich auch in den USA auf den Markt (mit dem Versuch, eine dort bisher wenig besetzte Nische durch ein Angebot für Vor- und Grundschüler zu füllen, das scheint aber bisher nicht erfolgreich).

Die Lernplattform Sofatutor sollte nicht das einzige Engagement des Cornelsen Verlags bleiben. Im hauseigenen Dudenverlag entwickelte man ein Online-Nachhilfeangebot, die Webseite learnattack.de, und kooperierte dabei mit einem alten Bekannten, der auf dem deutschen Offline-Markt gut etabliert ist: dem Studienkreis. Duden Learnattack bietet Online-Kurse von der fünften Klasse bis zum Abitur, mit Lernvideos, Prüfungsaufgaben und Musterlösungen für die Fächer Biologie, Mathematik, Physik, Latein, Chemie, Französisch, Deutsch und Geschichte.

Zu den älteren digitalen Angeboten gehört das schon 2007 als Tochter des Bertelsmann-Konzerns gegründete Hamburger Unternehmen Scoyo. Allerdings stieg Bertelsmann nach zwei Jahren wieder aus. Für das junge Unternehmen ein Super-GAU, Scoyo musste die Zahl seiner Mitarbeiter drastisch reduzieren. Doch die Firma überlebte und wurde 2010 an Super RTL verkauft. Scoyo bietet Online-Nachhilfe für die erste bis siebte Klasse.

Der Münchner Investor VC Holtzbrinck Digital, der unter anderem mit StudiVZ eine veritable Pleite auf dem digitalen Markt erlebte, setzt auf die Online-Kurse von Bettermarks. In dieses Unternehmen, das unter anderem mit Deutschlands bekanntestem Devices-Kritiker Manfred Spitzer kooperiert,[11] investierte außerdem das Schweizer Medienhaus NZZ (das unter anderem die *Neue Zürcher Zeitung* betreibt). Das 2008 gegründete Lernportal Bettermarks bietet ausschließlich Online-Kurse für Mathematik ab der vierten Klasse. Über Kontakte mit dem Holtzbrinck-Konzern versucht das Unternehmen, mit seinem Angebot auch in ausländische Märkte in Südamerika und Asien vorzudringen.

Das von mir mitgegründete Unternehmen StudyHelp habe ich bereits vorgestellt, es unterscheidet sich von den reinen Online-Plattformen durch ein großes Angebot an Vorbereitungskursen vor Ort.

Wenn man im Internet die Suchbegriffe »Beste Nachhilfe online« eingibt, stößt man, je nachdem auf welche kommerziell oder privat betriebene Vergleichsseite man klickt, auf eine ganze Reihe weiterer Namen: ErsteNachhilfe, Betreut, HalloNachhilfe, EasyTutor, NoteEins.

Ich kann sie nicht alle im Einzelnen vorstellen, möchte aber noch auf zwei Angebote hinweisen: Da ist zum einen Olaf Hinrichsen, der 2007 die Plattform oberprima.com gründete, auf der Nachhilfevideos in nahezu allen Fächern zur Verfügung stehen – neben Englisch und Französische auch in Spanisch, und neben Mathematik, Physik, Biologie und Chemie auch in Musik. Hinrichsen gehört zu den Pionieren des Video-Learnings, er hat schon früh eine Webseite mit Lernvideos betrieben und dazu Sevenload genutzt, ein Videoportal, das 2006 in Köln gegründet wurde, sich aber vermutlich wegen der Übermacht von Youtube nicht durchsetzen konnte und daher 2014 eingestellt worden ist. Hinrichsen wohnt in einem kleinen Ort im Norden ganz an der Grenze zu Holland, erweitert dort ein Online-Angebot durch ein gemütliches Lerncafé; ich habe ihn schon oft getroffen und schätze ihn sehr als leuchtendes Vorbild. Denn er bietet seinen gesamten Content seit mehr als zehn Jahren kostenlos an.

Man sieht an seinem Beispiel aber auch, wie schwer es selbst für solche Leuchtturmbeispiele ist, sich in der Öffentlichkeit durchzusetzen, wenn man nicht die entsprechende Plattform nutzt. Ich bin mir sicher, Olaf wäre wesentlich bekannter, wenn er seine Videos frühzeitig auch auf Youtube hochgeladen hätte.

Zum anderen ist da die Non-Profit-Organisation Serlo Education, die es ähnlich macht: Sie betreibt die kostenlose Lernseite serlo.org, auf der Schüler Erklärungen, Lernvideos, Übungsaufgaben und Musterlösungen für Mathematik, Naturwissenschaften, Informatik und – ein besonderes Thema – Nachhaltigkeit finden. Laut Angaben der Betreiber lernen derzeit mehr als 800 000 Schülerinnen und Studierende monatlich auf serlo.org. Serlo finanziert sein Bildungsangebot ähnlich wie die Khan Academy durch Spenden. Es gehört damit zu den Open Education Resources. Das idealistische Engagement ist nicht ganz zufällig entstanden: Ein Mitgründer von Serlo Education war mal Mitarbeiter der Khan Academy Deutschland, und wie die Khan Academy träumen die Betreiber von Serlo von einem weltweiten Zugang zu Wissen, von einer »Wikipedia fürs Lernen«, wie sie auf ihrer Webseite erklären.

Das riesige und unüberschaubare Angebot an digitalen Lernportalen wird noch erweitert um eine ebenfalls große Auswahl verfügbarer Nachhilfe-Apps, unter denen ich eine erwähnen möchte: SimpleClub. Alex Giesecke und Nico Schork haben in ihrer Schulzeit angefangen, Videos zu produzieren, und, wen wundert's, Youtube als Plattform genutzt. Dabei haben sie sich für animierte Tutorials und eine sehr »jugendliche« Sprache entschieden. Außerdem schmücken sie ihre Erklärungen mit poppigen Zeichnungen, Anekdoten und Witzen.

Mit anderen Worten: Unter den Content-Creators, die man im Netz so findet, fallen die Jungs von SimpleClub durch ihren Stil besonders auf. Ihr Konzept spricht viele Jugendliche an, und so sind sie zum wichtigsten Player unter den Anbietern von Mathevideos geworden. Alex und Nico verbinden eine Webseite und ihre App mit je eigenen Youtube-Kanälen zu den verschiedenen Fächern. Angefangen haben sie mit TheSimpleMaths, inzwischen betreiben sie außerdem die Kanäle TheSimpleBiology, TheSimpleChemics, TheSimpleEconomics, TheSimpleGeography, TheSimpleHistory, TheSimple-Informatics, TheSimplePhysics, TheSimpleEngineers und den Hauptkanal TheSimpleClub.

Zusätzlich zu ihrem Youtube-Angebot haben sie eine App entwickelt, in der man weiteren Content und Service abrufen kann. Dabei fingen die Gründer von SimpleClub wie ich als Youtuber mit Werbeeinnahmen an. Doch irgendwann konnten sie ihr umfangreiches Programm so nicht mehr finanzieren – ein Problem, das sich jedem stellt, der versucht, aus anfänglichen Ideen ein beständigeres Unternehmen zu entwickeln. Daraufhin gründeten sie die SimpleClub GmbH, die sich wie die Webseiten und Apps fast aller anderen Marktteilnehmer über kostenpflichtige Zusatzangebote finanziert.

Vor allem auf Youtube gibt es immer mehr Bildungscontent. Doch jeder, der systematisch und aufwendig Content produziert, muss sich irgendwann fragen, in welchem Verhältnis die investierte Zeit und Arbeit zu den Einkünften stehen. Noch gibt es kein lukratives Geschäftsmodell, um die Produktion von Bildungscontent zu unterstützen – abgesehen von der Bezahlung durch Werbung. Deshalb wählen viele Anbieter früher oder später die Bezahlschranke.

## Digitale Hochschulen

Kinder gehen nicht nur in die Schule, um Wissen zu pauken. Sie lernen dort auch, miteinander zu interagieren. Sie kommen in eine vorgegebene Struktur, in der sie sich – je nach Schulform – mehr oder weniger frei bewegen. Kinder müssen zum Lernen noch angeleitet werden, Erwachsene sind eigenständiger. Insofern war es eigentlich nur eine Frage der Zeit, bis die ersten Online-Hochschulen entstehen würden.

Die Geschichte der beiden digitalen Universitäten Udacity und Coursera beginnt wieder mit der von mir so geliebten Wunderwaffe: dem Video. Mitarbeiter der Stanford University filmten Vorlesungen und luden sie bei Youtube hoch. Einfacher geht es nicht. Und doch begann damit eine Revolution.

Anders als Leute wie Sal Khan oder ich waren es im universitären Bereich hoch angesehene Wissenschaftler, die den revolutionären Funken des Video-Learnings entzündeten. Sebastian Thrun forschte als Mitarbeiter der Stanford University zur künstlichen Intelligenz, wurde dann von Google rekrutiert, wo er unter anderem selbstfahrende Autos baute und an der Entwicklung des Google-Street-View-Autos beteiligt war. Auch das große (und gescheiterte) VR-Projekt des Tech-Giganten, die Datenbrille Google Glass, wurde unter seiner Mitwirkung entwickelt. Thrun war also unter Fachleuten schon ein gefeierter Star, als er seine Vorlesung zur KI als sogenannten Massive Open Online Course (MOOC) ins Netz stellte. Das erklärt vielleicht, warum sich 160 000 Teilnehmer anmeldeten, von denen 23 000 an der Abschlussprüfung teilnahmen. Dennoch sind das unglaubliche Zahlen – Thruns Kurs zur künstlichen Intelligenz schlossen mehr Menschen ab, als in Stanford Studierende eingeschrieben sind! Natürlich brachte dieser Erfolg jemanden wie Thrun zum

Nachdenken. Er unterhielt sich mit ein paar Kollegen und gründete 2011 gemeinsam mit zwei von ihnen, den Stanford-Professoren David Stavens und Mike Sokolsky, die Online-Hochschule Udacity.

Andrew Ng, ebenfalls Leiter einer Abteilung zur künstlichen Intelligenz bei Google und ebenfalls Professor in Stanford, arbeitete als gebürtiger Hongkonger auch in einer KI-Abteilung des chinesischen Pendants zu Google, des Suchmaschinenbetreibers Baidu. Zusammen mit seiner Kollegin Daphne Koller, die damals in Stanford Professorin am Institut für Informatik war, gründete Ng ein Jahr nach Udacity die Online-Universität Coursera.

Udacity und Coursera sind heute die größten Online-Hochschulen der Welt. Beide sind aus einer einzigen US-amerikanischen Universität hervorgegangen – Stanford. Und die ist wohl nicht zufällig nicht nur eine der weltbesten Universitäten, sondern befindet sich zudem in unmittelbarer Nähe des Silicon Valley. Stanford hatte schon immer eine große Nähe zu Tech-Firmen und unterstützt Risiko-Inventionen besonders im Tech-Start-up-Bereich. Sowohl Coursera als auch Udacity verfolgen den Anspruch, weltweit Zugriff auf eine Ausbildung nach allerhöchsten Standards zu bieten, sie haben ausschließlich Content auf Universitätsniveau im Angebot, von Professoren produziert, die an Hochschulen lehren. Auch wenn Coursera anders als Udacity ausschließlich Inhalte streamt und verwaltet, die von den Universitäten selbst hergestellt werden.

Ein Jahr älter als die digitale Hochschule Udacity ist die Lernplattform Udemy. Sie entstand nicht als Kind aus der Reihe der Elitehochschule Stanford, aber doch aus dem Umfeld: Udemy wurde 2010 im Silicon Valley gegründet. Laut Wikipedia die weltweit größte Lernplattform überhaupt, richtet

sich das Angebot an erwachsene Studierende und Berufstätige. Die Zahlen sind beeindruckend: Mehr als 40 Millionen
Lernende, mehr als 30 Millionen Minuten Content, mehr als
50 000 Lehrer, die mehr als 130 000 Kurse in 60 Sprachen
unterrichten. Der Zugang zu Udemy ist deutlich niedrig-
schwelliger als bei Coursera oder Udacity, bei denen Studierende für einen Kurs mit Abschluss bis zu 6000 Dollar hin-
blättern müssen (auch wenn man ein Online-Studium vermutlich digital bezahlt und das Geld nicht mehr »hinblättert«,
sondern durch Klicks transferiert). Udemy bietet hervorragend kuratierten Content in sehr komprimierten Kursen,
die 13 Dollar kosten.

Inzwischen kooperieren diese Online-Universitäten verstärkt mit führenden Konzernen bei der Entwicklung von
Content. Das bedeutet, dass sie ihr Angebot und ihre Curricula auf die Bedürfnisse von Unternehmen abstimmen – die
ja am besten wissen, welche Fähigkeiten und Kenntnisse für
ihre Prozesse benötigt werden. Eine ähnliche Dynamik
wünschte ich mir für Deutschland, damit wir das immense
technische Know-how, das uns zur Verfügung steht, in die
Zukunft transportieren können.

Eine Plattform, auf der es ein breites Angebot an On-
line-Kursen für Erwachsene gibt, ist Skillshare. Hier gibt es
über 25 000 Kurse zu allen möglichen Themen, die oft von re-
nommierten Vertretern ihres Faches unterrichtet werden.[12]
Neben Skillshare gilt lynda.com als eine der führenden inter-
aktiven Online-Lernplattformen für die berufliche Zukunft.
Sie wurde nicht ohne Grund von der weltweit führenden
Businessplattform LinkedIn für über eine Milliarde Dollar
übernommen, um mittlerweile mehr als 500 Millionen Nutzern digitale Zusatzqualifikationen zu bieten.[13]

Im deutschsprachigen Raum gibt es bisher wenig vergleichbare Plattformen, mit vielleicht einer Ausnahme: Gerald Hörhan, ehemals Investmentbanker, hat irgendwann Schlips und Kragen weggeworfen, sich in den USA darüber informiert, was es mit der Digitalisierung auf sich hat, und anschließend die digitale Lernplattform investmentpunk.academy gestartet, mit dem Fokus auf Investment, Financing und Immobilien. Sie hat sich mittlerweile zur größten Online-Business-Education-Plattform im deutschsprachigen Raum entwickelt. In seinem Buch *Der stille Raub. Wie das Internet die Mittelschicht zerstört* erwähnt Hörhan mich als Beispiel dafür, dass jemand über eine Plattform mehrere Hunderttausend Menschen unterrichten kann. Auf diese Erwähnung haben mich mehrere User über soziale Netzwerke aufmerksam gemacht (und beglückwünscht). Daraufhin habe ich Hörhan über Instagram angeschrieben und mich seitdem mehrmals mit ihm getroffen. Für mich wieder ein Beispiel, dass man soziale Netzwerke nutzen kann, um Kontakte zu interessanten Persönlichkeiten zu knüpfen und von dem Austausch mit ihnen zu lernen.

Am Anfang wurden die Massive Open Online Courses (MOOCs) enthusiastisch als die eigentliche Lernrevolution begrüßt. Man dachte: Super, wir machen eine einzige Vorlesung, und alle können sie nutzen. Mit der Zeit hat sich herausgestellt, dass Lernen nicht allein im (passiven) Aufnehmen von Inhalten besteht, sondern dass Kommunikation, Rückfragen, Diskussionen etc. eine große Rolle spielen. Plattformen wie die Online-Universitäten oder Udemy haben aus dieser Erfahrung schnell gelernt und bieten entsprechenden Content an, zum Beispiel Features, bei denen man Fragen stellen oder sein Wissen überprüfen kann.

Schon hier, bei den MOOCs, einer Idee, von der die meisten heute abgeschworen haben, zeigte sich also: Videos ersetzen das Lernen mit einem Menschen als Lehrer oder Tutor nicht. Sie können es nur ergänzen.

Um noch einmal zur Ausgangsfrage zurückzukommen: Ich selbst lerne immer noch sehr viel im Internet, ich bin ständig auf der Suche nach neuem Content. Aber das Angebot ist in der Tat unübersichtlich, deshalb schätze ich Seiten wie die folgende des Digitalmagazins *t3n,* die eine Übersicht über das riesige Angebot an E-Learning-Plattformen bietet: https:// t3n.de/news/e-learning-plattformen-650727/.

## Rockstars der Erklärvideos

Ich habe es bereits gesagt: Schon das riesige Nachhilfebusiness, das offline parallel zur Schule entstanden ist, stellt meines Erachtens das Funktionieren des Systems Schule infrage. Seit Jahrzehnten zeigen sich Schwachstellen an diesem System, die von Nachhilfelehrern ausgeglichen werden. Wie ein Gebäude, bei dem man die beschädigten Stellen mit Anbauten, Stütz- und Hilfsbalken repariert. Aber vielleicht ist es an der Zeit, das Gebäude von Grund auf zu erneuern. Oder, um das Bild vom Dschungel noch einmal aufzugreifen: Um die ausgetretenen Pfade hat sich viel Wildwuchs gebildet, das Angebot ist lange Zeit unkontrolliert und ohne systematische Planung entstanden und gewachsen. Und nun müssen wir uns die Frage stellen, auf welchem Weg man am besten lernt und am sichersten ans Ziel kommt.

Kern des New Learning ist das Lernvideo, dessen Vorteile ich bereits ausführlich beschrieben habe. Ich vermute, dass es noch eine Weile dauern wird, bis die Verantwortlichen in Schulen und Bildungsministerien nicht mehr über Fluch und Segen digitaler Hilfsmittel streiten. Währenddessen setzt sich guter Video-Content längst immer mehr durch. Viele, die den Jugendlichen mit hochwertigen Tutorials in die digitalen Räume folgen, werden wie Rockstars gefeiert. Wahrscheinich liegt das auch daran, dass sie die öffentlichen Strukturen buchstäblich alt aussehen lassen.

Es gibt im Netz tolle Creators, die mich mit dem, was sie machen, inspirieren und begeistern. Ein paar von ihnen möchte ich vorstellen (der Vollständigkeit halber nicht nur die, die ich persönlich besonders mag, sondern auch einige, die andere stilistische und inhaltliche Schwerpunkte setzen).

Da ist zum Beispiel der Betreiber des englischsprachigen Youtube-Kanals Veritasium, Derek Muller. In Australien geboren, in Kanada aufgewachsen, beschäftigte der Physiker sich in seiner Doktorarbeit nicht etwa mit physikalischer Forschung, sondern mit dem Thema: »Designing Effective Multimedia for Physics Education«, also mit der Frage, wie man im Physikunterricht Multimedia sinnvoll einsetzt. Muller ist der geborene Rockstar, er ist Physiker und hat dazu ein ausgeprägtes Talent für Entertainment im besten Sinne. Anders gesagt, ist er der perfekte Edutainer; ein Typ, der Bildung auf extrem unterhaltsame Art vermittelt. Schon der Name seines Channels, Veritasium, ist ein wunderbares Wortspiel: Die deutsche Redewendung »Da steckt ein Körnchen Wahrheit drin« lautet auf Englisch: »There is an element of truth.« Gleichzeitig sind Elemente im Deutschen wie im Englischen chemische Reinstoffe, und viele von ihnen enden mit der Silbe -ium (Natrium, Aluminium, Scandium, Rhodium, Caesium etc.). Veritasium, abgeleitet vom lateinischen Wort »veritas« für Wahrheit, ist also ein »element of truth«, ein Element der Wahrheit. Damit gibt Muller zugleich ein Statement ab: Wissenschaft ist immer auch die Suche nach Wahrheiten – und was könnte spannender sein?!

Muller macht Videoserien zu verschiedenen Themen, er erklärt Physik, hat aber auch eine Themenreihe, bei der er weitverbreitete wissenschaftliche Irrtürmer aufklärt. Dabei führt er mit anerkannten Wissenschaftlern Gespräche, genauso wie mit Personen aus seinem Publikum. Inzwischen betreibt er neben Veritasium weitere Channels, darunter einen, auf dem er über die Vorteile spricht, die das Format des Erklärvideos auf Youtube für den Unterricht hat. Wie nahezu alle betont Muller, dass es sich dabei um ein Werkzeug handelt. Die Lehrer fordert er zum Engagement auf: Sie sollten Youtube nutzen, um Kinder zu inspirieren.

Da ich mit den internationalen Stars angefangen habe: Zu meinen Top Five gehört der Australier Eddie Woo, der für seine Mathestunden auf Youtube in Australien den »Local Hero Award« erhalten hat. Ein echter Held! Andere Preise folgten, darunter eine Ehrenmitgliedschaft der Universität Sydney und die Aufnahme unter die Top Ten beim Global Teacher Prize, einer weltweiten Auszeichnung für Lehrer.

Woo, dessen Eltern aus Malaysia nach Australien eingewandert sind, startete seinen Youtube-Kanal als Mathematiklehrer einer Highschool. Er filmt einfach seine Tafelbilder aus dem Unterricht. Wegen seiner angenehmen Performance gehört er zu den Online-Educators, deren Content ich immer wieder gerne anschaue. Sein Qualitätsnachweis: 600 000 Abonnenten und 30 Millionen Views.

Auch Woo hat dieses Rockstar-Image, das mir gefällt, weil es ein Ausdruck dafür ist, wie viele Menschen man mit Mathematik begeistern kann. Und wie ich selbst legt auch »Misterwootube« Wert darauf, dass seine Zuschauer die Mathematik als Lehre von Mustern und Strukturen verstehen, die uns im Alltag begegnen. In seinem Buch *Woo's Wonderful World of Maths* führt er das anhand einer Reihe von Fragen auf unterhaltsame Weise vor, zum Beispiel: »Warum sind Regenbogen gekrümmt?« oder »Warum sind Linkshänder noch nicht ausgestorben?«.

Zu meinen Lieblings-Edutainern unter den deutschen Lehrern gehört Lehrerschmidt. Kai Schmidt, wie der Youtuber bürgerlich heißt, ist genau wie ich ein großer Fan der Möglichkeiten, die das New Learning eröffnet. Da die Mühlen der offiziellen Schulpolitik jedoch langsam mahlen, hat er sich kurzerhand dazu entschieden, als Lehrerschmidt selbst Videos ins Netz zu stellen. Das Besondere dabei: Schmidt ist Mathelehrer und sogar Rektor einer Gesamtschule.

In dieser Funktion hat er versucht, ein Angebot mit Youtube-Videos an seiner Schule zu verwirklichen. Der Grund: Seine Schüler schafften es nicht, zu Hause nachzuvollziehen, was im Unterricht erklärt worden war. Deshalb nahm Schmidt zunächst einfach sein Handy, filmte die Erläuterungen des Stoffs und stellte die Filmchen über den Schulserver als Angebot für zu Hause zur Verfügung. Er scheiterte jedoch schon bald an der Infrastruktur der Schule – der Server war voll, wie Lehrerschmidt in einem Interview mit der *Süddeutschen Zeitung* erzählt.[14] Also hat er einfach angefangen, einen eigenen, privat betriebenen Youtube-Kanal zu bespielen. Er baute sich eine Vorrichtung aus Holz, legte sein Handy drauf und drehte Erklär-Tutorials (mit Content für Jugendliche zwischen 11 und 16 Jahren). Wie ich setzt er dabei auf einen Stil, der ganz ohne Showeffekte auskommt: Mit Tafel und Stift rechnet er vor der Kamera Lösungen vor. Mit seinem privaten Youtube-Kanal stieß Lehrerschmidt bei seinen Kollegen zunächst auf Spott und Kritik. »Als ich vor vier Jahren die ersten Videos hochgeladen habe, hatte Youtube auch noch so einen Schmuddel-Ruf«, erinnert sich Schmidt. Das ändert sich allmählich. Denn die Videos kommen bei seinen Schülern sehr gut an.

Und nicht nur das. Inzwischen hat Lehrerschmidt mit seinem Kanal deutschlandweit 200 000 User. Was verrückt ist, wenn man bedenkt, dass er in den Videos nichts anderes tut als in seinem analogen Unterricht: Er steht an einer Tafel und erklärt Mathematik. Und doch ist er im Netz zum Star geworden, der vor Kurzem sogar in den *Tagesthemen* Rede und Antwort über das Videolernen stand.[15] Auf Kritik, die ihm, wie wir alle wissen, im Netz natürlich heftiger entgegenschlägt als im Klassenzimmer, reagiert er gelassen. Wenn Leute ihn angreifen, sagt er ganz entspannt: »Wenn ihr mich nicht mögt, schaut euch halt Videos von Daniel Jung oder jemand anderem an.« Oder, wie ich spontan ergänzen würde, die Videos von einem weiteren Schmidt – Sebastian Schmidt, Lehrer aus Ulm und ein toller, engagierter Nutzer digitaler Medien. Er gehört zu den Pionieren, die an den Schulen einfach ausprobieren, wie man Devices im Unterricht sinnvoll einsetzen kann. Lehrplan hin oder her.

Sebastian Schmidt hat in Bezug auf den Flipped Classroom viel getestet. Wer über die Vor- und Nachteile dieses Konzepts mehr wissen will, sollte sich seinen Content anschauen und mit ihm in Verbindung treten. Oder seinem Twitterfeed folgen (Twittername: FlippedMathe), auch hier hat der Ulmer eine beachtliche Reichweite. Und wer es klassisch mag, geht zur pädagogischen Fachmesse Didacta. Dort hält Schmidt Vorträge über den Einsatz von digitalen Medien im Unterricht. Wie Lehrerschmidt macht er derzeit die erstaunliche Erfahrung, dass er neben seinem eigentlichen Beruf zunehmend als Sprecher zum Thema New Learning gefragt ist.

Das Angebot von Content im Netz wächst. Ich kann nicht alle Plattformen und Channels vorstellen, möchte aber noch auf einen Betreiber hinweisen, der hinter vielen Bildungsangeboten im Internet steht: die öffentlich-rechtlichen Medien-

anstalten. Auch hier hat Bildung ja mit dem *Telekolleg* eine
lange Tradition, und wie so vieles hat sich auch das Schulfern-
sehen durch die Digitalisierung modernisiert und verändert.
Zu den bekanntesten Content-Creators gehört MrWissen-
2Go. Hinter der Produktion des Journalisten Mirko Drotsch-
mann steht mittlerweile das Online-Medienangebot von ARD
und ZDF mit dem Namen »funk«. Seine Videos haben eine
hohe Reichweite: Der Youtube-Kanal »MrWissen2go« ver-
zeichnet inzwischen eine Million Abonnenten. Drotschmanns
Arbeit ist auch deshalb erwähnenswert, weil es sich ausnahmsweise mal nicht um einen Mathe-Tuber handelt. Stattdessen bietet er gesellschaftliche und politische Themen an,
und einen zweiten Kanal: »MrWissen2go Geschichte«. Mr-
Wissen2Go ist nicht der Erste, mit dessen Angebot die öffentlich-rechtlichen Fernsehanstalten in die Räume des Internets
vorstoßen. Genauso gibt es die Videos des Fernsehprofessors
Harald Lesch oder Content der Chemikerin Mai Thi Nguyen-
Kim, die mit einem Youtube-Kanal begann, ehe sie als Wissen-
schaftsjournalistin ins öffentlich-rechtliche Fernsehen wechselte. Ich habe sie im ersten Kapitel bereits als Nachfolgerin
von Ranga Yogeshwar erwähnt, der in der ARD die Wissenssendung *Quarks* moderierte.

Zu den Kanälen, die ich auf mathefragen.de verlinkt habe,
gehören neben den beiden Youtubern Schmidt auch zwei
Lehrer aus Hamburg mit ihrem Channel »Mathe leicht gemacht«. Sie filmen parallel zum Unterricht, und ich freue
mich, dass ich sie als Helfer für die Plattform gewinnen konnte. Außerdem habe ich zwei Kanäle aus den USA verlinkt, die
Mathematik auf besonders einzigartige Weise erklären. Sie
heißen »Numberphile« (was man mit »Zahlenverliebt« übersetzen könnte) und »3blue1brown«. Ihre Themen und Beispiele sind immer stark anwendungsorientiert, es geht also in

diesen Videos darum, zu demonstrieren, wozu Mathematik gut ist und wo und auf welche Weise sie uns überall im Leben begegnet. Die beiden mit viel Witz und originellen Einfällen produzierten Kanäle sind ein schönes Beispiel für tolle Bildungsinhalte auf Youtube.

Leider sind viele von ihnen zu wenig bekannt. Die meisten wissen gar nicht, was für großartige Youtube-Kanäle es gibt und wie gut der Content ist, der hier teilweise geboten wird. Vieles davon könnte man wunderbar einsetzen, um sich weiterzubilden oder als Additum zum Lernen. Auch das ist ein Grund, warum ich die Plattform mathefragen.de gegründet habe – um möglichst viel guten Content von Creators auf der ganzen Welt zu verbreiten.

### Wiedersehen im Netz

Für mich sind alle Lehrer, die an Schulen unterrichten und von dort aus ihre Reise ins Netz begonnen haben, etwas Besonderes. Wie alle, die sich in der Online-Welt bewegen, machen sie nämlich die Erfahrung, dass hier in mancher Hinsicht andere Regeln gelten als in der analogen Welt. Ich meine vor allem zwei Dinge, erstens: die Dynamik, mit der man im Netz plötzlich bekannt werden kann, und zweitens: Hater und Hasskommentare. Jeder noch so kurze Tweet, jedes Video hat immer das Potenzial, »viral« zu gehen, also plötzlich millionenfache Klicks und Reaktionen auszulösen. Bis dann plötzlich, wie bei Lehrerschmidt, auf einmal die ARD an die Tür klopft und um ein Interview zur besten Sendezeit bittet. Genauso schnell handelt man sich jedoch auch einen veritablen Shitstorm ein. Das sind Extreme, meist bewegt sich die Kommunikation natürlich irgendwo zwischen diesen beiden Polen.

Dennoch ist es gut, dass Lehrer im Netz dieselben Erfahrungen machen wie ihre Schüler. Wer immer sich inspiriert fühlt, selbst Content zu produzieren, muss darauf vorbereitet sein, dass ihm Ablehnung begegnet und dass diese sich manchmal in einer Form äußert, die schwer zu verkraften ist. Da kann es passieren, dass man abends nach Hause kommt, in einen der Social-Media-Accounts geht und liest: »Du dreckiges Gesicht, ich weiß, wo du wohnst, ich mache dich fertig.« Mit so etwas muss man umgehen können. Das gilt übrigens nicht nur für die Kanäle, in denen Jugendliche unterwegs sind, sondern besonders für Twitter, wo Kids sich eher selten aufhalten.

Viele nutzen den Kurznachrichtendienst, um ihren ganzen Frust und Hass im Internet über Fremde auszugießen. Für die Betroffenen kann das ziemlich hart sein. Man muss lernen, diese Kommentare zu ignorieren und aus den Reaktionen zu lernen, sofern sie konstruktive Kritik enthalten. Wer sich schützen will, veröffentlicht seinen Content möglicherweise unter einem Pseudonym. Davon abgesehen können Lehrer und Schüler Bildungsinhalte auch in geschlossenen Netzwerken teilen, die der Öffentlichkeit nicht zugänglich sind.

Es ist gut, wenn Lehrer im Netz erfahren, was den Schülern dort begegnet. Wie es sich anfühlt, gemobbt zu werden. Aber auch, wie sich der Bezug zur Offline-Welt verändern kann. Wenn Jugendliche sehen, wie Youtuber mit Blogs, auf denen sie Schminktipps geben, oder, weil sie es lustig finden, Tablets zerstören, zu Influencern werden; wenn sie sehen, wie Youtuber damit berühmt werden und zum Teil astronomische Summen verdienen, dann fragen sich manche von ihnen: Warum soll ich hier in der Schule sitzen und Goethe lesen?

Gerade ist ein sechzehnjähriger Schüler aus den USA im Online-Spiel Fortnite Weltmeister geworden. Die Endrunde des Turniers wurde im legendären Arthur-Ashe-Stadion aus-

getragen, einem Tenniscourt, auf dem normalerweise die US
Open stattfinden, und der junge Spieler ist mit einem Gewinn
von drei Millionen Dollar nach Hause gegangen. Die 100
Spieler, die es bis zur Teilnahme geschafft haben, erhielten jeder ein Startgeld von 50 000 Dollar. Wie soll man Eltern und
Schülern da noch erklären, dass es keine gute Idee ist, den
ganzen Tag Computer zu spielen?

Viele Jugendliche geraten durch das, was sie im Netz erleben, in eine Krise. Wenn man sich Videos von extrem beliebe-
ten Influencern anschaut, die vor der Kamera damit prahlen,
wie viele Drogen sie den ganzen Tag über nehmen und wie
viel Geld sie verdienen, oder mit wie wenig Aufwand man von
zu Hause aus, vor dem Laptop, Geld verdienen kann, dann
ahnt man vielleicht, warum mancher Teenager, der gerade
Cannabis für sich entdeckt hat, nicht mehr versteht, warum er
sich anstrengen soll – nur um als Erwachsener dann in einem
gewöhnlichen Job mal ein paar Euro die Stunde zu verdienen.

Inzwischen bilden sich in den sozialen Netzwerken – das
ist das Tolle an ihnen – auch auf solche Probleme Reaktionen:
Es gibt immer mehr Youtube-Stars, deren Video-Content darin besteht, User zu motivieren. Diese Leute habe Millionen
Follower – was zeigt, wie groß das Problem und der Bedarf
sind. Zu den Unternehmern, die selbst extrem erfolgreich
sind und anderen mit ihrem Content entsprechend guten Zu-
spruch anbieten, gehören Gary Vaynerchuk und Brian Rose.
Rose, einst extrem erfolgreicher Wallstreet-Banker, quittierte
irgendwann seinen Job, um mit seinem Format »London
Real« auf Youtube eine unglaublich spannende Talkshow zu
erfinden.

Wie reagiert man als Lehrer darauf, wenn Schüler solche
Fragen stellen, wenn sie in Sinnkrisen geraten? Es kann müh-
sam sein, den Kids klarzumachen, dass Justin Bieber oder der

Fornite-Sieger mit seinen drei Millionen Dollar nur die Spitze eines Eisbergs sind. Dass die Wahrscheinlichkeit, ähnlich reich und berühmt zu werden, im Internet auch nicht unbedingt höher ist als in der analogen Welt. Eines aber ist doch klar: Wir müssen uns als Erwachsene erst einmal selbst ins Netz begeben, um überhaupt ein Gefühl für solche Probleme zu entwickeln.

Ich würde hier gerne zu Diskussionen anregen, aber zu nachhaltigen, die nicht in den üblichen Schwarz-Weiß-Schemata verlaufen wie viele Talkshows, in denen man immer nur für oder gegen die Digitalisierung sein kann. Und in denen man merkt, dass die Diskussionsteilnehmer nur sehr bedingt darüber informiert sind, welche Bandbreite an Inhalten – vom Trash bis zum hochwertigen Bildungscontent – Jugendliche dort finden.

Es ist ein Irrtum, zu glauben, Jugendliche wollten in ihren eigenen Räumen nicht von Erwachsenen gestört werden. Tatsächlich haben viele in ihrer Zeit als Teenager sehr widersprüchliche Gefühle, Ideen und Wünsche. Natürlich wollen sie sich abgrenzen und auflehnen. Aber sie wollen auch gehört und gesehen werden. Ich glaube, das ist der Grund dafür, dass die meisten Pädagogen, die sich auf die digitalen Räume der Jugend einlassen, diese überraschende Erfahrung machen: Sie werden für ihre Schüler zu Rockstars. Wenn Lehrer ins Netz gehen, wachsen sie mit ihren Schülern zusammen. Was durch Lehrerschmidt zu beweisen war … Eine notwendige Voraussetzung für gelingende Pädagogik im 21. Jahrhundert!

Davon abgesehen möchte ich Lehrern, Ausbildern und Professoren, die sich digital weiterbilden wollen, einen Chat bei Twitter empfehlen. Zwar halten sich Schüler bei Twitter eher selten auf, aber dafür bündeln Lehrer unter dem Hashtag #twitterlehrerzimmer deutschlandweit Informationen zum neuen Lernen. Hier findet man viele Pioniere, die über das Medium der Lernvideos hinaus spannende digitale Projekte umsetzen.

Neben Twitter nutzen Erwachsene, die bereits im Beruf sind, die Netzwerke Xing (das mittlerweile zum Unternehmen New Work SE gehört) und LinkedIn. Auf Xing habe ich selbst einen Artikel darüber veröffentlicht, wie ich mir die Zukunft des Mathematikunterrichts vorstelle:[16]

### Die Jugend braucht einen neuen Zugang zur Mathematik

- *Nie war Mathematik wichtiger für das Berufsleben*
- *Nie waren Angst und Abneigung der Jugend beim Wort Mathematik größer*
- *Nie gab es mehr Möglichkeiten, den Zugang zur Mathematik zu revolutionieren*

*Gerade beenden wieder viele Jugendliche ihre Schulkarriere mit dem Abitur, in einigen Wochen stehen für den Rest Zeugnisse an, ab Herbst beginnen die neuen Semester an den Universitäten, dazu werden dringend Fachkräfte in der Industrie gesucht. Und welches Fach verbreitet bei Schülern, Studenten und Auszubildenden Angst und Schrecken? MATHEMATIK!*

*Matheklausuren im Abitur sind zu schwer, Aufgabenstellungen zu missverständlich, der Bezug zur Praxis fehlt, und die Abbrecherquote im Studium ist ebenfalls zu hoch. Doch auch wenn Mathe selten Freude erzeugt, so ist es doch die Basis für die Zukunft.*

### Wir unterrichten wie vor 100 Jahren

*Alles in Wirtschaft und Technologie basiert auf Mathematik – heute mehr denn je! Die Digitalisierung durchdringt alle Berei-*

che in der Industrie. Händeringend werden Informatiker, Techniker und Naturwissenschaftler gesucht. Mathematik ist das verbindende Element, die Sprache der Technik. Deshalb braucht die Jugend dringender als je zuvor einen neuen Zugang zur Mathematik.

Wie konnte Mathe eigentlich so in Verruf geraten? Das Problem sind Verständnislücken, hervorgerufen durch ein Schulsystem, das für eine veraltete Industrie erschaffen wurde. Steigt jemand im Jahr 1919 in eine Zeitmaschine und findet sich plötzlich im Hier und Jetzt wieder, sieht er eine völlig andere Welt. Nur eines ist überwiegend gleich geblieben: der Klassenraum – inklusive der Methodik, auf Tests hinzuarbeiten.

## Wichtig wird sein, Zusammenhänge zu erkennen und Probleme zu lösen

Ich selbst war immer fasziniert von Mathe. Es ist eine fantastische Sprache, mit der man selbst komplexe Zusammenhänge vereinfacht darstellen kann. In einer sich exponentiell ändernden Welt wird es mehr denn je wichtig sein, schnell Zusammenhänge zu erkennen und Probleme zu lösen. Genau da hilft die Mathematik samt entsprechender Algorithmen. Muster und Strukturen zu erkennen sollte daher immer im Fokus des Unterrichts stehen.

Es gibt aber noch mehr Ansätze, um den Matheunterricht zu verbessern: Technologie kann den Lehrer entlasten. Unterrichtsmitschnitte und Übungen könnten auch online von zu Hause aus abgerufen werden. Speziell in der Mathematik sollten (Rechen-)Fehler kein Malheur sein, sondern der Beginn guten Unterrichts, denn darin steckt Erkenntnis. Praxisnähe sollte man nicht künstlich vortäuschen, indem man in Textaufgaben den Filmanbieter in »Netflix« umbenennt. Es bedarf relevanter Bei-

*spiele auf Basis dessen, was in der Wirtschaft an Fähigkeiten gebraucht wird, wie das Erfassen, Abschätzen und In-Bezug-Bringen von Daten. Auch die Robotik wird immer wichtiger. Berührungsängste zu ihr lassen sich vermeiden, indem Schüler schon früh spielerisch an diese Thematik herangeführt werden – ebenso wie an das Programmieren.*

### Statt Rechnen müssen Schüler das Interpretieren lernen

*Großartige Tools ermöglichen das computergestützte Erleben der Mathematik, wie das Programm GeoGebra oder die Plattform WolframAlpha. In einem Gespräch mit dessen Gründer, Conrad Wolfram, sprach ich über sein aktuelles Projekt, Computerbased Math. Die Idee ist, dass routinemäßige mathematische Berechnungen im Unterricht mit einem Computer durchgeführt werden, sodass sich die Schüler auf die Anwendung und Interpretation mathematischer Techniken konzentrieren können.*

*Ich hoffe, dass mehr und mehr Lehrer den Umbruch mitgestalten – doch dafür müssen ihnen die Bildungsministerien auch »mehr Leine geben«, damit sie Dinge ausprobieren können. Das kann zu Beginn auch einfach mal ein klasseneigener Youtube-Channel sein.*

### Rockstars an der Uni

Youtube-Stars gibt es nicht nur im Bereich der Schule, sondern auch unter den Professoren an den Hochschulen. Klar – meine eigene Youtube-Reise begann ja schon mit gestreamten Uni-Vorlesungen. Dabei ist das Thema Online-Universität mit den digitalen Hochschulen Udacity, Coursera und Udemy keineswegs erschöpft. Das erklärt Udacity-Gründer Sebastian

Thrun in einem Interview: »Die Online-Uni wird die Hochschulen genauso wenig verdrängen, wie das Fernsehen das Radio oder das Kino das Theater verdrängt hat. Sie werden sich weiterentwickeln.«

Das glaube ich auch. Denn für mich und die meisten Edu-Tuber, zu denen ich Kontakt habe, liegt der eigentliche Charme der digitalen Lernmittel gerade darin, dass man über diese Werkzeuge das gemeinsame Lernen vor Ort, in Präsenzphasen, revolutionieren kann.

Natürlich verändert die Online-Revolution des Lernens auch die Universitäten. Wenn ich bei Meet & Greets oder Vorträgen mit Usern spreche, fällt meistens der Name Jörn Loviscach, Professor für Ingenieurmathematik und technische Informatik an der Fachhochschule Bielefeld. »Wer nicht mit deinen Videos lernt, schaut seine an«, sagen mir viele. Kurze Filme, dann Verständnisfragen, dann Fragen zum Nachdenken – das, so Loviscach, sei auch im Studium eine extrem effektive Methode des Lernens. Es erübrigt sich fast, zu sagen, dass auch seine Reise damit begann, dass er Vorlesungen gefilmt und bei Youtube hochgeladen hat. Seine Tutorials ähneln Khans Tablet-Stil, nur dass er statt dem schwarzen einen weißen Hintergrund wählt, um seine fundierten und zugleich wunderbar verständlichen Erklärungen zu visualisieren. Auch Loviscach betreibt inzwischen eine eigene Webseite, und wer sich nicht für Informatik interessiert, findet hier Interessantes zu den Themen E-Learning, Flipped Classroom und anderes. Aufgrund seiner angenehmen Art, klar, informativ und umfassend zu erklären, gehört er für mich zu den besten Beratern zum Thema Lernen mit digitalen Medien. Allein sein mehr als 50-minütiger Kurs zu »Maxwell-Gleichungen« wurde auf Youtube 93 000-mal geklickt! Insgesamt kommt er mit seinem Content derzeit auf bis zu 30 Millionen

Views. Selbst wenn man von einem voll besetzten, riesigen Hörsaal ausgeht und mit 1000 Studierenden rechnet, müsste ein Professor viele Vorlesungen halten, um dieselbe Zahl an Menschen zu erreichen (der größte Hörsaal einer deutschen Uni befindet sich übrigens in Bochum und hat 1749 Plätze).

Loviscach benutzt Youtube als Kanal, um Menschen zu erreichen, vor allem Studenten. Er betreibt jedoch darüber hinaus eine eigene Webseite, auf der er fern von den sozialen Netzwerken seinen Content übersichtlich geordnet und um Texte, Vorträge und vieles Weitere ergänzt anbietet.[17] Außerdem findet der Nutzer hier eine höchst penible Sortierung ganzer Studieninhalte. Zudem hat er – ich bin wirklich beeindruckt! – zur Produktion seiner Videos eine eigene Software entwickelt, die er anderen zur freien Verfügung stellt! Loviscach könnte meines Erachtens unglaublich Wertvolles zu der Frage beitragen, wie man Schule und Universität neu konzipiert.

Anders als Lehrer in der Schule haben Professoren bei den Massenveranstaltungen, für die in den größten Hörsälen tatsächlich manchmal 500 oder 1000 Studierende Platz nehmen, natürlich keine Chance, mit den Lernenden in persönlichen Kontakt zu kommen. Viel mehr Nähe als bei Youtube ist hier also ohnehin nicht gegeben. Das, was in einer Vorlesung mit so vielen Hörern passiert, kann das Video besser, sagt Loviscach. Er findet, der klassische Frontalunterricht, bei dem einer erklärt und viele stumm zuhören, gehöre ins Netz. Zumal an der Uni bei überfüllten Vorlesungen noch erschwerend hinzukommt, dass nicht einmal alle den Vortragenden ausreichend hören und sehen können. Das geht doch alles mit Laptop auf der Couch viel bequemer. In den Präsenzphasen an der Universität, sagt Loviscach, können wir dann etwas anderes machen. Zum Beispiel Aufgaben lösen, gemeinsam diskutieren, über Probleme nachdenken. Auf diese Weise kämen die Professoren dann auch wieder mit den Studierenden in Kontakt.

»Plenum« schlägt Christian Spannagel als Bezeichnung für die abgeschaffte Vorlesung beim Inverted Learning vor. Er ist Professor für Mathematik und Mathematikdidaktik an der Pädagogischen Hochschule Heidelberg, engagiert sich in der New-Learning-Debatte und twittert als bekennender Gothic-Fan unter der Adresse »dunkelmunkel«.

Da ich, seit ich mich für das Videolernen starkmache, viel Gegenwind bekomme, freut es mich, zu beobachten, dass dieser Wind sich seit etwa ein bis zwei Jahren spürbar dreht. Im März 2018 veröffentlichte *Spiegel Online* einen Bericht über die Erfolge, die Martin Bonnet, Professor für Maschinenbau an der Technischen Hochschule in Köln, mit gefilmten Vorlesungen erzielt.[18] Ein nettes Detail der Geschichte von Professor Bonnet: Anders als die große Mehrheit der Edu-Tuber, die einfach irgendwann anfingen, sich bei ihrer Arbeit zu filmen, ging er zum Zentrum für Hochschuldidaktik und ließ sich über alternative Lehrmethoden beraten. Dort schlug man ihm vor, den Flipped Classroom auszuprobieren. Seither bietet Bonnet kaum mehr Vorlesungen an. Stattdessen läuft sein Unterricht dem *Spiegel* zufolge so ab: »Die Studenten kommen vorbereitet zu den praktischen Übungen – und können direkt mitdiskutieren.« Das mache allen, wie er dem Magazin erklärt, mehr Spaß. Und nicht nur das: In vielen technischen Fächern sind hohe Durchfallquoten bei den Pflichtprüfungen gang und gäbe. Auch bei Bonnet fiel vor der Umstellung auf den Flipped Classroom etwa die Hälfte der Studierenden durch die Einführungsklausur. Jetzt, so berichtet der *Spiegel,* seien es nur noch zehn Prozent.

In Mannheim nutzt Leif Döring, Professor für Stochastik,

Youtube-Videos, um den Studierenden individuell unterschiedliche Tutorien anbieten zu können. Er hat mit seinem Team Aufgaben mit Lösungen produziert und sie Schritt für Schritt durchgerechnet. Diese Tutorials gehen sehr in die Tiefe – hier kann man sehen: Wirkliche Mathematik ist harte Arbeit. Die Videos, so heißt es in einer Mitteilung der Universität Mannheim, ermöglichen es, schwächere Studierende besser zu fördern und gleichzeitig stärkere an schwierigere Fragen heranzuführen. Interessant ist, wie Döring seinen Einsatz von Youtube-Videos begründet: »Es hat mich immer gestört, dass viele Studierende in den Tutorien passiv anwesend sind und Inhalte konsumieren. Ich wollte vielmehr, dass sie aktiv über Mathematik diskutieren.« Das muss man sich kurz vor Augen halten: Indem sie mit Videos lernen, sind seine Studierenden nicht etwa passiver, sondern aktiver geworden! Dörings Beobachtung stellt das gängige Bild vom »passiven Medienkonsum« auf den Kopf.

Im März 2018 erhielt Döring den Ars legendi-Preis für exzellente Hochschullehre.[19] Unter anderem mit Youtube-Tutorials! Für mich ist das eine Auszeichnung – endlich ist die Methode als Disziplin auf dem Olymp des guten Unterrichtens angekommen!

### *Wer zahlt?*

Die digitalen Hochschulen Udacity und Coursera erreichen mit einzelnen Vorlesungen oder Seminaren weltweit manchmal 100 000 Studierende. Das ermöglicht es ihnen, Online-Abschlüsse um 85 Prozent billiger anzubieten als reguläre Universitäten. Natürlich mussten sie dazu die Erlaubnis erhalten, Zertifikate auszustellen, die auf dem Arbeitsmarkt rechtlich mit den herkömmlichen Abschlüssen vergleichbar sind.

Da das Angebot von Udacity und Coursera sich aus dem Bildungsspektrum zahlreicher amerikanischer Universitäten mit ausgezeichnetem Ruf speist, war es eine Frage der Zeit, bis solche Zertifizierungen möglich wurden. Allerdings stießen die Gründer in den ersten Jahren auf einigen Widerstand. In einem Land, in dem die Hochschulbildung extrem teuer ist und das Studium Absolventen mit Krediten belastet, die sie noch Jahrzehnte später abzahlen müssen, sind die Online-Hochschulen mit ihren um 85 Prozent niedrigeren Kosten nämlich nicht nur eine Bildungsrevolution, sondern auch ein Politikum.

In Deutschland sieht die Lage ganz anders aus. Politisch gilt in allen Bundesländern das Gebot der Chancengleichheit. Schule und Hochschulbildung sind weitgehend kostenlos, damit nicht das Einkommen der Eltern über die Bildungsmöglichkeiten der Kinder entscheidet. So die Theorie. In der Praxis belegen Studien der vergangenen Jahre immer wieder, dass die Bildungs- und Berufschancen deutscher Kinder sehr wohl vom Einkommen der Eltern abhängig sind. Das hat verschiedene Gründe, die hier nicht alle im Einzelnen mein Thema sind. Ein Grund aber liegt darin, dass die Nachhilfe privat finanziert ist. Das »parallele Bildungssystem« – die vielen Ausbildungs- und Zusatzangebote, die neben den öffentlich finanzierten Einrichtungen entstanden sind – ist kaum sozial, denn das Geld für die Nachhilfe müssen die Eltern aufbringen. Das haben die Verantwortlichen inzwischen erkannt, und so gibt es nicht wenige Kommunen, die den Nachhilfeunterricht für Bedürftige mit zusätzlichen Mitteln fördern. All das bedeutet, dass sich das digitale Bildungsangebot zum öffentlichen in Deutschland genau umgekehrt verhält wie in den USA: Online wird es nicht billiger, sondern teurer, denn für die meisten Angebote müssen die Nutzer zahlen.

Einst verbanden sich mit dem Internet große Hoffnungen. Die vielen Open-Access-Projekte, die es nach wie vor gibt, von digitalen Bibliotheken, die Bücher jedem zugänglich machen sollen, über kostenlose Software wie die Betriebssysteme Linux oder Unix bis hin zu den OER, dem freien Bildungscontent, zeugen immer noch von dieser Hoffnung. Das hat die Tech-Giganten nicht daran gehindert, reich zu werden. Nur Cracks und Nerds nutzen Linux oder Unix. Für die meisten Bücher müssen wir immer noch bezahlen, und für Bildung eben auch.

Education ist ein riesiges Geschäft, die Schülerhilfe generierte im Jahr 2016 einen Umsatz von 63 Millionen Euro und wurde in den vergangenen zwei Jahrzehnten mehrfach an deutsche und internationale Investoren verkauft. Heute gehört sie zum Portfolio eines britischen Investors, zu dessen Geschäften unter anderem die Online-Partnervermittlung Parship zählt.[20] Der Studienkreis hatte 1999 so viele Franchise-Niederlassungen in Deutschland wie McDonald's.[21] Auch der Studienkreis wechselte mehrfach den Besitzer, macht Umsätze im zweistelligen Millionenbereich und gehört derzeit einem Investmentfonds. Die Beteiligungen vieler Player auf dem Online-Nachhilfemarkt habe ich bereits erwähnt: Holtzbrinck und Bettermarks, Bertelsmann und Scoyo etc. Bei Sofatutor investieren inländische und ausländische Kapitalgesellschaften.

Die Investoren wissen, was sie tun. In einer online einzusehenden Wirtschaftsstudie ist die Prognose zu lesen, das wertvollste (größte) Unternehmen im Jahr 2030 werde ein Online-Education-Unternehmen sein.[22] Besonders krasse Blüten treibt diese Entwicklung heute schon in Asien. »Nachhilfelehrer werden in Hongkong wie Popstars verehrt«, heißt es in einer Meldung von *Spiegel Online* vom 28. Oktober 2015. Da hatte ein Institut dem 28-jährigen Yat-yan Lam gerade ein Jahresgehalt von 9,6 Millionen Euro angeboten. Die Institute verdienen vor allem mit den Lehrvideos ihrer Pädagogen, indem sie die Eltern dafür teuer bezahlen lassen. 16 Euro waren es 2015 für ein einstündiges Video. Ein stolzer Preis im Vergleich zu den meist etwa 10 bis 20 Euro, die derzeit in Deutschland pro Monat anfallen, für unbegrenzten Zugang zu allen Lehrvideos. Der Grund für den Preiskampf in Hongkong: Der Wettbewerb um die Plätze in den besten Colleges und Universitäten ist in Asien ungleich härter als in Europa oder den USA.

Je größer der Markt der außerschulischen Angebote – analog und digital –, desto drängender stellt sich die Frage der Finanzierung: Für welche Bildung zahlt der Staat, und wie verhindert man, dass nur die Kinder reicher Eltern durch das Abitur kommen?

Damit mich niemand falsch versteht: Die Herstellung von Content kostet Geld. Es ist richtig und notwendig, dass diejenigen, die viel Zeit und Know-how investieren, angemessen dafür bezahlt werden. Die kostenlosen Angebote im Internet, die Nutzung von Youtube und Social-Media-Plattformen sind ja in Wahrheit nicht kostenlos. Wir zahlen hier nur nicht mit Geld, sondern mit unseren Daten. Für die Konzerne ist das extrem lukrativ. Was es für uns als Nutzer bedeutet, durchschauen die meisten von uns gar nicht vollständig; ich habe das bereits erwähnt.

Alle, die von Open-Access-Content träumen, müssen die Frage beantworten, wie die weltweite kostenlose Bibliothek oder das globale Klassenzimmer finanziert werden können. Dabei gibt es drei große Felder, mit denen man sich im Hinblick auf ein solides Funding auseinandersetzen muss:

1. die mehr oder weniger aufwendige Produktion von Content,

2. der Verwaltungsaufwand, der notwendig ist, um die Online-Dienste zur Verfügung zu stellen (einschließlich der materiellen Ressourcen wie Server und Speicherkapazitäten),

3. die Rechte für die weitere Verwendung und Verwertung von Content, die traditionell in Deutschland im Urheberrecht geregelt sind.

Ich selbst hatte ähnlich wie Kahn anfangs hohe Ziele. Da ich für die Nutzung von Plattformen wie Youtube und Co. damit bezahle, dass vor meinen Videos Werbung läuft, wollte ich ein eigenes »Online-Haus« zum Lernen mit Tutorials bauen. Ich wollte etwas, das unabhängig von den großen Anbietern im Silicon Valley oder den inzwischen auch recht mächtigen Providern in China ist. Das war 2012 und erwies sich am Ende nicht als realisierbar. Das Erfolgsmodell der sozialen Plattformen besteht darin, dass sie *einfach* zu bedienen und *kostenlos* sind. Um etwas Vergleichbares zu bieten, braucht es Geld und technisches Know-how.

Mein ehemaliger Nachhilfeschüler Christian, mit dem ich heute immer noch Vlogs drehe, saß damals mit im Boot. Ich wollte ein Gerüst zum Lernen bereitstellen, das ähnlich wie Youtube funktionieren sollte, nur ohne Werbeeinblendung und auf eigenen Servern. Damit standen wir vor den bereits genannten Hürden: Wir brauchten Zeit und Geld, um ein solches Gerüst zu programmieren, wir brauchten Geld, um die notwendige Technik in Form von Servern und Speichern zur Verfügung zu stellen, auch für die Wartung und Pflege würden Kosten anfallen. Und damit waren wir noch gar nicht beim Kern meines Projekts angekommen – dem Content selbst! Denn auch der musste ja nicht nur produziert, sondern auch gepflegt werden. Zum Beispiel brauchte ich eine Struktur, um Fragen und Kommentare zu beantworten, Fehler zu beheben etc.

Ich stand also vor der so leidigen wie unvermeidlichen Frage, wie ich den Content monetarisieren konnte, wenn ich auf Werbung verzichten wollte. Zwar waren die Rückmeldungen für das eigene Portal überwiegend positiv. Doch ich musste bald einsehen, dass ich gegen die Reichweite von Youtube und die Marketingpower anderer Anbieter für digitalisierten Content keine Chance hatte. Auch wenn es für das Lernen nicht optimal ist, dass die Videos von Werbung begleitet und unterbrochen werden – Youtube hat den absolut unschlagbaren Vorteil, dass es Usern vieles auf sehr einfache Weise ermöglicht. Eine Alternative gibt es kaum, sieht man einmal von Webseiten wie der Khan Academy mit ihren finanzkräftigen Spendern im Rücken ab.

Doch Khan setzt auf seine eigenen Produkte und lässt keine anderen Anbieter zu. Youtube ist völlig offen, und so kann hier ständig etwas völlig Neues, nie Dagewesenes entstehen. Wenn morgen jemand anfängt, die Anatomie von Elefanten mit der von Lindwürmern zu vergleichen und das spannend vor der Kamera erzählt – warum nicht? Das ist bei einem Angebot wie der Khan Academy natürlich anders. Sie erfüllt einen anderen Zweck, was hier gestreamt wird, kontrollieren die Macher der Khan-Software von ihren Büros aus.

Ich musste irgendwann einsehen, dass ich mit dem Online-Lernhaus gescheitert war. Seither bin ich immer noch auf der Suche nach dem idealen Geschäftsmodell für eine Plattform, die allen zugänglich ist und Content bereitstellt, für den weder Werbung noch der User bezahlt. Wie auch immer die Lösung einmal aussehen wird – eins ist mir durch unseren

Versuch klar geworden: Je offener eine Plattform gestaltet ist, desto flexibler ist sie, und desto wahrscheinlicher kann hier ganz Neues entstehen. Anders als Khan habe ich mich deshalb inzwischen für eine Plattform entschieden – und nicht für ein Internetunternehmen, das nur meine eigenen Produkte im Angebot hat. Ich habe mathefragen.de für Content anderer User geöffnet.

Ich erkläre im nächsten Großkapitel genauer, worin Geschäftsmodelle sich unterscheiden, die nicht auf Produkte setzen, sondern auf das Betreiben einer Plattform. Für mathefragen.de plane ich, die hier anfallenden Daten zu nutzen, um Firmen das Recruiting zu erleichtern: Unternehmen, die nach Mitarbeitern mit Mathematikkenntnissen suchen, die aber auch zum Beispiel in der Lage sind, anderen Dinge gut zu erklären, digitale Tools zu nutzen etc., finden, so die Idee, auf mathefragen.de dazu viele wertvolle Daten. Denkbar wäre also, dass Helfer und Lerner die Plattform kostenlos nutzen, die Firmen für das Recruiting aber bezahlen.

### Wem gehören die Rechte?

Die Rechte an produziertem Content sind über Lizenzen geregelt. Hier stellt sich zum einen die Frage, wer den Content nutzen darf, zum anderen, wer damit Geld verdienen darf.

Youtube vergibt für Content Standardlizenzen. Sie beinhalten, dass jeder die Videos frei nutzen kann – allerdings nur im Streaming. Wenn nun, wie manche Lehrer es tun, jemand diesen Content runterlädt und im Unterricht zeigt, verstößt er damit gegen das Gesetz; theoretisch könnte man ihn also strafrechtlich verfolgen.

Man kann bei Youtube auch andere Lizenzen einstellen, zum Beispiel die »Creative Commons – Namensnennung«: In diesem Fall darf ich Videos auch offline zeigen, muss allerdings den Creator als Urheber nennen.

Überall, wo Content frei zur Verfügung gestellt wird, sind dem Missbrauch Tür und Tor geöffnet. So gibt es Online-Anbieter, die Content, den sie kostenlos bei Youtube finden, in Pakete verpacken und dann in der eigenen App oder auf der eigenen Webseite gegen Bezahlung anbieten. Nicht doof, aber moralisch ziemlich fragwürdig.

Die Frage nach den Rechten ist deshalb ein schwieriges Thema. Wenn jemand wie Jörn Loviscach, der hervorragende Videos auf Youtube hochlädt, seinen Inhalt durch eine sogenannte NC-Lizenz schützt (NC bedeutet »non commercial«), dann ist er trotzdem nicht unbedingt gegen Missbrauch gefeit. Zum Beispiel würde das niemanden daran hindern, eine künstliche Intelligenz zu entwickeln, die seine Videos als Daten-Input nutzt und etwas daraus macht, das dann monetarisiert wird.

Wer sich für die ausführlicheren Details zu diesem Thema interessiert, dem empfehle ich ein Video zu Lizenzrechten und Co.: www.youtube.com/watch?v=aXeIel3R-NA, in dem Prof. Loviscach die Zusammenhänge in seiner wunderbar klaren und verständlichen Art erklärt.

Ich selbst habe auf Youtube derzeit die Standardlizenz eingestellt. Man könnte sich nun natürlich fragen, warum ich nicht die Lizenz gewählt habe, die jedem die freie Nutzung erlaubt (also auch Downloads). Ich mache das deshalb nicht, weil ich im Moment selbst gar nicht sicher bin, wer da was mit meinen Videos anstellen könnte. Denn wenn man sie downloaden darf, dann könnte womöglich jemand die Tutorials in ein eigenes Online-Lernhaus aufnehmen, um hier damit Geld zu verdienen. Auch das ist deshalb eine Frage, die wir als Gesellschaft in Bezug auf den tollen Content, der von so vielen

Produzenten mit großem Einsatz zur Verfügung gestellt wird, in den nächsten Jahren klären müssen: Wie können wir die Arbeit dieser Menschen so vergüten, dass die User sie dann trotzdem kostenlos nutzen können?

## Schöne neue Bildungswelt?

Ich habe bisher viel über den Einsatz von Videos als Werkzeug erzählt, als Kern dessen, was gerade als New Learning unsere Bildung revolutioniert – nun muss ich noch einmal zu den Anfängen, auch meinen eigenen, zurückkehren.

Seit sich innerhalb der letzten fast 50 Jahre Nachhilfeunterricht zu einem lukrativen Geschäft entwickelt hat, erleben wir so etwas wie die schleichende Privatisierung des Bildungswesens. Denn je mehr Schüler immer mehr Zeit mit Videos, Tutorials und Apps lernen – die alle privatwirtschaftlich betrieben werden –, desto weniger findet Bildung in der Schule statt. Demgegenüber steht auf der Seite der Unternehmen ein Trend, der sich mit der Digitalisierung noch verstärkt hat: Erziehung ist ein Geschäft, auf dessen Zukunft Kapitalgesellschaften mit hohen Investitionen wetten.

Damit stellen sich zwei Fragen, die bisher in Rankings wie der PISA-Studie nur für den Bereich der öffentlichen Schulen diskutiert werden: Wer gewährleistet die Qualität unserer Bildung? Und wer entscheidet, *was* wir lernen?

Schon bei der klassischen Offline-Nachhilfe gab es Probleme mit der Qualität. In der Studie zur Nachhilfe, die vor zehn Jahren durchgeführt wurde, kritisieren die Verfasser unter anderem, »dass praktisch keine verlässlichen Informationen zur Qualifikation der bei den einzelnen Nachhilfeanbietern beschäftigten Lehrkräfte vorliegen«, und »dass die Anbieter zwar durchweg die hohe Professionalität ihrer Lehrkräfte betonen, zu deren tatsächlicher Qualifikation aber keine konkreten Angaben gemacht werden«.[23] Zwar gibt es Versuche, Anbieter von Nachhilfeunterricht zu zertifizieren, doch daraus hat sich bisher kein einheitliches Zertifizierungsverfahren für alle Anbieter entwickelt.

Die Frage nach der Qualität und dem *Was,* also den Inhalten von Bildung, wird aber erst so richtig brisant, wenn wir in die Zukunft schauen.

Während wir viel über Bildung streiten und sich nichts bewegt (das muss ich leider, wie viele andere, so sagen; der Philosoph Richard David Precht zum Beispiel gehört zu denen, die das medienwirksam beklagen), nehmen die meisten von uns kaum zur Kenntnis, dass neue Bildungsstrukturen im Entstehen sind. So hat sich in den vergangenen Jahrzehnten ein Unternehmen etabliert, das Coworking-Spaces für Freelancer, aber auch für Unternehmen anbietet. Wer mit offenen Augen durch München, Berlin, Hamburg, Köln oder Frankfurt am Main geht, hat vielleicht schon einmal Büros von WeWork gesehen. Das Unternehmen kommt aus den USA, hat inzwischen aber weltweit mehr als 650 Standorte. 2014 berichtete das Magazin *Forbes,* WeWork sei der »am schnellsten wachsende Mieter von Büroflächen in New York. Im selben Jahr wurde der Wert des Unternehmens auf 5 Milliarden US-Dollar geschätzt.«[24] Da war die Firma gerade mal vier Jahre alt!

Die eigentliche Nachricht aber ist: Seit Kurzem setzt WeWork auf eine neue Strategie, die mit einem Namenswechsel einhergeht: We Company bietet nicht nur Büros, sondern auch Wohnraum – WeLive – und Bildung – WeGrow. Die Idee ist, dass Mitarbeiter ihre Kids mitnehmen können, die dann bei We Company in den Kindergarten und die Schule gehen. Dafür entwickeln die Betreiber eigens Curricula, also Lehrpläne für den Unterricht! Sie übernehmen damit eine Aufgabe, die in Deutschland bisher in der öffentlichen Hand liegt: den Kultusministerien der Länder. Wer Curricula entwickelt, der entscheidet darüber, was unsere Kinder lernen und wie sie die Welt als Erwachsene einmal sehen werden.

Während ich dieses Buch schreibe, gerät We Company mit negativen Schlagzeilen in die Öffentlichkeit. Offenbar ist das Unternehmen in Schwierigkeiten, aus verschiedenen Gründen, zu denen wohl auch das extravagante Verhalten des Mitgründers und CEOs Adam Neumann gehört, aber auch ein nicht funktionierendes Geschäftsmodell. Es könnte also sein, dass WeGrow zusammen mit seinem Mutterunternehmen bald schon wieder passé ist. Ich kann mir aber durchaus vorstellen, dass es in Zukunft andere, vielleicht kleinere Anbieter von Workspaces geben wird, die in diese Richtung gehen und für die Kids der Mitarbeiter Education in einer neuen Lernumgebung zur Verfügung stellen werden.

Genau das deutet sich schon an, wenn etwa Amazon-Gründer Jeff Bezos in das Education-Business einsteigt. Bezos verkauft das Projekt als Teil seines philanthropischen Engagements. Die Amazon Preschools sollen für Kinder von sozial schwachen Familien Bildungswege eröffnen. Allerdings werfen Kritiker Bezos vor, bei seinem sozialen Engagement handle es sich um reine PR. Denn Amazon steht seit Langem wegen eines ausgesprochen schlechten Umgangs mit seinen Mitarbeitern in der Kritik. Auch wirft es Fragen auf, wenn Bezos die Kinder, die seine Schulen besuchen sollen, »customers« – also »Kunden« – nennt.

Doch inzwischen weitet Amazon sein Engagement im Bildungsbereich noch aus. Am 11. September 2019 veröffentlichten verschiedene Medien die Nachricht, dass Bezos 24 Schulen in den USA mit einem Engineer Program unterstützt. Dazu erhalten die Schulen Geld für Roboter und Computer. Bei den Schulen handelt es sich um öffentliche Schulen, deren Schüler aus den weniger bis unterprivilegierten Schichten stammen. Bezos ist nur einer von vielen. Ein anderer, besonders prominenter Unternehmer, der sich seine Schule einfach selber gebaut hat, ist Elon Musk mit seiner Ad Astra School. Anfangs hatte die Schule nur die fünf Kinder von Musk und eine Handvoll weitere Schüler, und es ging das Gerücht, dass es sich ausschließlich um persönlich eingeladene Kinder von Eltern handelte, die bei SpaceX arbeiteten, auf dessen Gelände die Schule sich auch befindet. Inzwischen ist das Bewerbungsverfahren jedoch für weitere Kinder aus dem Raum Los Angeles geöffnet und die Zahl der Schüler angewachsen. Das Projekt scheint auch über Musks private Interessen hinaus auf Zustimmung zu stoßen.

Es ist eine Entwicklung, die absolut zwei Seiten hat. Wieder stehen wir hier vor dem Dilemma: Wo ist der »good use«, und wie schützen wir uns vor dem »bad use«? Amazon und We Company bauen tolle Kindergärten und Schulen; beide orientieren sich an der Montessoripädagogik, einer beliebten Methodik, die in vielerlei Hinsicht Stärken gegenüber dem Unterricht in den klassischen Schulen hat. Wenn man sich die Architektur etc. anschaut, das Curriculum, die Versprechen, die We Company auf den Webseiten macht, möchte man seine Kinder da hinschicken.

Mit anderen Worten: Woran wir in der öffentlichen Bildungspolitik seit Jahrzehnten in desaströser Weise scheitern, alles, was unseren Schulen fehlt, findet man hier plötzlich. Riesige, finanzkräftige Unternehmen machen das einfach. Das bedeutet in der Konsequenz aber auch: Wenn wir nicht möglichst schnell unsere Bildung modernisieren, dann entscheiden bald die CEOs von Konzernen darüber, *was* und *wie* unsere Kinder lernen.

Da stellt sich natürlich die Frage: Wollen wir das? Wollen wir die Zukunft unserer Kinder Unternehmen anvertrauen, deren Hauptinteresse darin besteht, Gewinne zu generieren? Natürlich wissen Unternehmen besser als der ein oder andere Beamte im Kultusministerium, welche Qualifikationen und Fähigkeiten Mitarbeiter in der sich ständig wandelnden Arbeitswelt benötigen. Aber wird eine »Corporate Education«, also eine Art firmeneigene Erziehung, dazu geeignet sein, unsere Kinder nicht nur zu den besten Mitarbeitern für Unternehmen, sondern auch zu guten Mitgliedern der Gesellschaft zu erziehen?

Ich denke hier mal noch einen Schritt weiter: Was ist, wenn riesige Unternehmen neue Vor-Ort-Strukturen anbieten – wie WeWork – und diese mit dem Online-Angebot von Unternehmen wie Coursera oder Udacity fusionieren? Dann haben wir eine von Grund auf neu konzipierte Schule. Die aber vielleicht so mächtig sein wird, dass sie andere Strukturen schluckt.

Ich habe aus eigener Kraft versucht, eine moderne Location als Pilotprojekt und Konzept für eine New-Learning-Schule in Deutschland voranzutreiben. War es vielleicht zu früh? Für Deutschland ja. Nur haben wir keine Zeit mehr, wir müssen endlich flächendeckend mit radikal neu gedachten Online- und Offline-Lernumgebungen beginnen.

## Zukunftsfragen im Angesicht des technologischen Wandels

Wir stehen am Beginn eines Wandels, der von vielen Beobachtern als »vierte industrielle Revolution« beschrieben wird. Die erste industrielle Revolution begann dieser Einteilung nach mit der Erfindung der Dampfmaschine, die zweite mit der Einführung des Fließbands, die dritte mit der Einführung von Computern in der Alltagswelt.

Ich habe diesen Wandel, die vierte industrielle Revolution, im ersten Kapitel dieses Buches bereits als exponentielles Wachstum technologischer Veränderungen angesprochen. Das heißt also, darunter verstehen viele das Zusammenspiel einiger technologischen Entwicklungen im Bereich der künstlichen Intelligenz, der Robotik (die zur KI gehört), des Quantum-Computing und des Internets der Dinge. »Die vierte industrielle Revolution [...] verändert unser Leben, unsere Geschäftsmodelle und unsere Jobs auf dramatische Weise«, wird Courseras CEO Jeff Maggioncalda in einem Online-Bericht zitiert.

Die Geschwindigkeit und das Ausmaß der Veränderungen, die diese technischen Entwicklungen mit sich bringen, sind revolutionär. Das, so die Verantwortlichen der Online-Universität, sei ein Grund dafür, warum Coursera gerade 103 Millionen Dollar eingeworben hat, womit der Wert des Unternehmens Angaben zufolge auf über eine Milliarde Dollar steigt. Dabei sind die Vorteile des New Learning mit Online-Videos und vielen weiteren Lernmöglichkeiten, mit denen Coursera weltweit 40 Millionen Lernende erreicht, nur ein Grund dafür, dass Kapitalgeber auf die Zukunft des Unternehmens wetten. Anlässlich der beeindruckenden Finanzspritze für sein Unternehmen führt der CEO aus: »Coursera steht an führender Stelle, wenn es darum geht, Individuen,

Unternehmen und Regierungen darauf vorzubereiten, die Herausforderungen (der vierten industriellen Revolution) zu meistern und die Disruption (die Erschütterungen, die sie mit sich bringen) in Möglichkeiten zu verwandeln«. Das stimmt: Zum Beispiel haben einige deutsche DAX-Konzerne eine Plattform für den Bereich Weiterbildung und nutzen hier Angebote von Coursera und Udacity.

Die vierte industrielle Revolution geht mit einem wachsenden Bedarf an Programmierern, Mathematikern, KI-Experten und Datenanalysten einher, der schon heute nicht gedeckt werden kann. Deshalb sehen Investoren in Online-Bildungsplattformen wie Udacity und Coursera die Zukunft: weil sie eine riesige Zahl von Studierenden weltweit zu den Fachkräften von morgen ausbilden können, die im Bereich der künstlichen Intelligenz, der Robotik, des Quantum-Computings und des Internets der Dinge so dringend benötigt werden.

Auch in Deutschland sehen Verantwortliche den Bedarf. Was hier jedoch im Vergleich zu den USA entsteht, ist zu wenig, um es vorsichtig und extrem beschönigend zu sagen.

Zwar reagieren Angebote wie die Roberta-Initiative des Fraunhofer-Instituts IAIS oder die Stiftung Rechnung und viele andere auf den steigenden Bedarf an Mathematikern, Programmierern und Robotik-Experten. Sie entwickeln – parallel zum öffentlichen Schulsystem – ihre Bildungsangebote nicht aus kommerziellem Interesse, sondern weil die Initiatoren eine gesellschaftliche Verantwortung sehen, und weil sie wissen, dass sich die so dringend erforderlichen Veränderungen im System Schule nicht schnell genug verwirklichen lassen.

Das sind tolle Initiativen, und ich bin dankbar, als Partner für Video-Content eingeladen zu sein, und unterstütze sie mit Begeisterung. Und doch ändern solche Angebote nichts an dem großflächigen Systemversagen, das wir in Deutschland erleben. Die Roberta-Initiative macht genau das, was Amazon-Gründer Jeff Bezos mit seinem Engineer Program in den amerikanischen Schulen begonnen hat. Nur macht Amazon das im großen Stil, und das brauchen wir auch; das fordert auch der Verantwortliche bei Fraunhofer. Wir brauchen das Roberta-Angebot flächendeckend in ganz Deutschland. Aber Fraunhofer hat dafür kein Geld. Die Regierung wiederum sagt: Wir haben gerade unser Geld dafür ausgegeben, um Schulen Tablets zu kaufen.

Wenn wir von der Digitalisierung der Schule reden – warum entwickeln wir dann nicht ein eigenes Tablet mit einem eigenen Betriebssystem? Warum machen wir stattdessen die Schulen zu Konsumenten von Google und Apple?

Wir haben in Deutschland Top-Universitäten. Warum produzieren sie ihren Content nicht in Form von mehr Videos und digitalem Material? Warum haben exzellente Hochschulen wie die RWTH Aachen, das Karlsruher Institut für Technologie – das sich mit seinem Namen KIT großspurig an das renommierte MIT anlehnt – oder die TU München keine Online-Angebote im Stil von Udacity und Coursera? Warum bündeln deutsche Universitäten nicht das Know-how, das es hierzulande zum Beispiel im Bereich der Robotik gibt? Mit Online-Angeboten würden sie drei Fliegen mit einer Klappe schlagen: Sie würden Einnahmen generieren, Studierende in Deutschland auf die massiven Veränderungen vorbreiten, die uns bevorstehen, und zudem weltweit für sich als Bildungsinstitutionen werben. In Deutschland wird einer Handvoll auserwählter Universitäten mit der sogenannten Exzellenz-Initiative bescheinigt, besonders herausragend in Forschung und Lehre zu sein; sie erhalten dafür auch mehr finanzielle Mittel. Aber ob das Werbung für unsere Hochschulen im Ausland ist? Sollen wir im Ernst annehmen, jemand in den USA, in China, Indien oder Bangladesch, selbst in anderen Ländern der EU, interessiert sich dafür, welche Universitäten bei uns das langwierige Verfahren dieser Exzellenz-Initiative überstanden haben?

Wie viele andere auch, sitze ich in Deutschland zwischen allen Stühlen. Ich kann appellieren: Lasst uns anfangen! Denken wir Schule neu! – und ich tue das auch, wo ich gehe und stehe. Aber auch ich bin gefangen in einem System, das bisher nicht in Bewegung kommt. Auch deshalb bin ich nach längerer Suche und einigen Fehlversuchen bei Plattformen gelandet, mathefragen.de, informatikfragen.de und ähnlichen Plattformen zu weiteren Themen. Ich will mit ihnen dazu beitragen, alles, was es an gutem Bildungscontent im Bereich MINT gibt, zu bündeln und den Zugang dazu für jeden so niedrigschwellig wie möglich zu halten. Und zwar mit dem Fokus auf menschlicher Interaktion. Auf den Plattformen treffen sich Lerner und Helfer, und ich erhoffe mir von dieser Technologie, dass sie dazu beträgt, durch die Auswertung der hier anfallenden Daten Erkenntnisse über das Lern- und Lehrverhalten zu bringen. Vielleicht kann das Portal eine Grundlage werden für die digitalisierte Schule?

### Berufe im Wandel

Die Arbeitswelt verändert sich radikal. Klassische Berufe lösen sich auf, viele werden in Zukunft durch Roboter und Automatisierungsprozesse ersetzt. Das muss keineswegs bedeuten, dass wir alle arbeitslos werden. Ganz sicher aber verändern sich die Anforderungen, die an uns gestellt werden. Genauer, sie haben sich längst verändert. Wobei die größte Veränderung wohl darin besteht, dass wir uns alle darauf ein-

stellen müssen, uns unser Leben lang neue Fähigkeiten anzueignen. Das exponentielle Wachstum der Veränderungen, die
immer kürzere Zeit, in der immer neue Dinge entstehen,
bringt es mit sich, dass wir nicht mehr 30 oder 40 Jahre tun,
was wir in einer drei- oder fünfjährigen Ausbildung gelernt
haben. Sondern ständig Neues lernen müssen. Das liegt nicht
nur am Tempo, mit dem technisch immer mehr möglich wird.
Also daran, dass bald nicht mehr Menschen, sondern Roboter
unsere Waren im Supermarkt über die Kasse ziehen – oder
nicht einmal mehr das, wie man an den Supermärkten Amazon Go sieht, die in den USA eröffnet haben: Dort nehmen
die Kunden die Waren aus dem Regal und verlassen damit
einfach den Shop. Kameras und Sensoren erfassen die Waren
und stellen sie automatisch in Rechnung. Dafür wird es vielleicht Roboter geben, die die Regale auffüllen.

Darauf, dass die meisten Jobs bald von Robotern erledigt
werden, können wir uns einstellen. Die eigentliche Herausforderung aber werden neue, nie da gewesene Arbeits- und Lebensverhältnisse sein, die sich nicht vorhersagen lassen. Dazu
ein Beispiel: Kein noch so hellsichtiger Wirtschaftsexperte,
kein Technikforscher und kein Zukunftsprognostiker konnte
vorhersagen, dass aus dem harmlosen Spiel eines Collegestu-
denten innerhalb eines Wimpernschlags eins der mächtigsten
Unternehmen der Welt entstehen würde: Die Rede ist von
Facebook. Da hat ein kaum Erwachsener die ziemlich ge-
schmacklose, aber in ihrer Einfachheit geniale Idee, die Mädchen auf dem Campus seiner Universität nach ihrem Äußeren
bewerten zu lassen – die erste von Zuckerberg dazu program-
mierte Seite hieß Facemash und musste aufgrund von Pro-
testen nach wenigen Tagen gesperrt werden. Doch aus der
ursprünglichen Idee entstand TheFacebook und später das
heute bekannte Unternehmen. Wenige Momente später sitzt

Zuckerberg, nach Abbruch des Studiums, den Vorsitzenden seiner altehrwürdigen Universität auf Augenhöhe gegenüber.

Facebook hat die ganze Welt in unzähligen Lebensbereichen verändert. Justizministerien beschäftigen sich mit Hate-Speech, Mark Zuckerberg sieht sich wegen des Skandals um den Missbrauch von Daten vor dem amerikanischen Kongress wieder. Medienanstalten geraten mit ihren Produkten, Nachrichten und Zeitungen in Krisen, weil immer mehr Menschen ihre Nachrichten von Facebook beziehen. Politische Parteien und Systeme erodieren. Und zwar, auch das sah keiner voraus: nicht nur Diktaturen, denen es durch das globalisierte Netz immer schwerer fällt, ihr Volk mit Zensur und Propaganda in Schach zu halten. Sondern auch die Demokratien.

Das alles ist bekannt. Mir geht es hier um etwas anderes: Durch Facebook, Twitter und die in der Folge entstandenen sozialen Netzwerke sind völlig neue Arbeits- und Berufsfelder entstanden. Politiker, Verwaltungen, Unternehmen, Kulturinstitutionen, Bildungseinrichtungen – sie alle stellen heute Mitarbeiter ein, die ausschließlich damit beschäftigt sind, sich um den Auftritt in den sozialen Netzwerken zu kümmern. Von der Berliner Philharmonie bis zum Fußballverein, vom Bundestagsabgeordneten bis zur örtlichen Polizeibehörde. Als Facebook im Jahr 2004 entstand, ahnte noch niemand, dass es nur wenige Jahre später völlig neue Berufsfelder im Bereich Social Media geben würde, dass Firmen überall händeringend nach Social-Media-Experten suchen würden. Der Bundesverband Digitale Wirtschaft e.V. (BVDW) hat im Juli 2016 eine Broschüre veröffentlicht, in der allein für den Bereich soziale Netzwerke sechs neue Berufe definiert werden; insgesamt werden in der Broschüre 60 neue Berufe vorgestellt, die durch die Digitalisierung entstanden sind (www. bvdw.org).

Die Entstehung der sozialen Netzwerke ist daher nicht nur ein gutes Beispiel dafür, wie wenig vorhersehbar der Wandel sein wird, der auf uns zukommt. Sondern sie belegt auch, dass mit der Digitalisierung keineswegs immer nur Jobs vernichtet werden. Die neuen Jobs, die entstehen, verlangen jedoch von uns die Bereitschaft, sich darauf einzustellen und uns weiterzubilden.

Wenn das aber so ist – wenn die Gegenwart sich derart radikal verändert und keiner vorhersagen kann, wie wir in 10 bis 15 Jahren arbeiten werden –, wie sieht dann eigentlich eine Ausbildung aus, die uns auf diese Zukunft optimal vorbereitet?

# New Learning
# ist der Schlüssel

## Wir müssen Schule und Bildung neu denken

»Miteinander gelernt, etwas verstanden, Prüfung bestanden – und auch noch Spaß gehabt!«

Wenn man den Hype um die Mathevideos zusammenfassen will, dann ist es dieses Feedback, das ich am häufigsten bekomme. Das Erstaunen darüber, dass etwas wie Mathe Spaß machen kann. Dass man das Fach »rocken« kann. Schaut man genauer hin, setzt nach der ersten Überraschung irgendwann die Erkenntnis ein, dass offenbar viele Menschen Mathematik verstehen und sich gerne damit beschäftigen – nicht nur die geringen paar Prozent pro Schulklasse, die normalerweise in der Nerd-Ecke stehen.

Dieses: »Dabei auch noch Spaß gehabt!«, über das sich Eltern oft zusammen mit ihren Kindern wundern, sollte uns eigentlich stutzig machen. Bildung ist eine historische Errungenschaft und ein Privileg. Dass wir seit gut hundert Jahren eine möglichst breite Menge der Bevölkerung mit hochwertiger Bildung versorgen, gehört zu den großen Zivilisationsleistungen der Menschheit. Zugang zu Bildung ist im Artikel 26 der UN-Menschenrechtscharta als Menschenrecht verankert. Warum aber ist etwas so Großartiges für viele Schüler so ätzend und doof? Warum empfinden viele ihre Schulzeit als Qual, die sie 10 bis 13 Jahre ihres Lebens ertragen müssen? Ist es wirklich so, dass Schule ein notwendiges Übel ist, der »Ernst des Lebens«, an dem es kein Vorbei gibt? Die

Schule ein Gefängnis, aus dem man mit dem Abschluss der Mittleren Reife oder dem Abitur endlich »in Freiheit« entlassen wird?

Die Abneigung gegenüber Schulstoff betrifft ja nicht nur das Fach Mathe – das könnte man dann vielleicht noch mit der verbreiteten Auffassung erklären, diese abstrakte Sprache aus Formen und Symbolen sei eben nur etwas für wenige Auserwählte. Es muss ja auch nicht jeder Schach lieben. Aber viele machen ähnliche Erfahrungen in Deutsch, Geschichte oder mit einer Fremdsprache. Der Schulunterricht verleidet ihnen bestimmte Fächer oder Themen, manche erholen sich von bestimmten, in der Schule entwickelten Abneigungen für den Rest ihres Lebens nicht mehr.

Wenn wir uns also angesichts des Erfolgs von Mathevideos darüber wundern, dass Lernen Spaß machen kann; wenn das Schulsystem auf der anderen Seite vielen Menschen bestimmte Fächer für immer madigmacht – müssen wir dann nicht total anders denken?

Jeder Erwachsene macht irgendwann die Erfahrung, dass er zwar Interessen hat, aber für das Lernen neben einem Vollzeitjob und Familie nur noch sehr wenig Zeit übrig bleibt. Und wenn man sich dann doch in den Volkshochschulkurs schleppt, um sein Französisch ein bisschen aufzupolieren, stellt man fest, dass das Lernen viel langsamer geht als noch zu Schulzeiten. Wir haben nie wieder so viel Freiraum und so viel Potenzial zum Lernen wie in der Zeit des Heranwachsens. Indem das Schulsystem Kinder und Jugendliche nicht so gut wie möglich ausbildet und ihnen Bildungsmöglichkeiten vorenthält, betrügen wir sie im Grunde genommen um ihr Leben. Denn sie verpassen Chancen, die sich ihnen nach der Schule, wenn sie ihre berufliche Laufbahn beginnen, in dieser Form nicht wieder bieten werden. Wenn sich also auf einmal zeigt, dass das Lernen online und außerhalb der Schule besser funktioniert als im traditionellen Bildungssystem, dann sollten wir endlich verstehen, dass dieses Bildungssystem offenbar nicht das Beste ist, das wir haben könnten. Es zeichnet sich immer klarer ab, dass es pädagogisch sinnvoll und sogar notwendig ist, das System Schule von Grund auf neu zu denken – und vor allem müssen wir endlich handeln.

## Die vierte industrielle Revolution

New Learning ist nicht nur pädagogisch notwendig, sondern auch gesellschaftlich. Das sind die beiden Pole, zwischen denen sich die Bildungsdiskussion aufspannt. Auf der einen Seite steht die Frage: Was ist das Beste für unsere Kinder? Auf der anderen: Was ist das Beste für unsere Gesellschaft?

Wenn wir die gesellschaftliche Notwendigkeit erkennen wollen, Bildung neu zu denken, müssen wir genauer verstehen, wie die Welt von heute und morgen aussieht. Wir müssen die vierte industrielle Revolution verstehen, weil sie den Wandel beschreibt, den wir in nahezu allen Lebensbereichen erleben, vor allem im Bereich der Jobwelt.

Die vierte industrielle Revolution, ich habe es bereits gesagt, wird durch die kombinatorische Wirkung mehrerer technologischer Entwicklungen ausgelöst: Die explosionsartige Verfügbarkeit von riesigen Datenmengen, die sich durch Suchmaschinen und soziale Netzwerke bei den großen Tech-Firmen angesammelt haben, die Tatsache, dass wir diese Daten mit geringem Aufwand verarbeiten können (immer kleinere, billigere Prozessoren, Quantum-Computing) und der Fortschritt im Bereich des maschinellen Lernens vor allem durch das Deep Learning – all dies hat in seiner Kombination das Tempo der technischen Veränderungen seit erst wenigen Jahren in ein exponentielles Wachstum getrieben.

Insofern verwundert es nicht, dass sich für das, was wir gerade erleben, noch keine einheitliche Bezeichnung durchgesetzt hat. Manche reden nicht von der vierten industriellen Revolution, sondern vom Beginn des zweiten Maschinenzeitalters, in Abgrenzung zum ersten Maschinenzeitalter, der industriellen Revolution. Das ist durchaus sinnvoll, denn die beiden Maschinenzeitalter unterscheiden sich in genau einem Punkt grundsätzlich: Die Erfindung der Dampfmaschine und des mechanischen Webstuhls machten es möglich, die physische Arbeitskraft von Menschen zu ersetzen – und deren Leistung zu vervielfachen. Die Computer ersetzen Denkprozesse. Sie übernehmen die Arbeit unseres Gehirns, und auch diese neuen Maschinen sind zu Dingen fähig, zu denen wir mit unserem Gehirn nicht in der Lage wären.

Ein mechanischer Webstuhl konnte die Tätigkeit von 100 Weberinnen leisten. Die Arbeitswelt veränderte sich damals dramatisch. Millionen von Bauern und Handwerken verloren ihre Stellung und ihr Einkommen. Auf der anderen Seite brauchte man plötzlich Arbeitskräfte, die in Fabriken Maschinen bedienten. Die neue Arbeitsteilung war klar: Die Maschinen übernahmen alles, was mit Muskelkraft zu tun hatte. Um sie zu bedienen, brauchte man Arbeiter.

Das zweite Maschinenzeitalter, das mit den Computern beginnt, entwickelt sich gerade zu einem ähnlich umfassenden Wandel. Was früher die Weber, die Schuster oder die Apotheker waren, sind heute die Angestellten einer Bank oder des Einzelhandels, aber auch Juristen und Mediziner.

Die Voraussetzung für das zweite Maschinenzeitalter wurde durch eine Erfindung geschaffen, die vielleicht die wichtigste technische Innovation überhaupt seit der Erfindung des

Feuers ist: durch den Transistor. Wer wissen will, wie er funktioniert, dem sei folgendes Video empfohlen: youtu.be/ OwS9aTE2Go4. Mit dem Transistor wurde es möglich, eine Maschine Befehle ausführen zu lassen, die durch einen binären Code aus Nullen und Einsen formuliert werden. Die Idee, Befehle in einen binären Code zu übersetzen, gab es schon lange. Doch erst der Transistor erlaubte es, die Befehle durch eine Maschine umsetzen zu lassen. Er ist die Voraussetzung für die digitale Revolution. Der Rest ist Geschichte: Am Anfang brauchte man für die Rechenoperationen, mit deren Hilfe die binären Codes ausgelesen werden, 30 Tonnen schwere Maschinen, jede Menge Energie und viele Programmierer/ -innen. Heute leisten daumennagelgroße Silikonchips in ungleich kürzerer Zeit eine viel größere Zahl von Rechenoperationen.

### Was macht man eigentlich mit Daten?

Ich möchte hier ein kleines Gedankenexperiment machen. Wir alle wissen, dass Suchmaschinen und Online-Händler wie Amazon Werbe- und Informationsangebote passgenau auf den User zuschneiden. Wie würde das aussehen, wenn man das analog machen wollte? Stellen wir uns vor, das Internet gibt es noch nicht, und trotzdem möchte ein Unternehmer jedem Haushalt in einem Dorf oder einer Stadt Werbung zustellen, die auf seine Wünsche und Konsumgewohnheiten zugeschnitten ist. Als Erstes müsste das Unternehmen Informationen einholen, was in einem Haushalt konsumiert wird. Wie aber soll man das herausfinden? Jemanden von Tür zu Tür schicken, der klingelt und fragt: »Entschuldigen Sie, würden Sie mir verraten, was für Bücher Sie lesen, was Sie gerne essen, welche Kleider Sie kaufen und wofür Sie sonst so Geld

ausgeben? Könnte ich am besten jede einzelne Rechnung sehen?«

Die meisten von uns würden vermutlich empört reagieren
und dem Frager die Tür vor der Nase zuschlagen. Viele würden wahrscheinlich nicht einmal ihren engsten Freunden ihre
Kontoauszüge offenlegen. Heute stellen wir den Unternehmen genau diese Informationen freiwillig zur Verfügung,
ohne mit der Wimper zu zucken. Weil wir zulassen, dass sie
jeden Klick tracken, den wir im Internet machen.

Aber überlegen wir weiter: Nehmen wir an, es sei tatsächlich möglich, dass Unternehmen Scharen von Mitarbeitern
durch die Straßen schicken und Informationen über das Kon-
sumverhalten jedes einzelnen Bürgers sammeln. Was passiert
dann? Das Unternehmen bräuchte eine weitere, riesige Zahl
von Mitarbeitern, die diese Daten auswerten. Die sich also
jeden einzelnen Kassenbon anschauen und daraus Schlüsse
ziehen, dass man Person x in Straße y, Hausnummer z, wohl
am besten Werbung für Modellautos schickt, weil man he-
rausgefunden hat, dass auf vielen ihrer Rechnungen Bauteile
für Modellautos auftauchen. Und dann müssten wieder Leute
losziehen, die diese Werbung in Form von Flyern oder Broschüren sortieren und zielgenau verteilen. Was für ein Aufwand!

Angesichts der Manpower und der Arbeitszeit, die ein Unternehmen benötigen würde, ist die Idee, man könnte jedem
einzelnen Kunden auf seinen Lebensstil zugeschnittene Werbung schicken, natürlich völlig abwegig (vor allem wenn man
bedenkt, was für eine Zumutung es wäre, würden Menschen
von Haus zu Haus gehen und derart schamlos private Informationen abfragen). Genau das ändert sich, seit auf einmal
die Daten von Milliarden von Nutzern weltweit zur Verfügung stehen. Die Zumutung ist Wirklichkeit geworden, weil

wir unsere Informationen im Tausch gegen die Nutzung der kostenlosen Online-Dienste freiwillig preisgeben. Dadurch sind ganz neue Geschäftsmodelle entstanden.

Dass Amazon uns mit konsumgenauer Werbung versorgt, liegt daran, dass zunächst einmal ein riesiger Strom von Informationen über die Kunden zum Unternehmen zurückgeflossen ist. Irgendwann standen findige Mathematiker und Programmierer vor diesen Daten und fragten sich: Was machen wir damit? Dann suchten sie nach einem Verwendungszweck, wofür man die Informationen nutzen will, und in einem zweiten Schritt nach einem Algorithmus, den man für die Auswertung der Daten anwenden kann.

Ein Algorithmus ist eine Rechenoperation, die in den Daten bestimmte Muster erkennt und daraus Schlüsse zieht. Wenn ich zum Beispiel einen Monat lang ausschließlich bei Prada, Gucci und Versace einkaufe, dann weiß der Algorithmus irgendwann: Dem biete ich keine Werbung für Kleidung von H&M an. Aber ich könnte es mal mit Dolce & Gabbana versuchen. Der Algorithmus ist nämlich in der Lage, zu sehen, dass Dolce & Gabbana, obwohl es auf den Rechnungen des Kunden bisher nicht auftauchte, zu den hochpreisigen Designerlabels gehört. Der Algorithmus erkennt hier also ein Muster. Dabei wird er, wenn man ihn mit immer mehr Daten füttert, in seinen Analysen immer besser. Algorithmen »lernen« mit der Zeit, indem man sie immer wieder rechnen lässt. Das bedeutet, hinter dem Angebot, das Amazon dir macht, sitzt nicht ein Informatiker, der dem Computer den Befehl gibt: Sende Angebot mit Dolce & Gabbana an xy, sondern ein Algorithmus, der das durch die Analyse deiner Daten »gelernt« hat.

Damit befinden wir uns im Bereich der künstlichen Intelligenz – im Bereich von Maschinen, die lernen. Die Existenz solcher Maschinen verändert unsere Lebens- und Arbeitswelt mindestens so umfassend wie die erste industrielle Revolution: Zahlreiche traditionelle Jobs werden von Computern und Robotern und der entsprechenden Software übernommen, und die Gesellschaft muss sich entsprechend anpassen.

Erfolgreiche Unternehmer haben das längst verstanden. Sie wissen, dass die Zukunft von Businessmodellen in digitalen Innovationen liegt. Und die wiederum sehen so aus, wie ich es am Beispiel der Werbung vorgeführt habe: Man sammelt riesige Datenmengen, um sie kommerziell zu nutzen. Dafür sucht man zu einem bestimmten Datensatz eine Anwendung und dann einen Algorithmus, der die Daten im Hinblick auf die Anwendung verarbeitet.

Für die Arbeitswelt der Zukunft bedeutet das: Die Aufgaben, die wir Menschen haben werden, ändern sich. Wir gestalten jetzt vor allem den Rahmen für bestimmte Prozesse, die von Anfang bis Ende von den Maschinen übernommen werden. Haben wir das passende Design für einen Datensatz gefunden, sammelt der Computer die Informationen ein, verarbeitet sie und reagiert entsprechend. Und Computer sind nun einmal viel besser im Verarbeiten von riesigen Datenmengen und dem datenbasierten Vorhersagen in speziellen Gebieten.

Auf diese Art und Weise hat das maschinelle Lernen die Business- und Jobwelt heute schon dramatisch verändert. Wie es Erik Brynjolfsson in einem sehenswerten Video (https://youtu.be/vU6zpVMUEjA) erklärt, funktionieren die Geschäftsmodelle der Zukunft im digitalisierten Zeitalter ganz anders als im industrialisierten:

1.  übernehmen Maschinen Entscheidungen, die früher von
    Menschen gefällt wurden,

2. werden die großen Gewinne heute nicht mehr mit Produkten erzielt, sondern mit Plattformen, und

3. ist es nicht mehr ein Kernteam von Managern, das die Entscheidungen eines Unternehmens fällt. Stattdessen nutzt man »die Weisheit der Crowd«.

Brynjolfsson stellt eine Studie vor, aus der sich ergibt, dass Unternehmen, die ihre Entscheidungen der maschinellen Auswertung von Daten überlassen, deutlich produktiver und profitabler sind. Nun hat diese Technologie, deren Grundlage selbstlernende Algorithmen sind, durch das Deep Learning noch einmal einen zweiten, riesigen Sprung nach vorne gemacht. Deshalb reden Leute wie Brynjolfsson von der »zweiten Welle des zweiten Maschinenzeitalters«. Mit künstlichen Intelligenzen, die durch Deep Learning neuronale Netze ausbilden, sind heute schon folgende Anwendungen möglich:

1. Gesichtserkennung
2. Krebszellenerkennung
3. Spracherkennung
4. Mobilität (autonomes Fahren)
5. Beantwortung von unstrukturierten Fragen
6. Erkennung und Klassifizierung von Mustern

Nicht nur das Tempo technischer Innovationen ist hoch, sondern auch die Verbesserung der Leistung innerhalb bestimmter Anwendungen. Beispiel Gesichtserkennung: Im Jahr 2010 machten Maschinen hier noch 70 Prozent Fehler. Erst durch die Möglichkeit, neuronale Netze zu trainieren, konnte die Fehlerquote auf weniger als fünf Prozent gesenkt werden. Damit schneiden KIs bei der Gesichtserkennung inzwischen sogar geringfügig besser ab als Menschen. Die Folgen sind beeindruckend: Zum Beispiel können mit neuronalen Netzen ausgestattete KIs bestimmte Krankheiten besser erkennen als Ärzte, die jahrelang lernen mussten, Röntgen- und computertomografisch erstellte Bilder auszuwerten. Auf diese Weise wird die Fehlerquote bei manchen Diagnosen durch den Einsatz von KIs heute schon deutlich reduziert. Prof. Bauckhage vom Fraunhofer-Institut IAIS führt hier das Beispiel von Dermatologen an: Unser Gehirn, sagt er, ist gar nicht darauf ausgerichtet, Hunderte von Bildern anzuschauen und auszuwerten. Das können künstliche Intelligenzen viel schneller, und so ist die Diagnostik von Hautkrebs beispielsweise durch ihren Einsatz um vieles besser und effizienter geworden. Brynjolfsson verweist in seinem Vortrag auch auf eine Software, die von der Bank JPMorgan Chase eingesetzt wird: Sie kann in Sekunden Prozesse erledigen, für die bisher ein Team von mehreren Juristen 360 Stunden benötigte.

Beide Beispiele zeigen: Der Einsatz von KIs wird weit mehr Jobs und Berufsfelder bedrohen, als wir bis vor Kurzem noch dachten. Jeder wird sich fragen müssen, inwieweit er einen Job macht, der repetitiv ist und sich durch Maschinen ersetzen lässt, oder ob er sich noch für einen dieser Jobs ausbilden lässt. Denn nicht nur scheinbar einfache Berufe werden verschwinden, wenn zum Beispiel Kunden einer Bank nicht mehr in der Filiale, sondern online betreut werden. Auch für manche Aufgaben von Medizinern und Juristen wird es bald künstliche Intelligenzen geben, die sie besser bewältigen.

Faszinierend ist auch, was Brynjolfsson über die »Weisheit der Crowd« berichtet. Er demonstriert das am Beispiel von Versuchen, die an der Harvard Medical School durchgeführt wurden. Es ging um die computergestützte Sequenzierung des Genoms von weißen Blutkörperchen. Das Team hatte einen Prozess entwickelt, bei dem die Sequenzierung innerhalb von 10 000 Sekunden und mit einer Treffsicherheit von 70 Prozent ausgeführt wird. Daraufhin wandte das Team sich an Kollegen innerhalb der Harvard Medical School und bat um Ideen, wie man das System noch verbessern könnte. Die Kollegen verbesserten den Prozess, er wurde ein wenig schneller und die Treffsicherheit ein wenig genauer. Dann sagte jemand: Lasst uns einen Wettbewerb machen. Schauen wir, ob es »da draußen«, außerhalb von Harvard, Leute gibt, die das besser können. Man öffnete den Zugang zur Weiterentwicklung des Prozesses für die Massen im Internet. Jeder konnte sich beteiligen.

Das Ergebnis war überraschend: Nicht nur wurden Treffsicherheit und Geschwindigkeit wesentlich deutlicher verbessert als vorher. Das Erstaunliche war auch, von welchen Leuten die entsprechenden Ideen kamen: Da waren Studierende, Maschinenbauer, Kristallografen (das sind Leute, die die Struktur und die Eigenschaften von Kristallen untersuchen) und viele andere, die nichts mit Medizin zu tun hatten.

Mit anderen Worten: In der Crowd ist ein vielfältiges Wissen vorhanden. Durch die Digitalisierung lässt sich dieses Wissen plötzlich ohne großen Aufwand ausschöpfen. Man gibt eine Nachricht raus, eine Bitte, eine »Challenge«, wie man im Netzdeutsch gerne sagt, verbreitet sie und wartet auf Reaktionen. Das ist der Grund, warum ich die Plattformen mathefragen.de etc. gegründet habe: damit man nicht immer nur von einer App, einer WhatsApp-Gruppe oder einem Nachhilfeunternehmen abhängig ist, sondern möglichst alles verfügbare Wissen zu einem Thema gebündelt findet, und zudem Fragen und Probleme schnell und in der Interaktion mit anderen Usern lösen kann. Umgekehrt können Firmen, die Mitarbeiter suchen, sehen, wie jemand lernt, Mathematik versteht und wie gut jemand darin ist, anderen komplizierte Mathefragen zu erklären. Das ermöglicht die Analyse der Daten, die bei jeder Plattform automatisch anfallen.

Die maschinelle Verarbeitung von Informationen – Daten – kann also Prozesse verbessern, die bisher von Menschen ausgeführt werden. Und sie kann für neue, digitale Geschäftsmodelle genutzt werden, die es vorher nicht gab, weil sie analog gar nicht realisierbar wären – wie zum Beispiel die zielgenaue Werbung. Wie mächtig der Wandel ist, der damit einhergeht, lässt sich daran ablesen, dass Unternehmen mit Plattformen heute einen deutlich höheren Marktwert erzielen als mit Produkten.

Der Shift von Produkten zu Plattformen ist eine Entwicklung, die Steve Jobs beinahe zu spät verstanden hätte. Als 2007 das erste iPhone auf den Markt kam, wollte er es niemandem außer Apple erlauben, Apps zu programmieren. Die digitalen Anwendungen, sagte er, sind Teil unseres Produkts. Ein Jahr später änderte er seine Meinung und ließ zu, dass Programmierer auf der ganzen Welt Apps für das iPhone entwickelten. Innerhalb von kurzer Zeit waren 500 Apps auf dem Markt, innerhalb von drei Tagen verzeichnete Apple zehn Millionen Downloads. Da verstanden die Konzernchefs, worin das neue Geschäft besteht: Die Aufgabe des Unternehmens ist die Verwaltung, die Bereitstellung eines guten User-Interface. Die Kommunikation zwischen Plattform, App-Entwicklern und Nutzern. Alles andere erledigt die Crowd.

Die Arbeitsaufteilung zwischen Mensch und Maschine verändert sich durch das exponentielle Wachstum technischer Veränderungen wesentlich. Die Übertragung von Denkprozessen auf die Maschine, vom »Management« auf die Crowd und vom Produkt auf die Plattform hat eine kleine Handvoll Firmen innerhalb von 20 Jahren so erfolgreich gemacht, dass sie zumindest in wirtschaftlicher Hinsicht die Welt dominie-

ren: Facebook, Amazon, Google und Apple. Vor allem diese
vier treiben den durch das maschinelle Lernen getriebenen
Fortschritt jetzt voran, weil sie mit den ungeheuren Datenmengen, die sie gesammelt haben, immer schon einen Vor-
sprung gegenüber neuen Playern am Markt haben. Sie können ihre ganze Energie (und finanzielle Power) darauf rich-
ten, die Daten in neue Geschäftsmodelle zu gießen, sodass,
was wir mit Facebook erlebt haben, in immer kürzeren Zeitabständen passieren wird.

Ein Beispiel: Alexa, das bekannte Voice-Device von Amazon, ebnet gerade den Weg von der visuellen zur auditiven
Kommunikation mit Computern. Anstatt etwas mit der Tas-
tatur einzugeben und Suchergebnisse auf dem Bildschirm
präsentiert zu bekommen, suchen die Nutzer per Sprachbe-
fehl nach Dingen und führen Transaktionen per Audiokom-
munikation durch. Kurzes Gedankenspiel hier: Wie hört sich
Ihre Firma an? Oder: Wie klingt dein Unterricht? Ich überlege
derzeit, wie Mathematik per Alexa zu lehren ist. Sicherlich
geht das nur begrenzt, weil man hier die visuelle Veranschau-
lichung unbedingt braucht. Aber: Ein signifikanter Teil der
Prozesse, die wir heute im Internet erledigen, wird durch diese neue Art der Kommunikation umgekrempelt. Und wieder
entsteht eine neue Jobindustrie! Werden unsere Kids darauf
schon vorbereitet?

Mark Cuban, Besitzer der Dallas Mavericks und großer Investor, sagt in einem Video (https://youtu.be/m-Y5naeTHqI):
Wenn das Internet Veränderungen der Lebenswelt mit einer
zehnfachen Geschwindigkeit gebracht hat, dann werden sich
die Veränderungen, die der Fortschritt des maschinellen Lernens bringt, um ein Hundertfaches beschleunigen.

Auch das erleben wir schon jetzt. Besonders gut kann man
das in einem Bereich sehen, der gewissermaßen die »Wiege«

des Nachdenkens über künstliche Intelligenz darstellt: das Schachspiel. Das strategische Denken, das hier notwendig ist, galt mal als die Urformel für »intelligentes Denken«. Wenn ein Computer Schach spielen kann, überlegten sich Informatiker schon in den 1960er-Jahren, dann ist er genau wie ein Mensch »intelligent«. Heute wird darüber viel gestritten, ob diese Definition nicht viel zu eng ist. Die Fachwelt ist sich längst nicht mehr sicher, was menschliche Intelligenz eigentlich ausmacht und wie wir Menschen wirklich lernen. Warum, zum Beispiel, braucht eine KI Millionen von Daten und viele Stunden Training, bis sie Gesichter voneinander unterscheiden kann, ein dreijähriges Kind dagegen nur ein paar Sekunden und wenige Blicke? Nichtsdestotrotz: Der Wettstreit zwischen Mensch und Maschine richtete sich lange Zeit auf das Schachspiel. Jahrzehntelang investierten Informatiker Millionen finanzieller Mittel in die Forschung an einer künstlichen Intelligenz, die in der Lage ist, den Menschen im Schach zu schlagen.

Schach hat eine überschaubare Anzahl von Spielzügen. Dennoch war es eine Sensation, als Garri Kasparow Mitte 1997 der künstlichen Intelligenz Deep Blue unterlag, einer Software des IT-Riesen IBM. Schon damals wurden angstvoll Zukunftsszenarien heraufbeschworen über Roboter, die sich daranmachen, die Herrschaft über die Menschen zu übernehmen – wie der Tech-Forscher Kai-Fu Lee in *AI-Superpowers: China, Silicon Valley und die neue Weltordnung* beschreibt, einem Buch, das ich wärmstens empfehle. Allerdings war mit dem Sieg des IBM-Computers über Kasparow eben doch noch nicht der entscheidende Durchbruch gelungen. Nach dem Spiel, schreibt Lee, änderte sich nicht viel mehr als der Börsenkurs von IBM, der in die Höhe schoss. Die eigentliche Sensation blieb aus. Sie folgte erst, als die KI-Forscher eine deutlich schwierigere Aufgabe lösten: eine künstliche Intelligenz, die das in Asien beliebte Strategiespiel Go beherrschen sollte. Go ist deutlich komplexer als Schach. Die Möglichkeiten der Spielzüge liegen hier bei 10 hoch 170. Die Mathematikaffinen unter den Lesern können sich vorstellen, was das bedeutet: Im Universum gibt es 10 hoch 80 Atome. Atome! Schon das ist eine unvorstellbare Zahl. Dass man die unendlichen Möglichkeiten des Go mit Computertechnologie greifbar machen könnte, galt als ausgeschlossen. Deshalb schien es lange Zeit völlig undenkbar, dass man einem Computer das Go-Spielen beibringen könnte.

Davon waren selbst eingefleischte KI-Experten überzeugt – zum Beispiel Christian Bauckhage, Professor für Informatik an der Universität Bonn und Lead Scientist für Maschinelles Lernen beim Fraunhofer-Institut IAIS. In einem auf Youtube verfügbaren Video erzählt er: Jeder Informatiker, den man um das Jahr 2015 herum dazu befragt hätte, sei davon überzeugt gewesen, dass es in absehbarer Zeit keine KI geben werde, die den Weltmeister im Go schlagen könnte. Er selbst habe vor Studenten behauptet, dass er das in seinem Leben nicht mehr erleben werde.[1] Ein Jahr später musste er einräumen, dass er sich geirrt hatte. Googles Deep Mind trat mit einer Software namens AlphaGo auf den Plan. Diese Software war nicht mit allen irgendwie möglichen 10 hoch 170 Spielzügen gefüttert worden – es ist klar, dass das nicht geht. Sondern sie hatte das Spiel – wie ein Mensch – gelernt, durch Training eines neuronalen Netzes. Im März 2016 schlug AlphaGo den besten Go-Spieler der Welt. Gut 20 Jahre nach dem Sieg von Deep Blue über Garri Kasparow. Danach zeigte die KI weiter eine rasante Lernkurve: Wenig später schlug die Maschine die besten Go-Spieler simultan. Dann wurde AlphaZero entwickelt, und diese Maschine hat AlphaGo in 100 Spielen 60:40

geschlagen – nach acht Stunden »Training«. Angesichts dieser krassen Überlegenheit der Maschinen in Spezialgebieten wie dem Schach- oder dem Go-Spiel wird hoffentlich immer deutlicher, dass wir überlegen müssen, was uns als Menschen ausmacht: Welche Eigenschaften des Menschen werden Maschinen nie lernen?

### Daten sind das neue Öl

Daten, sagen manche, sind das Öl des 21. Jahrhunderts, die künstliche Intelligenz entspricht der Elektrizität. Man braucht für das eine das andere. Und für beides die Mathematik. Wie wertvoll Daten sind, zeigt ein eindrückliches Beispiel. Anfangs wunderten sich viele, warum Google seine Android-Software kostenlos zur Verfügung stellte. Die Entwicklung eines Betriebssystems für ein Smartphone ist extrem aufwendig. Und da achtzig Prozent der Smartphone-Besitzer auf der ganzen Welt Android nutzen, ließe sich damit viel Geld verdienen. Warum verzichtet Google auf diese Einnahmen? Heute wissen wir: Je mehr Menschen Android auf ihren Smartphones installiert haben, desto mehr Daten fließen zu Google. Und der Konzern muss nichts dafür tun! Damit hat das Unternehmen gegenüber beinahe jedem anderen Unternehmen auf der Welt den Vorteil, an künstlichen Intelligenzen zu forschen – seien es Sprach- oder Gesichtserkennung, sei es das autonome Fahren –, ohne sich darum kümmern zu müssen, wie es an entsprechende Datensätze kommt, um die KI-Software zu trainieren. Nun steht Google vor der nächsten Frage. Denn auch die Auswertung der gigantischen Datenmenge ist aufwendig. Wie macht man das? Baut der Tech-Gigant unendlich viele neue KI-Abteilungen auf und stellt eine große Zahl Data-Scientists ein?

Nein. Denn Google hat den Gedanken, dass man nicht mehr mit Produkten, sondern mit Plattformen Geschäfte macht, vielleicht besser verinnerlicht als jedes andere Unternehmen. Was wir am Beispiel der Harvard Medical School gesehen haben, macht Google im großen Stil: Es lässt die Crowd arbeiten. Dafür hat Google eine Open-Source-Software-Bibliothek namens TensorFlow ins Netz gestellt. Es ist eine Art Rahmen, den jeder nutzen kann, um künstliche Intelligenzen zu programmieren und zu trainieren. Wenn nun überall auf der Welt Firmen anfangen, eine KI-Strategie zu entwickeln, wird es immer wesentlich günstiger sein, TensorFlow zu nutzen, anstatt mit erheblichem Aufwand an Manpower eine ähnliche Software zu kreieren. So war es ja schon bei Youtube und Android. Und damit fließen wieder jede Menge wertvoller Daten zu Google. Im Grunde genommen ist das auch in Ordnung. Denn wir alle profitieren hier von einem mächtigen Tool, mit dem wir ohne großen Aufwand Firmen in die Zukunft führen können. Trotzdem sollten wir auf diesem Weg irgendwann selbst über Möglichkeiten nachdenken, eigene Plattformökonomien zu gestalten.

Plattformen bestimmen die Welt, weil sich auf ihnen Daten ansammeln, die man für digitale Innovationen nutzen kann. Deshalb werden Forderungen lauter – und ich schließe mich ihnen an! –, dass wir in Deutschland Risikokapital bereitstellen müssen, um eigene Plattformen zu bauen und mit den Giganten aus USA und China mitzuhalten. Kai-Fu Lee beschreibt in seinem bereits erwähnten Buch *AI-Superpowers*, welche gewaltigen finanziellen und personellen Mittel China in die Ausbildung, Entwicklung und das Training von künstlichen Intelligenzen investiert. Da müssen wir jetzt handeln! Wer nicht glaubt, dass Plattformen die Zukunft sind, schaue sich an, welche Firmen 2008 das Ranking der wertvollsten Unter-

nehmen der Welt anführten, und welche im Jahr 2018 an die
Spitze aufgestiegen sind:

| 2018 | | | 2008 | | |
|------|-------------|----------|------|----------------|----------|
| Rang | Unternehmen | gegründet | Rang | Unternehmen | gegründet |
| 1 | Apple | 1976 | 1 | PetroChina | 1999 |
| 2 | Google | 1998 | 2 | ExxonMobil | 1870 |
| 3 | Microsoft | 1975 | 3 | General Electric | 1892 |
| 4 | Amazon | 1994 | 4 | China Mobile | 1997 |
| 5 | Facebook | 2004 | 5 | ICBC | 1984 |
| 6 | Tencent | 1998 | 6 | Gazprom | 1989 |
| 7 | Berkshire Hathaway | 1955 | 7 | Microsoft | 1975 |
| 8 | Alibaba.com | 1999 | 8 | Royal Dutch Shell | 1907 |
| 9 | Johnson & Johnson | 1886 | 9 | Sinopec | 2000 |
| 10 | JPMorgan | 1971 | 10 | AT&T | 1885 |

## Die Mitarbeiter der digitalisierten Jobwelt

Mithilfe von maschinellem Lernen lassen sich Prozesse, die
Menschen erledigen, optimieren und ersetzen. Wie die Nachricht von JPMorgan zeigt, gilt das nicht nur für Kassierer, die
Waren über eine Kasse ziehen, oder andere mechanische Tä-
tigkeiten, die bald Roboter und Maschinen ausüben werden.
Sondern auch für viele Arbeitsbereiche von Juristen, Medizinern, Übersetzern etc. Das ist die eine Seite der vierten industriellen Revolution. Kai-Fu Lee, Mitentwickler der Spracherkennung und Besitzer des größten KI-Fonds, sagt: Anstatt
in Angst zu erstarren, sollten wir mit ganz vielen Daten und

ganz viel Computer-Power neue Jobs kreieren. Wenn wir
Glück haben, hat das für alle Vorteile, denn meist sind es
langweilige, routinemäßige Aufgaben, die von den Maschinen
übernommen werden. Während die neuen Jobs von Menschen Kreativität, Begeisterung und Herz verlangen werden.

Schon heute kommt kein Unternehmen mehr an der Tatsache vorbei, dass künstliche Intelligenz das entscheidende
Werkzeug sein wird, um Prozesse zu organisieren und eine
Firma in die Zukunft zu führen. Coursera-Chef Andrew Ng
erklärt in seinen Vorträgen regelmäßig, jede Firma brauche
eine eigene KI-Abteilung, wenn sie in Zukunft überleben will.
Und das gilt auch für Universitäten, Schulen und alle möglichen anderen Institutionen.

Sie alle müssen sich die Kernfrage des KI-Zeitalters stellen:
Was für Daten fallen bei uns an, und wie können wir sie verwenden, um besser zu werden? Welcher Algorithmus ist der
passende, um die Daten greifbar zu machen und zu nutzen?

Ein gutes Beispiel für die gelungene Transformation eines
normalen »Produkt«-Konzerns in einen Tech-Konzern liefert
der Sportartikelhersteller Nike. Nike gründete eine eigene
Abteilung »Nike digital«. Schon bald deutete sich an, welche
Bedeutung sie für die Zukunft des Konzerns entwickelte, und
so rückte der Abteilungsleiter auf die höchste Ebene der CEOs
von Nike auf. Die Strategie des Konzerns: Wer Sport macht,
dessen Daten kann man tracken. So fand Nike sein eigenes,
digitales Geschäftsmodell.

Darüber, welche Jobs genau wegfallen und durch Maschinen ersetzt werden, gibt es unterschiedliche Einschätzungen.
Sal Khan glaubt, die alte Gesellschaftspyramide muss mehr
oder weniger umgekehrt werden. Die Masse der Arbeiter werde durch Maschinen ersetzt, die Masse der Verwaltung auch;
damit würden die breitesten unteren Schichten der Pyramide

wegfallen. Richard David Precht dagegen sagt, die Annahme, der Niedriglohnsektor werde sich auflösen, sei ein Irrtum: Es sei zum Beispiel kein Unterschied, ob die Angestellten des Paketdienstes UPS in Zukunft statt Lieferwagen Drohnen bestücken müssten. Ihre Jobs werde es also weiterhin geben. Stattdessen werde es vor allem den unteren Mittelstand treffen.[2] Und das erleben wir schon heute: Zum Beispiel können Bankangestellte am Schalter nichts, was wir nicht inzwischen per Online-Banking erledigen. Die Banken schließen deshalb ganze Filialen, die Versicherungen ziehen bereits nach, und viele Weitere werden folgen, in denen die Angestellten hinter dem Schalter oder am Schreibtisch Dinge tun, die heute genauso gut online erledigt werden können.

Alte Jobs fallen weg, neue entstehen. Wobei wir zwar relativ gut einschätzen können, welche Jobs und sogar ganzen Berufsfelder verschwinden, auf der anderen Seite aber nur zum Teil wissen, wie die neuen Jobs aussehen werden. Das kann man am Beispiel Facebook und den Berufen, die rund um die sozialen Netzwerke entstanden sind, gut sehen.

Die Geschwindigkeit, mit der das alles geschieht, hat zur Folge, dass junge Menschen in ihrer Ausbildung zunehmend Dinge lernen, die von heute auf morgen nicht mehr gebraucht werden. Wenn sie von der Universität kommen, wo sie oft noch Dinge lernen, die schon in den 1960er-Jahren gelehrt wurden, fangen sie in einem Unternehmen an und lernen erst dort, was sie für ihre Tätigkeit wirklich brauchen. Oder kann mir jemand sagen, welcher Studiengang am besten für einen Social Media Recruiter geeignet ist?

Der Unternehmer Patrick Bet-David, der mit hochgradig unterhaltsamem Info-Content auf Youtube unterwegs ist, erklärt, dass die Art und Weise, wie die großen Tech-Firmen heute ihre Mitarbeiter rekrutieren, sich für die amerikanischen Colleges noch zum Albtraum entwickeln könnte.[3] Denn das Geschäftsmodell der Universitäten lautet bisher: Eltern zahlen viel Geld für die Ausbildung ihrer Kinder, weil der Collegeabschluss eine Jobgarantie enthält. Lange Jahrzehnte galt das insbesondere für die teuren Elite-Universitäten: Viele große Unternehmen, Rechtsanwaltskanzleien etc. stellten überhaupt nur Absolventen von Harvard, Princeton oder einer anderen Elite-Hochschule ein. Die Eltern wussten also: Das Geld, das wir jetzt investieren, holt der Nachwuchs durch extrem hoch vergütete Jobs wieder rein. Das, sagt Bet-David, wird bald vorbei sein. Weil sich die neuen Big Firms wie IBM, Apple oder Google für die hochdekorierten Absolventen nicht mehr interessieren. Wenn das wirklich passiert, dann werde das Bildungssystem in den USA völlig kollabieren.

Bet-David erklärt: Der vierjährige Collegeabschluss ist für viele dieser Firmen schon heute uninteressant. Und er zählt neben dem Tempo der Veränderungen, auf das die schwerfälligen Universitäten nicht schnell genug reagieren können, sechs weitere Gründe für diesen Wandel auf.

Erstens: Das Gedächtnis werde nicht mehr gebraucht. Die Funktion des Wissensspeichers, den man alles fragen kann, haben Google und Alexa übernommen. Allerdings möchte ich hier einwerfen, dass ich es für illusorisch halte, Wissen komplett auszulagern, nach dem Motto »Google weiß es ja« oder »Man muss nur wissen, wo etwas steht«. Ohne Basiswissen und eine entsprechende fachliche Vertiefung helfen auch Google und Co. nichts. Zweitens: In ein paar Jahren braucht niemand mehr einen Informatikabschluss. Bet-David erklärt das nicht weiter, ich vermute, er geht davon aus, dass ein Großteil der Arbeit von Programmierern in Zukunft von künstlichen Intelligenzen übernommen wird. Drittens: Bald werden die Lehrer zur Schule gehen, nicht die Schüler – weil ihre Abschlüsse und ihr Wissen völlig veraltet sind, während die Kids im Netz rasend schnell alles aufsaugen, was neu ist. Bet-David fragt: Warum aber sollten wir für Universitäten Geld bezahlen, an denen Lehrer unterrichten, die sich das, was sie uns beibringen, selbst gerade erst angeeignet haben, und das meistens langsamer als die jungen Studenten?

Viertens: Unternehmen bringen ihren zukünftigen Mitarbeitern die nötigen Skills in drei bis sechs Monaten bei; wozu also vier Jahre aufs College gehen? Für Unternehmen ist es viel effizienter, Mitarbeiter in kurzer Zeit selbst zu trainieren, die Ausbildung auf die Bedürfnisse des Unternehmens zuzuschneiden und alles Unnötige wegzulassen; so haben sie zudem die Kontrolle über das, was ihre Mitarbeiter lernen. Fünftens: Die Unternehmen gründen ihre eigenen Universitäten. Als Beispiel nennt Bet-David McDonald's. Die Firma betreibt einen eigenen Universitäts-Campus, Mitarbeiter von McDonald's unterrichten ein von McDonald's gestaltetes Curriculum. In Zukunft, prophezeit Bet-David, werden wir bei IBM, Google oder Amazon auf die Uni gehen; Harvard, Princeton, Yale und Co. werden an den Rand gedrängt. Sechstens: In ihren eigenen Universitäten kontrollieren die Unternehmen, was wir über uns selbst und die Welt, in der wir leben, lernen. Sie kontrollieren unser Wissen.

Seit es das iPhone gibt, erklärt Bet-David, ist die Geschwindigkeit der technischen Veränderungen nicht nur der Feind der Universitäten geworden, sondern auch der Unternehmen selbst. Sie können es sich gar nicht leisten, vier Jahre auf Collegeabsolventen zu warten, weil sie nur dann überleben, wenn sie den Anschluss nicht verlieren.

Bet-David veröffentlichte das Video am 23. April 2019. Mitte September wurde es bereits mehr als 350 000-mal geklickt. Das Thema ist in den USA, in denen die Collegeausbildung sehr teuer ist, ein Aufreger. Ich empfehle, auch die Kommentare unter dem Video zu lesen!

### Die Mathematisierung der Gesellschaft

In einem TED Talk, der natürlich auf Youtube zu sehen ist, spricht Sal Khan über das Bildungssystem, das einerseits pädagogische Mängel aufweist und andererseits den Anforderungen der sich verändernden Arbeitswelt nicht mehr gerecht wird.

Auch Khan beginnt in seinem Talk mit der Erfahrung, die ich »Matheschmerz« genannt habe. Viele, die Wissenslücken angesammelt haben, ziehen daraus den Schluss: »Ich habe das Mathe-Gen nicht.« Khan kritisiert am Schulsystem, dass der Unterricht die Lücken, die entstehen, einfach ignoriert. Die Tests und Prüfungen in der Schule dienen allein dazu, diese Lücken festzustellen. Damit erhält jeder seine Bewertung, und anschließend geht es im Unterrichtsstoff weiter. Wie im Beispiel mit dem Haus, dessen Fundament noch nicht fertig ist, wird in der Schule auf die Lücken einfach aufgebaut. Wenn Schüler aber wirklich etwas lernen sollen, müsste man dann nicht genau da ansetzen – bei den Lücken?

Khan schlägt einen anderen Lernweg vor, den er Mastery Learning nennt – zielgerichtetes Lernen, ohne dass dabei Lücken entstehen. Dabei soll der Prozess umgekehrt werden: Bisher ist die Zeit für den Unterrichtsstoff vorgegeben, und das mehr oder weniger gute Ergebnis wird dann bewertet. Also etwa: In der siebten Klasse lernen alle in Mathe Prozentrechnung, lineare Gleichungen, Zinsrechnung, Termumformung etc., und am Ende können die einen dann ein bisschen etwas davon, die anderen weniger. Khan sagt, anstatt den Zeitraum vorzugeben, der für alle gleichermaßen gilt, sollten wir vorgeben, was jemand können muss, ehe es im Stoff für ihn weitergeht.

Diese Vorgehensweise hätte eine ganze Reihe von Vorteilen. Bisher fällt das Urteil in Form von Noten wie ein Fallbeil auf die Schüler nieder und führt bei den meisten zu dem Selbstbild, eine Drei oder Vier in Mathe sei genetisch bedingt, da sei einfach nichts zu machen. Beim Mastery Learning tritt an die Stelle dieses Urteils die Information: Da, wo noch Lücken sind, muss ich noch etwas Arbeit investieren. Das Mastery Learning soll also zwei Dinge verändern: Zum einen geht es um die Vermittlung von Fähigkeiten, zum anderen um eine grundsätzlich andere Einstellung zum Lernen. Die Schüler sollen nicht die Bewertung in Form von Noten, sondern das Ziel vor Augen haben. Was Schüler im Laufe ihrer Schulzeit durch das Mastery Learning entwickeln sollen, sind die Orientierung auf das Ziel und die Ausdauer, es zu erreichen. Dabei sagt Khans Konzept des Mastery Learning erst einmal überhaupt nichts darüber aus, ob online oder offline gelernt wird.

Vor 100 Jahren, erläutert Khan, hätte ein Lehrer jedem Schüler unterschiedliches Arbeitsmaterial geben und andere Aufgaben stellen müssen, um jedem einzelnen seine individuelle Lerngeschwindigkeit zu ermöglichen. Man hätte, um das zu bewerkstelligen, vermutlich deutlich mehr Lehrer gebraucht. Und hier kommen die Online-Tools ins Spiel: Mit ihnen ist die praktische Umsetzung auf einmal viel einfacher geworden. Video-Tutorials und Apps machen Lerninhalte jederzeit und überall verfügbar, jeder findet auf Anhieb, was er braucht. Und mit der Erweiterung durch Lernplattformen finden sich beinahe zu jeder Zeit auch Leute, die Fragen beantworten, wenn im Unterricht dafür keine Zeit ist.

Mit Blick auf das Mastery Learning hat Khan seine sogenannte Khan-Software entsprechend gestaltet. Neben den Videos können hier Aufgaben und Quizfragen gelöst werden, so üben die Schüler, was sie sich in Videos angeeignet haben. Die Aufgaben und Quizfragen vermitteln ihnen einen Eindruck davon, wie gut sie ein Thema bereits beherrschen: Hat ein Schüler viele Aufgaben und Quizfragen richtig beantwortet, kann er etwas wirklich. Gleichzeitig kann digital getrackt werden, wie ein Schüler sich beim Lösen von Aufgaben schlägt, und so bietet die Software auch Lehrern die Möglichkeit, zu sehen, was ein bestimmter Schüler zu welchem Zeitpunkt schon kann und wo es noch Lücken gibt.

Khan sieht nicht allein pädagogische Gründe dafür, warum wir bessere Lernmethoden ausprobieren sollten. Auch als Gesellschaft sollten wir uns nicht damit zufriedengeben, dass nur 10 bis 20 Prozent der Schüler Mathematik wirklich lernen, während alle anderen das Fach nach dem Ende der Schulzeit vollständig vergessen. Khan verweist auf die Zeit, als die meisten Menschen noch Analphabeten waren. Hätte man vor 400 Jahren einen Angehörigen des Klerus (der Kirche) gefragt: Wie viele Menschen, glauben Sie, würden lesen und schreiben können, wenn wir ein hervorragendes Bildungssystem hätten? – der Kleriker hätte, so Khan, vermutlich geantwortet: 20, vielleicht 30 Prozent. Aber die dummen Bauern werden das nicht lernen. Niemand hätte damals vermutet, dass es möglich sei, beinahe alle Menschen zu alphabetisieren. Doch wie viele von uns beherrschen heute im Erwachsenenalter noch die gängigen Themengebiete der Mathematik? Wer kann noch Integral- und Prozentrechnung oder die binomischen Formeln? Ich fürchte, sehr viele wüssten nicht mal, worum es sich handelt und wozu die einzelnen Teilbereiche der Mathematik gut sind. Wenn unser Bildungssystem wirklich gut wäre, sollte es in der Lage sein, deutlich mehr Menschen »mathematikfähig« zu machen. Im Moment aber verlieren wir sogar unter den Begabteren spätestens in der Oberstufe einige. Denn auch diejenigen, die am Anfang noch mit 95 Prozent durch den Matheunterricht kommen, bauen mit der Zeit Lücken auf. Spätestens in der Oberstufe sagen sie sich dann: Na ja, ich soll wohl doch kein Physiker oder Ingenieur werden.

Dass sich die »Mathematisierungsrate« von 10 oder 20 Prozent in die Höhe treiben lässt, zeigt eine Untersuchung aus den 1980er-Jahren. Der US-amerikanische Erziehungswissenschaftler Benjamin Bloom formulierte ein Problem, das mithilfe eines mathematischen Ausdrucks 2-Sigma-Problem genannt wurde. Er verglich dazu die Lernergebnisse von Schülern, die in einem Betreuungsverhältnis von 1 zu 30 lernten (1 Lehrer, 30 Schüler) mit den Ergebnissen, die bei einem Betreuungsschlüssel von eins zu eins erzielt wurden. Diese Ergebnisse wichen um zwei Sigma ab, wobei unter Sigma eine Standardabweichung verstanden wird, das ist eine Abweichung, die in ihrer konkreten Zahl dem Durchschnitt der erzielten Ergebnisse entspricht. Das Eins-zu-eins-Lernen verbesserte die Erfolge der Schüler also um zwei Sigma. Es ist jedoch finanziell und personell unvorstellbar, dass jeder Mensch mit einem Lehrer (und das auch noch in ganz unterschiedlichen Fächern) lernt. Deshalb stellte Bloom die Frage: Gibt es Methoden, bzw. lässt sich der Unterricht so gestalten, dass die Lernergebnisse trotzdem um bis zu zwei Sigma verbessert werden können?[4] In der Folge fanden Erziehungswissenschaftler heraus, dass mithilfe von Mastery Learning eine signifikante Verbesserung der Lernergebnisse erreicht werden kann, die dem Ziel der 2-Sigma-Abweichung zumindest nahe kommt. Wenn dann eine Eins-zu-eins-Begleitung noch dazukommt, erreichen Lernende die 2-Sigma-Abweichung auf jeden Fall. In grafischer Darstellung sieht das so aus:

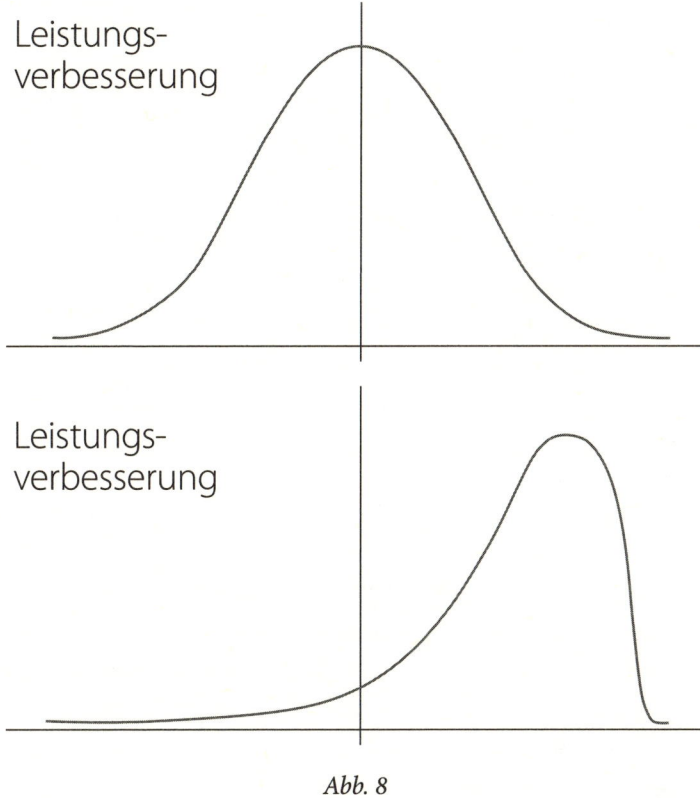

Leistungs-
verbesserung

Leistungs-
verbesserung

*Abb. 8*

Die Erkenntnisse von Bloom zeigen, dass eine gute Lernmethode nicht ohne persönliches Tutoring auskommt. Es reicht
nicht, Lernende mit Informationen zu füllen oder ihnen etwas hervorragend zu erklären. Damit sie sich etwas aneignen,
müssen sie es selbst nachvollziehen und mithilfe von unmit-
telbarem Feedback ein Gefühl für das entwickeln, was sie
können und wo es noch hakt.

Im Idealfall lassen sich Lernergebnisse dadurch signifikant
verbessern, wie die folgenden Grafiken zeigen:

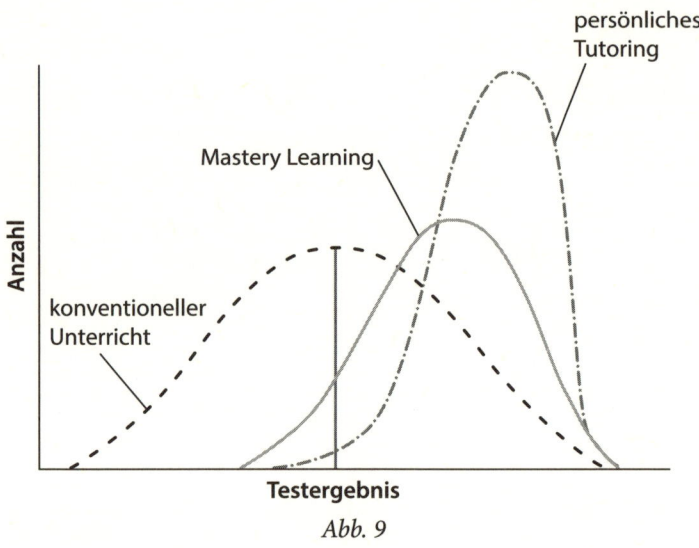

Abb. 9

Die Bedeutung des persönlichem Tutorings ist nicht nur Khan bewusst, sondern auch anderen Betreibern von Online-Akademien. Die Macher der Online-Universität Coursera rekurrieren auf die Erkenntnisse von Bloom und erläutern in einem Blog bestimmte Online-Tools, mit denen sie das individuelle Feedback gewährleisten.[5] Coursera nutzt dazu ein Feature mit der Bezeichnung »in-video questions«, die es dem Nutzer erlauben, sein Wissen durch Aufgaben und Quizfragen zu festigen und zu überprüfen. Natürlich werden KI-Experten hier die These aufstellen, dass es in einigen Jahren technologisch machbar sein wird, eine 1:1-Tutoring-Situation herzustellen. Meines Erachtens wird aber allein das Wissen, dass mein Gegenüber kein Mensch ist, dazu führen, dass dieses Tutoring nicht denselben Effekt haben kann. Diese Gedanken machen vielleicht deutlich, warum ich mich seit einiger Zeit intensiver mit Hirnforschung beschäftige und das auch als Grundlage für jeden im Bildungsbereich fordere. Wir müssen verstehen, wie wir lernen, was durch Maschinen abgedeckt werden kann und was eben nicht. Eine Maschine wird niemals biochemische Reaktionen wie ein Mensch haben; nie wird ein Herz in ihr schlagen – genau diese biochemischen Reaktionen aber bestimmen unsere Emotionen. Und Emotionen sind wesentliche Vermittler bei der Kommunikation zwischen den verschiedenen Systemen unseres Körpers und unseres Gehirns.

## Wer reformiert das Schulsystem?

Mit 12, 13 Jahren programmieren gelernt, mit 14 die ersten Seiten gehackt oder irgendwie online Geld verdient, mit 16 von Google rekrutiert. Von da an geht es – wie bei mir – querfeldein am Bildungssystem vorbei in den Beruf. So oder so ähnlich sieht die Biografie vieler »Techies« aus; von Leuten, die schon in frühem Alter eine große Begeisterung und Begabung fürs Programmieren an den Tag legen. Wenn sie Pech haben, kann für Menschen mit einer besonderen Begabung die Schule im schlechtesten Fall sogar ein Hindernis sein. Obwohl ein Mathe- oder Physik-Ass, werden manche an der Universität nicht genommen, weil sie in einer der Fremdsprachen schlecht abgeschnitten haben. Solche Probleme sind einer von vielen Gründen, warum das Bildungsangebot sich zu einem unübersichtlichen Dschungel entwickelt hat. Überall, wo auf dem klassischen Weg Hürden auftauchen, die manche nicht überwinden können, bilden sich Nebenwege, Abkürzungen und Umleitungen aus.

Vielleicht ist das gar nicht schlecht. Vielleicht vollzieht Veränderung sich so, wie der amerikanische Zukunftsforscher Alvin Toffler es beschreibt: Es gibt so lange von außen kleine Revolutionen, bis das alte System weg ist.

Das ungeordnete Wachstum von tollen Ideen, Experimenten, Konzepten, zu denen Lehrer, Bildungsexperten, aber auch Content-Creators und viele andere beitragen, hat Vor- und Nachteile. Für alle, die sich so wie ich einmischen und eine Reform der Bildung aktiv mitgestalten wollen, ist es manchmal schwer, zu entscheiden: Wo setze ich an? Mache ich es wie Richard David Precht, schreibe zahlreiche Bücher, rede in Talkshows, um neue Ideen möglichst breit zu streuen und die Verantwortlichen anzustoßen? Er gehört für mich zu denen, die da schon großartige Arbeit geleistet haben. Wir brauchen mehr davon!

Oder werde ich Berater von Politikern in den Kultusministerien und versuche so, an der politischen Gestaltung des Bildungssystems mitzuwirken? Das kann frustrierend sein, weil die Mühlen hier sehr langsam mahlen. Auch davon berichtet Precht in einem Video. Das Problem liegt hier nicht etwa darin, dass Kultusminister die Mängel nicht sehen und alternative Konzepte für eine gute Schule nicht verstehen. Doch sie bewegen sich in Strukturen, die ihnen kaum Handlungsspielraum lassen. Precht spekuliert: Wäre er selbst Kultusminister, würde er von zehn Punkten einer Reform innerhalb einer fünfjährigen Legislaturperiode einen halben durchsetzen können. Einen halben Punkt von zehn – in fünf Jahren! Das gibt, glaube ich, eine ganz gute Vorstellung davon, wie schwierig eine von der Politik gestaltete Bildungsreform ist. Es passt zu Tofflers Vermutung, dass wohl eher eine lange Reihe kleiner Revolutionen von außen das System verändern werden. Deshalb noch einmal die Frage: Was sollen wir tun?

Versuchen wir, Investoren zu finden, die bereit sind, Unsummen in neue Bildungsexperimente zu stecken, um in Deutschland endlich etwas zu schaffen, das mit den Big Companys aus den USA und China mithalten kann? Bisher ist das ein unwahrscheinliches Szenario. Denn anders als in den USA gehen Investoren in Deutschland kaum Risiken ein.

Schade, ich träume wirklich davon. Einfach mal mit richtig viel Geld etwas ausprobieren. Vermutlich würde der ein oder andere Versuch schiefgehen. Aber dieses Risiko nehmen Investoren in den USA in Kauf, weil sie wissen: Es gehen vielleicht neun Ideen schief, aber beim zehnten Versuch entsteht so etwas wie Netflix.

Ich träume weiter. Immerhin gibt es in Deutschland abgesehen von Einzelkämpfern wie Precht und vielen anderen auch die ein oder andere größer angelegte Initiative, neue Bildungswege ausprobieren. An der TU Dresden haben Erziehungswissenschaftler eine »Universitätsschule« gegründet.[6] Hier sollen Kinder mit Tablets lernen, und zwar nicht den nach Fächern getrennten Stoff, der in den Lehrplänen des Bundeslands vorgegeben ist, sondern indem sie in Gruppen an verschiedenen Projekten arbeiten, angeleitet von Lehrern.

Ein anderes Experiment haben die Gründer der XU Exponential University of Applied Sciences gestartet, einer staatlich anerkannten, privaten Fachhochschule, die im April 2019 in Potsdam ihren Betrieb aufgenommen hat. Hier ist unter anderem Xing-Gründer Lars Hinrichs mit an Bord. Alle Studiengänge der XU sind auf die digitale Transformation ausgerichtet, die wir gerade erleben: Digital Business, Coding und Software Engineering, Digital Marketing und Social Media. Bald sollen die Studiengänge Industry 4.0 (in Anlehnung an die vierte industrielle Revolution) und Data Science dazukommen. Einer der Investoren der Hochschule ist ein in der Bildungswelt alter Bekannter: der Klett Verlag. Und da die Hochschule auf New-Learning-Methoden setzt, bin ich mit meiner Academy im Bereich Mathematik beteiligt.

Es gibt Familien, die ihre Kinder aus der Schule nehmen

und zu Hause unterrichten. Das ist höchst umstritten und – je nachdem wie die Eltern die Erziehung ihrer Kinder zu Hause gestalten – unterschiedlich erfolgreich. Es gibt freie Schulen mit unterschiedlichen pädagogischen Konzepten. In manchen entscheiden die Schüler zu 100 Prozent selbst, womit sie ihre Zeit verbringen wollen. Ich würde Jugendlichen manchmal gerne einfach raten: Lernt, was immer euch interessiert, schaut Youtube-Videos, trefft euch mit Freunden, sucht Leute, die euch inspirieren und eure Fragen beantworten können. Ignoriert das Abi, macht lieber einen Udemy-Kurs, schreibt euch bei Coursera ein und geht damit auf Jobsuche. Die Wahrscheinlichkeit, dass ihr auf diesem Weg mal erfolgreich werdet, ist groß!

Auch mir wurde erst in dem Moment, als ich das Buch *Das Mathe-Gen* von Keith Devlin las, klar, dass jeder grundsätzlich in der Lage ist, Mathematik zu verstehen. Dass irgendetwas am Nerd-Image falsch ist. Das »Wunder« kann Normalität werden, Lernen kann Spaß machen und als Privileg empfunden werden. Als Freiheit, den Dingen, die mich interessieren, zu folgen und auf den Grund zu gehen. Das Wichtigste, was Robin Williams als Lehrer Keating im *Club der toten Dichter* seinen Schülern mitgibt, ist Begeisterung!

Leider haben bisher nur wenige Jugendliche die Möglichkeit, solche ungewöhnlichen, wenig ausgetretenen Pfade zu beschreiten. Die meisten schlagen sich notgedrungen durch ein marodes System, das von ihnen verlangt, Prüfungen zu absolvieren – und weil es marode ist, bereitet es sie auf die Prüfungen so schlecht vor, dass sie dafür auch noch Nachhilfe bezahlen müssen. Und das alles, um am Ende einen Abschluss zu erhalten, für den die Arbeitswelt sich gar nicht mehr interessiert.

## *Warum sind Schule, Universität und Ausbildung so, wie sie sind?*

Oft hilft es, die Vergangenheit zu verstehen, um die Zukunft gestalten zu können. »Reverse Engineering« nennen das Ingenieure: Man schaut zurück, um voranzukommen.

Wie also ist die Schule zu dem geworden, was sie heute ist? Warum kommen wir alle montags morgens zur selben Zeit in einer bestimmten Klasse für mehrere Jahre zusammen?

Die ersten Schulen bildeten sich seit dem 6. Jahrhundert in Klöstern heraus. Dort lehrten Mönche und Nonnen ihre Mitbrüder und -schwestern vor allem Lesen, Schreiben, Griechisch und Latein, weil das eine wichtige Voraussetzung für das Studium der Bibel war. Etwa um das Jahr 800 kamen die Domschulen dazu, die auch Kinder unterrichteten, für die keine Laufbahn innerhalb der Kirche vorgesehen war. Im Mittelalter, ab dem 11. Jahrhundert, entstanden aus den Kloster- und Domschulen die ersten Universitäten. Sie waren ganz außergewöhnliche Einrichtungen: Jede Universität bestand in einer Gemeinschaft von Lernenden und Lehrenden, die sich selbst verwalten durften, eigene Räume anmieteten, Lehrpläne und Forschungsziele bestimmten. In der hierarchisch organisierten Gesellschaft des Mittelalters waren das ungewöhnliche Freiheiten! Zudem durften die Universitäten akademische Titel verleihen, die überall in Europa anerkannt wurden. Die Grundausbildung fand in der Fakultät der Künste statt. Hier lernte jeder die »sieben freien Künste«, die in zwei Fächergruppen zusammengefasst waren. Das Trivium (Dreiweg) umfasste die Fächer Grammatik, Rhetorik und Logik, das Quadrivium (Vierweg) die Arithmetik, Geometrie, Astronomie und Musik. Die Mathematik gehörte also zu den »freien Künsten« – und die Musik zur Mathematik. Hatte man dieses »Grundstudium« der sieben freien Künste erfolgreich abgeschlossen, konnte man sein Studium in einer der drei höheren Fakultäten fortsetzen: Jura, Medizin oder Theologie.

Einen wichtigen Beitrag für die Mathematik leistete Adam Riese im 16. Jahrhundert mit seinen Büchern, in denen er unter anderem das Multiplizieren im Zehnersystem erklärt. Vorher wurde auf hoch komplizierte Weise mit lateinischen Buchstaben gerechnet; Riese legte die arabischen Zahlen zugrunde und ermöglichte damit jedem, auf einfache Art zu rechnen. Wollte vorher jemand eine Feldfläche berechnen, musste er den Zahlenmeister kommen lassen. Jetzt konnte er es selbst machen.

Vor etwa 200 Jahren veränderte dann der Umbruch vom Agrar- zum Industriezeitalter so ziemlich alles. Die Erfindung der Dampfmaschine machte Massen von Menschen arbeitslos; plötzlich entstanden Fabriken und um die Fabriken Wohnviertel für die Arbeiter, die vom Land in die Städte zogen. Für die Menschen in den Städten brauchte man Schulen, und für die Arbeit in den Fabriken Fachkräfte. Was mussten die können? Sie sollten einerseits lernen, pünktlich zu sein, fleißig, und montags bis freitags ihre Arbeit verrichten. Ein Grundverständnis in Lesen, Rechnen und Schreiben war von Vorteil. Klar war, dass die meisten Menschen in der Schule dafür ausgebildet wurden, später am Fließband zu stehen und immer dieselben Handgriffe auszuüben. Schon etwas früher, im Zuge der Aufklärung und der Französischen Revolution, begann sich zudem die Idee zu verbreiten, dass möglichst viele Menschen Zugang zu Bildung erhalten sollten. Zu den Menschenrechten, zu Freiheit, Gleichheit, Brüderlichkeit gehörte auch, dass jeder lesen und schreiben konnte.

Im 19. Jahrhundert stieg die Zahl der Lese- und Schreibkundigen kontinuierlich an, bis um etwa 1910 in den fortschrittlicheren Ländern Europas bis zu 100 Prozent der Bevölkerung alphabetisiert waren. So haben sich die modernen Schulformen entwickelt: Neben Grundkenntnissen ging es darum, dass die große Masse der Schüler lernte, pünktlich zu sein, ruhig zu sitzen, Wissen aufzunehmen. Zu viel Kreativität war nicht unbedingt erwünscht. Denn die Forderungen nach Bildung für möglichst viele stießen nicht überall auf Begeisterung. Die Mächtigen und alle, die an der bestehenden politischen Ordnung festhalten wollten, ahnten, dass mit zunehmender Bildung auch die Kritik an den bestehenden Verhältnissen stärker werden würde. Und damit hatten sie recht!

Ken Robinson weist in seinen Vorträgen darauf hin, dass das Schulsystem im 19. Jahrhundert tatsächlich darauf ausgerichtet war, eine relativ breite Arbeiterklasse und nur wenige höher Gebildete hervorzubringen. Genau das aber, so argumentiert er, passt heute überhaupt nicht mehr zu den Lebens- und Arbeitsbedingungen unserer Zeit. Deshalb sei es auch Unsinn, dieses Schulsystem »verbessern« zu wollen. Wenn das ganze System nicht mehr passt, dann ist es wesentlich sinnvoller, Bildung von Grund auf neu zu denken. Ich schließe mich Robinson hier mit ganzer Überzeugung an – wie auch vielen anderen Mahnern, denen ich auf meiner Reise als New-Learning-Entrepreneur begegne.

Stellen wir uns vor, jemand, der etwa zwischen 1800 und 1870 lebt, würde in eine Zeitmaschine steigen und uns in unserer Gegenwart besuchen. Man kann sich den Kulturschock, den der Zeitreisende erleben würde, leicht ausmalen: elektrisches Licht. Autos, Flugzeuge. Waschmaschinen, Staubsauger, Küchengeräte. Fernseher, Computer, Smartphones. Ihm käme alles wie Science-Fiction vor. Und nicht nur das: Er würde sich wahrscheinlich auch über soziale Veränderungen wundern. Väter, die kleine Babys auf dem Arm tragen und sich mit anderen Papas auf dem Spielplatz treffen. Ein Angebot an Lebensmitteln, das von italienischer Pizza bis zu japanischen Ramen-Nudeln reicht. Ärztinnen, Lehrerinnen, Rechtsanwältinnen. Ministerinnen, Regierungschefinnen. Eine Frau an der Spitze der Europäischen Zentralbank, eine andere als Vorsitzende der EU-Kommission. Würde unser Zeitreisender dann aber eine Schule betreten, würde er vermutlich erleichtert aufatmen. Endlich wieder in vertrauter Umgebung!

Es ist traurig, aber an der Schule hat sich seit 200 Jahren kaum etwas verändert. Und zwar sowohl von außen als auch von innen.

Wie vor 200 Jahren haben Schulgebäude (genauso wie Universitäten und andere Ausbildungseinrichtungen) einen Hauptteil mit langen Gängen und unabhängig voneinander ausgerichteten Lehrräumen. Die Schulbänke sind in Reihen aufgestellt, der Blick der ganzen Klasse richtet sich nach vorne zum Lehrer, der wahlweise an seinem Pult sitzt oder an der Tafel steht. Fehlverhalten wird mit Einträgen ins Klassenbuch bestraft. Eine Glocke, die zur Pause ruft, teilt die Zeit in einzelne Schulstunden ein. Unglaublich! Wie wäre es, wenn die Lernumgebung vor Ort so inspirierend wäre wie die Veranstaltungsorte vieler Events? Man kann so viel machen mit Licht, Musik, Raumgestaltung etc.!

Genauso erstaunlich ist die Tatsache, dass wir immer noch mehr oder weniger nach demselben Fächerkanon lernen. Wenn man genau hinsieht, stellt man überrascht fest, dass selbst die industrielle Revolution des 19. Jahrhunderts nie ganz im Schulsystem angekommen zu sein scheint. Obwohl jede Menge Technik in unseren Alltag Einzug gehalten hat und obwohl die Wirtschaft junge Nachwuchskräfte braucht, die ein hohes Technikwissen mitbringen. Eine Untersuchung der Lehrpläne in allen Bundesländern hat ergeben, dass die überwiegende Mehrheit der Schüler die Bildungsanstalten verlässt, ohne je mit Technikbildung in Berührung gekommen zu sein. Dieses Ergebnis der Untersuchung stammt aus dem September 2019![7]

Nicht nur unser Bildungssystem ist völlig veraltetet, sondern auch die Debatte darüber hat inzwischen einen langen Bart. Sie reicht bis ins Ende der 1960er-Jahre, also schon gut 50 Jahre zurück – ein halbes Jahrhundert. Doch erst 50 Jahre später bringt das Lernen mit Youtube-Videos auf einmal Bewegung in das Geschehen und stößt Veränderungsprozesse an.

## Bildungsrevolution

Ich habe bisher viel von industriellen Revolutionen gesprochen. In der Bildung liegt die letzte große Revolution schon etwas länger zurück. Der Mainzer Johannes Gutenberg löste sie aus, als er den Buchdruck vereinfachte. Gutenberg spannte bewegliche Lettern so in einen Holzrahmen, dass man sie beliebig verschieben und zu neuen Wörtern und Buchseiten zusammensetzen konnte. Das war billiger und ging viel schneller, als jede einzelne Buchseite in eine Holzplatte zu schnitzen. Auch konnte man Letztere, hatte man das Buch gedruckt, nur aufwendig lagern oder wegwerfen; die Rahmen mit den beweglichen Lettern dagegen ließen sich für die Herstellung von unbegrenzt vielen neuen Buchseiten nutzen. Mit Gutenbergs Erfindung passierte etwas Ähnliches wie mit den Computern, als die Prozessoren immer kleiner und billiger wurden: Produktion und Verbreitung wuchsen plötzlich ins Exponentielle. Bald schon lasen nicht mehr nur Geistliche und Gelehrte in Universitäten und Klöstern, sondern jeder konnte Zugang zu Büchern haben. Selbst die große Mehrheit der Analphabeten wurde auf einmal informiert, weil die Menschen in Dörfern und Städten mündlich weitergaben und teilten, was jemand gelesen hatte. Schon bald wurden die Druckerpressen für die Herstellung von sogenannten Flugschriften genutzt, von kleinen Broschüren mit ein paar Seiten, die schnell fabriziert waren – so konnte man auf einmal Nachrichten ganz aktuell und in Windeseile verbreiten.

Die Wirkung war gewaltig. Die Erfindung des Buchdrucks veränderte nicht nur die Bildung, sondern die gesamte politische Landschaft Europas und der ganzen Welt. Denn während noch hundert Jahre zuvor jeder, der die Kirche kritisierte, einfach totgeschwiegen oder von der Kirche eingesperrt, wenn nicht sogar als Ketzer verbrannt wurde, war es plötzlich nicht mehr möglich, die Kritiker zum Schweigen zu bringen. Selbst wenn man Martin Luther zum Tod verurteilt hätte – seine Bücher waren schon längst in halb Europa bekannt. Die Reformation war nicht mehr aufzuhalten. Sie endete mit der Spaltung der Kirche, löste in ganz Europa zahlreiche Kriege aus, die viele Menschen dazu veranlassten, als Flüchtlinge nach Nordamerika auszuwandern.

Erst Google setzte mit seiner Plattform Youtube eine ähnliche Revolution in Gang. Wir beginnen gerade, zu ahnen, dass das Lernen mit Videos die Bildung ähnlich umfassend revolutionieren wird wie die Gründung von Kloster- und Domschulen oder der Buchdruck.

Thomas Edison, der Erfinder der Glühbirne, glaubte, diese Revolution der Bildung würde viel früher einsetzen. Als der Film erfunden war, erklärte der Ingenieur 1922: »Ich glaube, dass die bewegten Bilder unser Bildungssystem revolutionieren werden, und dass sie in ein paar Jahren die Verwendung von Schulbüchern weitgehend oder sogar vollständig ersetzen werden.«[8] Wie wir wissen, irrte Edison sich. Und auch in den folgenden Jahren brachte keins der neuen Medien die erwartete Bildungsrevolution: Das Radio nicht mit seinen Möglichkeiten, große Menschenmassen zu erreichen, das Fernsehen nicht, das anders als das Radio zum gesprochenen Text auch die Bilder lieferte und den Film in die privaten Wohnzimmer brachte (vorher gingen die Menschen noch ins Kino, um Nachrichten zu sehen!). Auch der Computer und das Videogerät bewirkten zunächst nicht viel mehr, als dass sie bestimmte Dinge etwas einfacher und bequemer machten. Obwohl all diese technischen Erfindungen das Potenzial zur Bildungsrevolution hatten, weil sie die Möglichkeiten erweiterten, Wissen anders als nur durch das Lesen und die Schrift aufzunehmen.

Youtube wurde 2005 gegründet, ein Jahr später kaufte der Internetgigant Google das Unternehmen. Der einstige Google-Chef Eric Schmidt verkündete damals: »Das ist der nächste Schritt in der Evolution des Internets.« Anders als Edison sollte er recht behalten. Heute ist Youtube neben Google die zweitgrößte Suchmaschine.[9] Aber warum brachte ausgerechnet Youtube die Wende?

Filme und Videos gab es lange vor Youtube. Nur war es extrem aufwendig und teuer, sie zu produzieren, ehe die Smartphones mit ihren Kameras auf den Markt kamen. Genauso schwierig war es, Videos zu verbreiten. Insofern liegt der Vergleich mit dem Buchdruck eigentlich nahe. Denn auch Bücher wurden ja schon gedruckt, bevor Gutenberg seinen Holzrahmen mit den beweglichen Lettern erfand. Die Plattform Youtube bewirkte also vor allem eins: Auf einmal konnte jeder innerhalb von Sekunden oder Minuten ein Video produzieren. Seit der Einführung des iPhones mussten die meisten dafür nicht einmal eine Kamera kaufen, weil die ohnehin

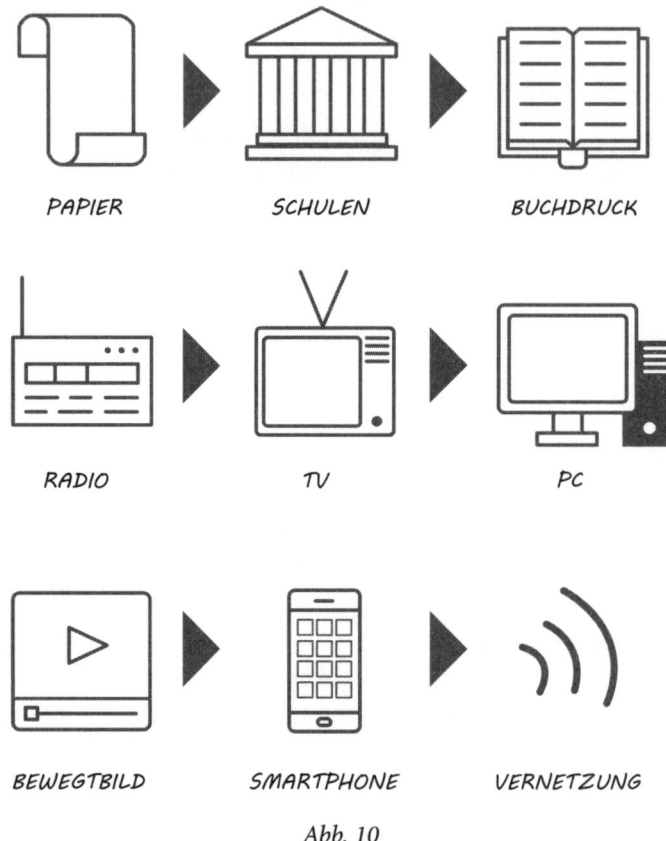

Abb. 10

im Telefon integriert ist. Und dann reichten ein paar weitere Klicks, um die selbst gemachten Filme mit der ganzen Welt zu teilen. »Schau mal, wie süß die Katze spielt!« – Handykamera raus, Video hochgeladen. So fingen die ersten Nutzer bei Youtube an. Bald kamen andere Filmchen aus dem Alltag dazu. Irgendwann begannen die User, ihre Sportkünste, Schminktipps oder Gaming-Qualitäten mit der Öffentlichkeit zu teilen.

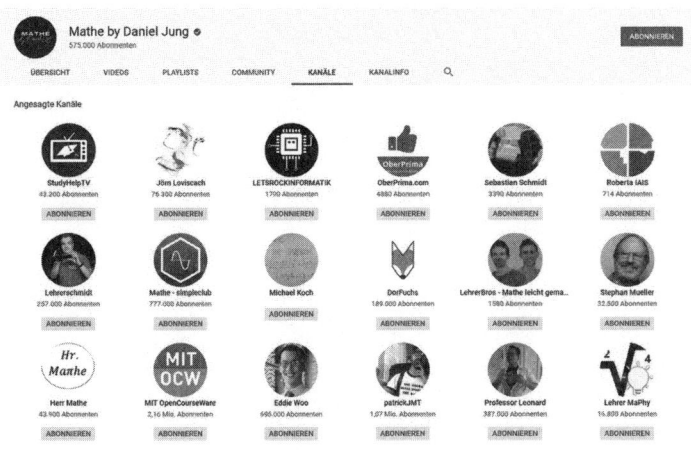

*Abb. 11*

Wir haben es schon beim iPhone gesehen und den Apps: Die großen Tech-Konzerne sind damit reich geworden, dass sie bestimmte Dienste kostenlos zur Verfügung stellen. Sie verstehen sich also nicht mehr als Anbieter eines Produkts, sondern als Betreiber von Plattformen. So erklärt sich auch der Erfolg von Youtube sicherlich durch die Tatsache, dass die Nutzung kostenlos ist und Content-Creators sich ihre Produktion durch eine Youtube-Partnerschaft sogar vergüten lassen können.

Ein zweiter, entscheidender Punkt neben den Kosten ist die Bedienbarkeit: Im Gegensatz zu anderen Netzwerken bieten Features wie die Playliststruktur auf der Startseite von Youtube eine hervorragende Möglichkeit, produzierten Content übersichtlich und leicht auffindbar darzustellen. Die Vorteile liegen auf der Hand und haben sich auch bei meinen Mathe-Tutorials ausgezahlt: Der User muss nicht wild mithilfe von Schlagwörtern nach Content suchen, sondern kann sich schnell in den nach Themen geordneten Listen auf der Startseite eines Channels orientieren. Auch die Navigation ist bei Youtube einfach gehalten, und man hat zum Beispiel zusätzlich die Möglichkeit, andere Youtube-Kanäle zu empfehlen, was ich natürlich für andere Edu-Tuber gerne nutze!

## Das New-Learning-Ökosystem

Ich möchte noch einmal an das Beispiel von Sal Khan erinnern. Der Buchdruck wurde in der Mitte des 15. Jahrhunderts erfunden. Doch obwohl sich Bücher damals rasend schnell verbreiteten, dauerte es 500 Jahre, bis in Europa, den Industrienationen und vielen weiteren Ländern nahezu 100 Prozent der Bevölkerung lesen konnten. Wie wäre es, wenn in ein, zwei Jahrzehnten 50 oder 70 Prozent aller, die eine Schule verlassen, programmieren könnten? Da jeder von uns mit Technik umgeht, wäre das doch mehr als wünschenswert!

Dem ein oder anderen ist beim Lesen vielleicht schon aufgefallen, dass ich nicht antrete, um ein perfektes, bis in alle Details durchdachtes Konzept für eine neue Schule vorzustellen, oder für eine Bildungsreform, die sich flächendeckend umsetzen ließe. Ich bin auch gar nicht sicher, ob es eine solche Lösung überhaupt schon gibt. Möglicherweise haben wir alle noch mehr Fragen als Antworten. Schließlich beginnen viele von uns gerade erst, zu verstehen, welche Veränderungen uns mit der digitalen Transformation eigentlich bevorstehen. Es ist eine umfassende Aufgabe, Bildung zu verändern und den Herausforderungen unserer Gegenwart und Zukunft anzupassen. Dazu sollten sich so viele wie möglich zusammenschließen, etwa so, wie es Richard David Precht vorschlägt: Ein Hirnforscher, ein Mathematiker, ein Historiker etc. setzen sich zusammen und denken gemeinsam darüber nach, was es für eine gute Schule alles braucht. Soweit ich kann, beteilige ich mich jetzt schon an dieser gesellschaftlichen Aufgabe, wobei mein Beitrag sich vor allem auf die MINT-Fächer bezieht: auf Mathematik, Informatik, Naturwissenschaft und Technik. Nicht alles, was hier funktioniert, lässt sich eins zu eins auf andere Fächer übertragen. Dabei versuche ich mit mathefragen.de (und informatikfragen.de etc.) immerhin in diesen Teilbereichen Tools zu entwickeln, die sich vielleicht sogar für die notwendige, flächendeckende Umsetzung des New Learning an Schulen, Ausbildungseinrichtungen und Universitäten eignen.

Ich bin sicher, dass es möglich ist, mehr Menschen für Mathematik zu begeistern. Denn jeder, der sich dafür öffnet, kann den technischen Wandel mitgestalten. Das ist doch viel besser, als ihm einfach ausgeliefert zu sein! Im Grunde sind Mathematik und Informatik ja nichts anderes als Sprachen, die man lernen kann. Den meisten ist das nur nicht bewusst. Die Vorstellung vom Mathe-Gen, das man entweder hat oder nicht hat, sitzt so tief und ist so allgemein verbreitet, dass viele gar nicht auf die Idee kämen, einen Volkshochschulkurs im Programmieren zu belegen oder es sich sogar selbst beizubringen. Dabei kann, wer einigermaßen fit ist, sich auch ohne Vorkenntnisse ein paar Grundkenntnisse im Programmieren aneignen. Dazu findet man im Netz jede Menge hervorragende Online-Tutorials.

Ich werde oft gefragt wie die Schule der Zukunft aussieht. Ich weiß es nicht. Weil es DIE Schule der Zukunft nicht gibt, sondern ein Fundament, ein neues Ökosystem, das in seiner konkreten Gestalt online wie offline offen ist für kreative Umsetzung!

Ich habe mich mit zahlreichen Methoden beschäftigt, die, wenn man sie gut miteinander verbindet, ein New-Learning-

Ökosystem ergeben. Das Gute an diesem System ist, dass eigentlich jeder von uns überall anfangen kann, Teile davon in das eigene Lernen oder Lehren aufzunehmen. So kann jeder zu den kleinen Revolutionen von außen beitragen, die das System Schritt für Schritt verändern werden.

### Die frühkindliche Phase

Fangen wir mit dem Alter an. Seit knapp einem Jahr recherchiere ich intensiv über Hirnforschung. Ich glaube, es ist dringend an der Zeit, dass die Ergebnisse der Fachwelt einer breiteren Öffentlichkeit zugänglich gemacht werden. Sie sind die Voraussetzung dafür, dass wir als Gesellschaft festlegen, ab welchem Alter der Einsatz von digitalen Medien erstens nicht schädlich und zweitens pädagogisch sinnvoll ist. Darüber hinaus müssen wir klären, wie digitalisierter Content in der Bildung produktiv eingesetzt werden kann. Eines ist sicher: Geld über die Schulen auszuschütten, damit die ihre Klassen mit Tablets ausstatten, wird die Schule keinen Deut besser machen. Eher ist das Gegenteil zu befürchten.

Was aber braucht die frühkindliche Entwicklung? Um dies zu entscheiden, sollte jeder verstehen, wie das menschliche Hirn lernt. Jeder muss wissen, dass es nicht dasselbe ist, ob ich eine Tasse in die Hand nehme oder sie sehe: Damit das kindliche Gehirn sich entwickelt, braucht es die haptischen Sinneseindrücke, den Geruch, das Gewicht, die Form. So bilden sich Strukturen im Gehirn. Dass es in dieser Phase schadet, wenn Kinder vor Tablets und Smartphones hängen, anstatt sich zu bewegen und mit allen Sinnen die Welt zu erkunden, liegt eigentlich nahe. Dinge in die Hand nehmen, basteln, sich bewegen, kreative Spiele spielen. Auch abstrakte Dinge wie Mathematik können über haptische Erfahrungen gelernt werden. Gerade habe ich meinem zweijährigen Neffen Zahlenblöcke aus Holz geschenkt. Diese Holzzahlen werden von 1 bis 10 größer, und zwar genau im Verhältnis ihres Zahlenwerts. Das bedeutet, wenn ich die 4 und die 6 aufeinanderstaple, sind sie genauso hoch wie die 10, sodass die Kinder die Größenverhältnisse zwischen den Zahlen wirklich be-greifen können. Wahnsinn! Ich bin total begeistert! Etwas Ähnliches gibt es, um das Programmieren spielerisch zu erlernen. Wenn Kinder in den ersten zwölf Lebensjahren mit solchen Spielzeugen und tollen Bezugspersonen lernen, werden sie keine Probleme haben, auch später noch zu verstehen, wie man mit einem Tablet umgeht.

Mit dem Schulsystem, das ab der ersten Klasse verlangt, still zu sitzen, wird das mit allen Sinnen erforschende Lernen übrigens ebenso gestört wie durch elektronische Geräte. Warum lassen wir die Kinder in der Grundschule nicht weiter so lernen, dass sie ihr ganzes Potenzial entfalten können?

Ich habe in meiner Podcast-Reihe zum New Learning mal einen Vortrag gemacht mit dem Titel: »Warum sich jeder mit Hirnforschung beschäftigen sollte«. Ich finde, es sollte zur Grundausbildung von Lehrern gehören, zu verstehen, wie das Gehirn funktioniert und wie es sich bei Jugendlichen entwickelt.

### Blended Learning

Über die genaue Altersgrenze, ab der es sinnvoll ist, elektronische Geräte einzusetzen, kann man streiten. Die ersten Untersuchungen und Erkenntnisse darüber, wie sich der exzessive Gebrauch von Smartphones und Tablets bei Kindern auf die Entwicklung des Gehirns auswirkt, werden gerade erst ausgewertet. Wenn wir hier genau Bescheid wissen, können wir festlegen, ab welchem Alter wir Devices in der Schule einsetzen.

Ist diese Frage einmal geklärt, stehen dem New Learning mit den digitalen Tools unendliche Möglichkeiten zur Verfügung!

Wir erleben einen Wandel, den wir seit 1000 Jahren nicht erlebt haben. Der aber erst – durch den Einsatz von Technologie – greift, wenn bestimmte nicht digitale Voraussetzungen geschaffen sind. Bei den Jüngeren ist das beste New Learning oft Old Learning. Da haben wir in der Vergangenheit gar nicht so viel falsch gemacht.

Ich kenne keinen Technikbegeisterten, der nicht betont, wie wichtig bei jeder Schulform und bei jeder Lernmethode, die auf den Einsatz von digitalen Geräten setzt, auch der persönliche Umgang mit Lehrern in Präsenzphasen ist. Die Schule war noch nie nur ein Ort, in dem Lehrer das Wissen in ihren eigenen Köpfen in die der Schüler transferiert haben. Da hätte man ja auch vor 100 oder 200 Jahren schon sagen können: Wer selbstständig lernt, braucht dafür nicht in die Schule gehen, der kann auch einfach ein paar Bücher lesen. Ein Großteil des Lernprozesses findet über Kommunikation statt, durch Erklären, Nachfragen und durch das Feedback von Lehrern und anderen Schülern. Schon immer ging es in der Schule auch darum, Aufgaben gemeinsam zu erarbeiten und Fragen zu diskutieren. Insofern besteht das New Learning idealerweise in einer Symbiose aus Online- und Offline-Elementen. Blended Learning sagen Pädagogen in der Fachwelt dazu. Beim Blended Learning nutzen Lehrer die digitalen Tools, sie ermöglichen ihnen im Unterricht eine Flexibilität, die es so vorher nicht gab.

Auf den ersten Blick klingt das simpler, als es ist. Was, könnte man fragen, bedeutet das Blended Learning denn anderes, als eine Klasse mit Tablets auszustatten?

Es bedeutet viel mehr! Dass Lehrer und Schüler mit Tablets und Smartphones ständig Zugang zu Wissen haben, verändert die Beziehung zwischen ihnen. Jack Ma, Gründer der Alibaba Group, der größten IT-Firmengruppe Chinas, und Betreiber der Amazon-ähnlichen Online-Handelsplattform alibaba.com, sagte 2018 auf dem World Economic Forum in Davos: Lehrer müssen selbst ihr Leben lang weiter lernen; sie müssen immer davon ausgehen, dass ihre Schüler mehr wissen als sie selbst, und wenn sie als Lehrer Wissen weitergeben, dann müssen sie sich immer dessen bewusst sein, dass sie auch nur weitergeben, was sie früher einmal von anderen gelernt haben.[10] Jack Ma, der selbst Lehrer war, ehe er zu einem der reichsten IT-Unternehmer der Welt wurde, beschreibt hier ein Verständnis seines eigenen Berufs, das vor dem Hintergrund der vierten industriellen Revolution eine ganz neue Bedeutung erhält.

Udacity-Gründer Sebastian Thrun erklärt das so: Früher, im Industriezeitalter, konnte jemand eine Ausbildung machen und dann sein Leben lang mit dem arbeiten, was er gelernt hatte. Dasselbe galt für Professoren und Lehrer, sie konnten mit ihrer Ausbildung ein Leben lang einen guten Job machen. Heute ändert sich alle zehn Jahre alles, die Technologie verändert Lebens- und Arbeitswelten, und dann müssen alle etwas Neues lernen, um weiter arbeiten zu können. Das aber bedeutet: Auf einmal sind nicht mehr nur die Schüler und Studenten Lernende! Stattdessen entsteht auch auf die Professoren und Lehrenden ein großer Druck, sich ständig weiterzubilden. Da der Wissensstand heute rasend schnell veraltet, lässt sich das Bildungsmodell, das für die meisten Schulen und Universitäten gilt, gar nicht mehr halten.

Deshalb müssen Lehrer und Schüler heute mehr denn je zu einer Gemeinschaft von Lernenden werden, ganz so wie Jack

Ma es beschreibt, um auf das zu reagieren, was sich gerade verändert und in Zukunft in ganz neue Lebensverhältnisse führt. Der Einsatz von Tablets ist daher so viel mehr als nur eine Möglichkeit für Schüler, mal im Internet zu recherchieren, was den Dreißigjährigen Krieg ausgelöst hat oder wer Karl Marx war.

Dazu ein Beispiel: Bis vor zwei, drei Jahren redete noch niemand von künstlicher Intelligenz. Für die, die sich damit professionell beschäftigten, wie Prof. Bauckhage vom Fraunhofer-Institut IAIS, war es ihr Forschungsgebiet, kaum einer nahm von ihnen Notiz. Auf einmal aber sind Leute wie er überall gefragt. Künstliche Intelligenz ist plötzlich *das* Zukunftsthema. Da wäre es doch eigentlich sinnvoll, es im Schulunterricht zu behandeln, oder? Dem stehen zwei Dinge im Weg. Erstens kann es Jahre dauern, bis der Lehrplan, der den Unterrichtsstoff vorgibt, angepasst und neue Themen aufgenommen werden. Zweitens fehlt es Lehrern an Wissen – es sei denn, sie haben die Beschäftigung mit künstlicher Intelligenz zufällig zu ihrem Hobby gemacht. Wie aber sollen sie etwas unterrichten, was ihnen selbst völlig fremd ist?

Die Antwort ist klar. Denn fast immer steht im Netz in relativ kurzer Zeit guter Content zur Verfügung. So wie Eltern zu Hause mithilfe von Mathevideos oder anderen Tutorials mit ihren Kindern zusammen lernen können, so ermöglichen Tablets es Lehrern, sich mit ihren Schülern gemeinsam in ein bisher unbekanntes Thema einzuarbeiten.

Darin steckt das eigentliche Potenzial der Digitalisierung und der ständigen Verfügbarkeit von Wissen: dass die Schulen gemeinsam mit Lehrern und Schülern auf den technischen Wandel reagieren können, weil neues Wissen online verfügbar ist und es keiner mehrjährigen Ausbildung mehr bedarf, um sich dieses Wissen anzueignen.

Natürlich stellt sich die Frage nach der Qualität des Contents, der ja, wenn er direkt aus dem Netz bezogen wird, nicht durch Schulbehörden geprüft und abgesegnet ist. Nehmen wir zum Beispiel das Thema »Algorithmen verstehen«, das gerade in den Lehrplan von Schulen aufgenommen wird. Nicht nur ich stelle mir hier die Frage: Wer produziert den Content für den Unterricht? Wer also stellt Lehrmaterial her, damit das Thema von Lehrern gut unterrichtet werden kann? Und wer gewährleistet, dass keine Fehler weitergegeben werden?

Wir müssen also, wenn wir die Möglichkeiten der Digitalisierung nutzen und Bildungscontent aus dem Netz im Schulunterricht nutzen, klären, wie wir für die Qualität des Contents und des Unterrichts sorgen. Aber solche Probleme sind nicht unlösbar. Auch hier kann das Wissen der Crowd einiges leisten; Bewertungsportale wie Socialblade sind ein Beispiel dafür, dass zumindest eine Orientierung im Hinblick auf guten Content möglich ist. Und vielleicht lässt sich das mit Schülern thematisieren und gemeinsam herausfinden, wie man sich der Qualität eines Beitrags versichert – allein dabei würden sie wertvolle Dinge lernen: eine kritische Medienrezeption zum Beispiel, eigene Recherchen etc. Damit wäre ich beim Thema Medienkompetenz: Es muss in Zukunft Aufgabe der Schulen werden, darüber aufzuklären, wie man eine Information überprüfen und einordnen kann. Kinder und Jugendliche müssen lernen, Fake News von echten Nachrichten zu unterscheiden. Das wird noch viel relevanter, wenn die Möglichkeiten von Deep Fake sich ausbreiten. Auch das ist eine Errungenschaft der künstlichen Intelligenz. Deep Fakes sind Videos, auf denen eine Person Dinge sagt, die ihr von einer Bearbeitungssoftware »in den Mund gelegt« wurden. Es ist heute schon möglich, Personen, von denen es genügend

Filmmaterial gibt, mit der eigenen Stimme jeden beliebigen Text sprechen zu lassen. Man kann also zum Beispiel ein Video ins Netz stellen, auf dem ein bekannter Politiker Dinge sagt, die überhaupt nicht zu ihm passen; die ihn als Nazi, Rassisten oder Frauenfeind entlarven – obwohl er nie etwas dergleichen gesagt hat. Was das in Zukunft für unsere politischen Entscheidungen bedeutet, möchte ich mir gar nicht ausmalen.

Es gibt so viele Themen, die dringend auf den Lehrplan gehören!! Es ist längst überfällig, dass Schüler etwas über Drohnen erfahren, dass sie lernen, wie E-Commerce und digitale Arbeitstools funktionieren. Solche Dinge müssen auf den Lehrplan, denn das sind die Themen, mit denen sie sich in der Arbeitswelt später auskennen müssen. Ich bin mir ziemlich sicher, dass die Video-Kreativproduktion zu einem wachsenden Job-Bereich wird, weil immer mehr Unternehmen anfangen, Videos zu produzieren, die sie zum einen für die interne Fortbildung, zum anderen für die externe Kommunikation nutzen. Deshalb sollten Schüler schon in der Schule lernen, selbst Videos zu drehen: Viele Firmen suchen Menschen, die wissen, wie man Videos gestaltet, schneidet etc. Wer morgen in einem Start-up anfängt, sollte außerdem wissen, dass viele nicht mehr E-Mail verwenden, um Projekte in Teams zu bearbeiten, sondern Online-Tools wie Slack, Evernote und Wunderlist, die ich selbst intensiv nutze – um nur einige zu nennen.

Ein Thema, das Lehrer und Schüler gleichermaßen betrifft, ist die Datensicherheit. Lehrer müssen über dieses Thema mit ihren Schülern sprechen. Cybersecurity muss Lehrplanthema sein. Was, wenn jemand das Handy einer Person hackt und über dieses Handy unzüchtige Bilder verschickt? So lassen sich Karrieren zerstören, aber auch Kindheiten. Auch die Datensicherheit gehört damit in den Bereich der eben angesprochenen Medienkompetenz.

Beim Thema Blended Learning kann man über solche Dinge hinaus wunderbar sehen, dass New Learning weit mehr bedeutet als nur die Digitalisierung des Unterrichts. Dass, wie ich am Anfang schon erklärt habe, dabei auch pädagogische Defizite behoben werden können, die nichts mit der Digitalisierung zu tun haben. Denn schon lange vor der Erfindung elektronischer Geräte hätte es der Schule gutgetan, wenn der Frontalunterricht im Klassenverband durch Lernformen aufgebrochen worden wäre, bei denen Lehrer und Schüler stärker in Bewegung sind.

Die Reformpädagogin Maria Montessori entwickelte vor gut hundert Jahren ein Konzept, das sich heute großer Beliebtheit erfreut, weil es dem, was viele fordern, schon ziemlich nahekommt. Die Schulen von WeWork und Amazon Preschools orientieren sich zum Beispiel an diesem 100 Jahre alten Konzept – ein weiterer starker Beleg dafür, dass es beim New Learning um so viel mehr geht als um Digitalisierung. In der Montessori-Pädagogik stehen die Fähigkeit des Kindes, selbst zu lernen, und seine Neugierde, Dinge zu entdecken, im Vordergrund. Aufgabe der Lehrer ist es, jedes einzelne Kind zu beobachten und dann Angebote zu machen, die ihm individuell entsprechen. Die Gestaltung des Unterrichts ist also viel freier, und in den Montessori-Schulen spielen haptische und andere Sinneserfahrungen eine große Rolle.

Ein Musterbeispiel dafür, wie analoge und digitale Methoden zum Blended Learning verbunden werden können, ist für mich die Roberta-Initiative des Fraunhofer-Instituts IAIS. Das Zukunftsthema Robotik eignet sich dafür besonders gut, denn Roboter bestehen nicht nur aus digitalen Codes und Screens, sondern es handelt sich um Objekte: Das haptische Erlebnis ist hier im wahrsten Sinne des Wortes »vorprogrammiert«. Kinder können einen Roboter bauen, physisch, so wie man Lego zusammensetzt, ehe sie spielerisch lernen, ihn mit programmierten Codes anzusteuern. Dabei können Lehrer und Schüler Teams bilden und einen Wettkampf gestalten. Ich bin immer wieder begeistert, zu beobachten, wie die Kreativität von Jugendlichen bei solchen Projekten geradezu explodiert. So wie bei einem Turnier, das die Schüler vor Kurzem im Rahmen eines Roberta-Events veranstalteten. Dabei simulierten sie mit den Robotern eine Rettungsaktion. Die Kinder haben bei diesem Projekt etwas über Roboter gelernt, die zu den wichtigsten Technologien der Zukunft gehören, aber sie entwickeln bei der »Rettungsaktion« auch ein Gefühl für soziale Werte. Großartig! Dass alle dabei Spaß hatten, muss ich wohl nicht mehr erwähnen.

### Architektur und Einrichtung

Zum Blended Learning gehört eigentlich beinahe schon selbstverständlich eine neue Architektur. Wie kann es sein, dass unsere Schulgebäude mit ihren Klassenzimmern und den unbequemen Holzbänken immer noch den Kasernen im 19. Jahrhundert gleichen?

Auch hier machen es die großen Konzerne schon vor: Bei We Company (ehemals WeWork) wurden für die WeGrow-Schulen nicht nur neue Lernkonzepte geschaffen (verbunden mit der alten Montessori-Pädagogik). Die Verantwortlichen gestalten Erziehung also nicht nur thematisch neu, sondern bauen dafür auch neue Infrastrukturen, in denen die Kids sich freier bewegen können.

Der Leser kennt mich schon: Alles, was ich fordere, probiere ich selbst aus, deshalb habe ich nach dem Vorbild von Spaces wie WeGrow den bereits erwähnten LernHub entworfen, einen Colearning-Space vor Ort: coworld.de. Hier habe ich

versucht, meine Vorstellungen von einer Lernumgebung umzusetzen, in der Kids sich wohlfühlen. Auch in meiner Co-
world gibt es noch geschlossene Räume für das konzentrierte
Lernen, das aber in Größen, die für bis zu 15 bis 20 Kinder
geeignet sind. Diese Arbeitsräume wechseln sich mit offenen
Räumen ab, sodass ein gesunder Mix von geschlossenen Einheiten und offenem Lernbereich entsteht, der atmosphärisch
wie ein Coworking-Space gestaltet ist. Das Konzept des Coworking funktioniert ja so: Freiberufler, digitale Nomaden,
manchmal auch kleine Start-ups mieten sich in Coworking-
Spaces ein. Die Betreiber stellen lose verbundene, halb offene
Räume, Arbeitsplätze, eine digitale Infrastruktur und meist
auch eine Bar mit Café und einem kleineren oder größeren
Nahrungsmittelangebot zur Verfügung; die Mieter nutzen die
Räume als Büro, aber auch, um sich nach Bedarf mit anderen
Mietern zu vernetzen.

Natürlich durfte in meinem LernHub ein schneller und sta-
biler Zugang zum Internet nicht fehlen, außerdem Wände, die
beschrieben werden können (es muss nicht immer alles digital sein), natürlich aber auch Präsentiermöglichkeiten auf Digital Screens, und, ganz wichtig, eine Sportecke. Eigentlich,
denke ich, sollten solche Lernorte eine Art Erweiterung der
Kindergartenzeit ermöglichen.

Ich erlaube mir hier ein Gedankenspiel: Kann es sein, dass
wir in einigen Jahrzehnten für Schüler ab einem gewissen Alter nicht mehr DEN einen Schulort haben, sondern mehrere
Orte? Mit nach wie vor echten Menschen als Mentoren, al-
tersgerechten Bildungsangeboten, top ausgestattet, digital
vernetzt, in denen Schüler sich zu Lerngruppen zusammenfinden, vielleicht sogar länderübergreifend? Tech-Firmen gestalten mit dem Coworking die Arbeitswelt von morgen, mit
WeGrow und ähnlichen Projekten weiten sie ihre unterneh-

merischen Aktivitäten aus und dringen in den Bildungsbereich vor. Ich glaube, es ist unsere Pflicht, dort mitzumischen!

### Online lernen im New-Learning-Ökosystem

*Videolernen:* Damit komme ich langsam zum Kern des New Learning, der natürlich in meinem »Haus und Hof«-Tool besteht. Lernt mit Videos – auch in der Schule! Sucht euch Tutoren und Formate eurer Wahl. Videos sind einfach super, weil sie audiovisuelles Lernen mit Content kombinieren, der zu jeder Tages- und Nachtzeit verfügbar ist. Wie damals das Buch ist das Video ein massentaugliches Werkzeug, das in Kombination mit Software in diversen Bereichen eingesetzt werden kann.

Wer den einen Channel nicht mag, sucht sich einen anderen. Auch muss man nicht immer einen explizit thematischen Lehransatz verfolgen. Nutzt das riesige Angebot im Netz, um euch zu bilden, also um zum Beispiel Mathe zu lernen. Aber geht auch darüber hinaus: Formate wie TED Talks, Impact Theory, London Real, GaryVee bieten Möglichkeiten, sich Inspiration, Grundwissen und neue Impulse zu holen. Alles, was neu, aktuell und spannend ist, lässt sich mithilfe von Videos in die Schule holen!

Der amerikanische Unternehmer und Social-Media-Berater Gary Vaynerchuk bietet zu diesem Thema ausgezeichneten Content. Seine Posts auf den verschiedenen Kanälen, etwa GaryVee auf Youtube, kann ich nur empfehlen. Vaynerchuk provoziert gerne mit solchen Ansagen: »Wenn ich einen Juristen treffe, frage ich ihn immer: Was ist deine TikTok-Strategie?« Genau. Nicht nur Lehrer sollten umdenken, wenn sie in Zukunft eine Rolle spielen wollen. Manche Unternehmen haben die Botschaft von GaryVee schon verstanden. Die Deut-

VIDEOS HEFTE VIDEOS KURSE

MEINE VIDEOS IM EINSATZ

VIDEOS UNTERNEHMEN VIDEOS PLATTFORMEN

*Abb. 12*

sche Bahn zum Beispiel wirbt bereits auf TikTok um Nachwuchs.

Ich liebe Vaynerchuks Denkweise (nicht alles, ich finde, auch er sollte sich mehr mit Hirnforschung beschäftigen, aber ab einem bestimmten Alter ist sein Content top). Warum nur Lehrer und Schüler dazu auffordern, digitale Tools und soziale Netzwerke für neue Ideen zu nutzen? Wie wäre es, wenn ein Anwalt anfängt, einfache Rechtsfragen, Dinge, die für jeden nützlich zu wissen sind, mal in 60 Sekunden oder in einem drei- bis fünfminütigen Video zu erklären? Das würde ja sogar mich interessieren! Natürlich sehe ich auch die Gefahren. Über die muss man sprechen. Bei juristischen Themen hat vor allem die Frage nach der Qualität eine besondere Bedeutung. Wer garantiert mir, dass ich hier korrekt informiert werde?

*Visuelles Lernen:* Neben den Videos und dem Content, der auf sozialen Netzwerken millionenfach geteilt und diskutiert wird, bleibt das Internet eine reiche Quelle für Informationen. Ja, ich rede von der guten alten Webseite, auf der es Artikel gibt, Lexika wie die Seite leo.org, auf der man Vokabeln in allen möglichen Sprachen nachschlagen kann, und natürlich die riesige Enzyklopädie Wikipedia. Wer sucht, findet hier auch Dokumente und Skripte für den Unterricht, die man bei Bedarf ausdrucken und analog nutzen kann. Die Autoren von Wikipedia machen dabei schon vor, wie man die Frage nach der Qualität lösen kann. Hier prüfen mehrere unabhängige Autoren die Artikel und weisen auf Ungereimtheiten und fragwürdige Quellen hin.

*Künstliche Intelligenzen nutzen:* Auf der Plattform mathefragen.de beobachten wir, dass Verständnisfragen, aber auch schwierigere Probleme nur im Austausch mit echten Menschen geklärt und gelöst werden können. Die Vorstellung, dass man Lernaufgaben und Antworten durch den Einsatz von künstlichen Intelligenzen automatisiert, halte ich für eher abwegig. Viel interessanter ist es, die gesammelten Daten auszuwerten und mithilfe künstlicher Intelligenz zu nutzen, um das gemeinsame digitale Lernen und Lehren speziell für diesen Bereich zu optimieren. Bei mathefragen.de erfassen wir dafür Daten wie: »Wann wurde eine Frage gestellt?«, »In welcher Form hat jemand geholfen?«, »Wie lange hat jemand gebraucht, um etwas zu verstehen und zu beherrschen?« etc. Ich habe bereits erwähnt, dass Menschen hier nicht nur als Lernende zusammenfinden können, sondern sich auch für Helfer spannende Jobmöglichkeiten bieten können, wenn wir bestimmte Daten, zum Beispiel in Form eines Helferprofils, Firmen für das Recruiting von Mitarbeitern zur Verfügung stellen.

*Audio-Learning:* Mathematik funktioniert über reines Audio-Learning kaum: Man muss die Zahlen sehen, einen Rechenweg visuell nachvollziehen können, um etwas zu verstehen. Dennoch bietet es andere Vorteile. Audio-Inhalte können wir

nahezu jederzeit konsumieren, auch wenn wir unsere Augen
für etwas anderes brauchen, wie beim Autofahren oder Jog-
gen.

Was Youtube für Videos sind, leisten Podcasts im Audio-
bereich: Jeder kann sie einfach produzieren und öffentlich teilen, zum Beispiel auf Plattformen wie anchor.fm (der Host
»fm« weist darauf hin, dass Podcasts sich als digitalisierte Weiterentwicklung des Radios verstehen). Der Streamingdienst
für Podcasts zeigt, wie sehr die Angebote in diesem Bereich
inzwischen optimiert wurden. Auf anchor.fm kann jeder produzierten Content unbegrenzt hochladen und teilen – natürlich kostenlos. Die Verteilung über gängige Podcast-Dienste
wie Apple Podcasts, Google Podcasts oder Spotify übernimmt
Anchor auf Wunsch – der Nutzer braucht dafür nur einen
Klick. Wer seinen Content monetarisieren will, wird von Anchor dabei unterstützt. Außerdem bietet der Dienst Analysen
über Nutzerdaten, die Möglichkeit, Content mit Freunden zu
produzieren und Podcasts von überall hochzuladen, auch von
unterwegs. Besser geht's nicht! Warum nicht Schülern die Aufgabe stellen, gute Podcasts zu spannenden Themen zu produzieren? Sie würden dabei alles lernen, was sie brauchen: Sie
müssten Inhalte gründlich recherchieren, sie zu einem Text
zusammenfassen, den Stoff gut und verständlich erklären,
oder für eine bestimmte Perspektive überzeugende Argumente formulieren und schließlich das alles in einem Audiofile an-
ständig vortragen.

Ich habe den aufstrebenden Markt »Voice« schon angesprochen – Alexa von Amazon ist hier nur der Anfang. Ich
empfehle dringend, mit Lernenden entsprechende Projekte
zu machen. Wer weiß, vielleicht entwickelt ja ein Schüler eine
Schnittstelle von Alexa zum passgenauen Abspielen von You-
tube-Lernvideos auf dem TV, das dann reagiert, wenn man

zum Beispiel sagt »Alexa, ich brauche Unterstützung beim Ableiten von Polynomfunktionen«?

*Apps/Web-Tools:* Im Zuge des Internets und der Verbreitung von Tablets und Smartphones haben darauf basierend eigenständige Entwickler, Organisationen und Firmen Applikationen (Apps für Devices) und Tools im Web (Internetzugang reicht, ohne etwas aufs Gerät laden zu müssen) programmiert, mit denen man entweder spielerisch Dinge erlernen kann oder durch Eingabe Probleme lösen kann. Besonders möchte ich hier auf eine Webseite hinweisen. Der britische Unternehmer und Softwareentwickler Conrad Wolfram setzt sich für eine ganz andere Art des Mathematikunterrichts ein, bei der Computer einen Teil der Aufgaben übernehmen. Dazu hat er eine Suchmaschine für Matheaufgaben programmiert, die man auf wolframalpha.com nutzen kann. Wolfram schlägt vor, dass der Mathematikunterricht stärker auf das Verstehen von Zusammenhängen fokussiert und den – oft zeitaufwendigen – Teil der Rechen- und Lösungswege der Maschine überlässt. Auf wolframalpha.com kann man in die Suchmaske alles Mögliche eingeben, eine Gleichung, eine Funktion oder ein Gleichungssystem, und das von der Maschine ausrechnen lassen. Sein neuestes Projekt ist computerbasedmath.org, hier bastelt er an Möglichkeiten, wie man Schülern, Studenten, Lehrern und Professoren Mittel an die Hand geben kann, um die Rechenleistungen von Computern optimal zu nutzen.

*Geführte Online-Kurse:* Egal wie man die bereits genannten Methoden kombiniert. Wenn die Möglichkeiten einen erschlagen, kann es manchmal besser sein, einen Online-Kurs zu belegen. Vor allem wenn es thematisch spezifischer wird, können speziell entwickelte Tests und Experten unterstützen.

Die Frage ist: Welchen kostenlosen Content gibt es, und ab wann lohnt es sich, Geld auszugeben? Mein Tipp ist: Vor allem bei komplexen Themengebieten wie Data Science, Robotik, künstliche Intelligenz, Engineering und Co. rentiert es sich, zu investieren. Richtung Uni und Schule gibt es mehr und mehr Möglichkeiten, qualitativ hochwertige Hilfe zu bekommen, einige, wie Udemy, Udacity und Coursera, habe ich bereits vorgestellt.

*Das digitale Mathebuch:* Im Bereich der Online-Tools für das New Learning versuche ich, neue Wege zu gehen. Dabei geht es mir vor allem darum, das schier unübersichtliche Angebot an Content im Netz zu bündeln und nach dem Vorbild der sozialen Netzwerke ein »Educational Network«, also ein Bildungsnetzwerk zu einem bestimmten Fachgebiet, zu schaffen. Auf der Plattform mathefragen.de findet man also Links zu Mathecontent von Creators aus der ganzen Welt, kann sich aber gleichzeitig wie bei Facebook, TikTok oder Instagram mit anderen Usern vernetzen. Mit dem einen Unterschied, dass der Datenverkehr der Kommunikation sich hier nur um Mathematik dreht (oder, bei informatikfragen.de, ums Programmieren etc.). Doch ich gehe gerade noch einen Schritt weiter: Schon länger arbeite ich daran, auch ein E-Book zu schaffen, das ein digitales Mathebuch werden soll. Hier finden Lernende zum einen den klassischen Buchinhalt, in diesem Fall also Erklärungen in kleinen Einheiten zu Themen der Mathematik. Der Content ist hier genau wie bei meinem Youtube-Channel in kleine Themenhäppchen runtergebrochen. Diese Erklärungen lassen sich im E-Book ganz einfach mit Videos verlinken – bisher habe ich sie nur mit meinen Tutorials verknüpft, aber mein Ziel ist es, hier auch die Erklärvideos von allen möglichen Creators zu verlinken. Außerdem findet man im E-Book Links zum Portal mathefragen.de, man kann also, wenn man eine Erklärung auch mithilfe verschiedener Videos noch nicht verstanden hat, direkt auf die Plattform klicken und dort anderen Usern sein Problem schildern. Dabei muss ich noch einmal betonen, dass es mir hier nicht um meinen eigenen Content geht, sondern um eine passgenaue digitale Möglichkeit zum Lernen in einer intuitiven Umgebung. Mir geht es darum, den Lernenden Zugang zum »Wissen der Crowd« anzubieten.

Vielleicht kann so das Schulbuch der Zukunft aussehen?

### Offline lernen im New-Learning-Ökosystem

Wie wäre es, wenn man in der Schule Events organisieren würde, die ähnlich wie die TED Talks funktionieren? Diese Vorträge im Videoformat sind vielleicht das weltweit erfolgreichste Internetforum, auf dem Content geteilt wird. TED steht für Technology, Entertainment und Design und wurde als Innovationskonferenz in Kalifornien ins Leben gerufen. Dann begannen die Ausrichter, Videos der besten Vorträge kostenlos ins Netz zu stellen. Nach dem Motto der Konferenz, »Ideas worth spreading« – Ideen, die verbreitet werden sollten –, werden hier Vorträge zu allen möglichen Themen gehalten und online veröffentlicht: neben Technologie, Entertainment und Design auch Kultur, Bildung, Wissenschaft, Kunst etc. Wobei die Vorträge immer noch live vor Publikum gehalten werden.

Die TED Talks sind damit eins von vielen Beispielen dafür, wie Innovation funktioniert: Etwas Altes – der Vortrag in einem Hörsaal vor Publikum – wird mit etwas Neuem – dem Online-Video – kombiniert. Die hohe Anziehungskraft, die von TED Talks für Zuschauer auf der ganzen Welt ausgeht, liegt in der hohen Qualität der Vortragenden und ihrer Beiträge. Was zum Beispiel Ken Robinson zum Thema Bildung zu sagen hat, ist nicht nur inhaltlich absolut »wert, verbreitet zu werden«, sondern dank Robinsons trockenem Humor auch höchst unterhaltsam. Unbedingt anschauen!

Am Vorbild der TED Talks orientiert, könnte man auch in Schulen, Ausbildungsbetrieben oder Universitäten immer wieder mal Personen aus dem öffentlichen Leben für schuleigene »Konferenzen« einladen. Ingenieure, Wissenschaftler, Künstler, Forscher – die von ihrem Beruf erzählen und die Kids begeistern können.

*Selbst organisiertes Lernen:* In einer New-Learning-Schule gehört es zu den Aufgaben der Lehrer, die Schüler so weit zu stärken, dass sie ihren Lernprozess mit zunehmendem Alter selbst organisieren können. Sie sollten zunehmend selbst darüber entscheiden: Was interessiert mich? Was will ich können? Wo bekomme ich Informationen, wer kann mir helfen?

Mit fortschreitendem Alter und steigender Eigenständigkeit sind digitale Medien das perfekte Werkzeug für das lebenslange Lernen. Wenn Schülern die richtigen Aufgaben gestellt werden, können sie trainieren, komplexe Probleme zu lösen, sich Ziele zu setzen (etwa Themen und Fachgebiete, die sie interessieren), sich in Eigenregie die erforderlichen Lerninhalte zusammenzustellen, realistische Zeitpläne zu machen etc.

Es kann sinnvoll sein, für die Schüler sogenannte SOLEs (Self Organized Learning Environments) zu entwickeln. Dazu hat der indisch-britische Prof. Sugata Mitra, der als Bildungswissenschaftler und Informatiker in England »Educational Technology« unterrichtet, interessante Experimente durchgeführt. In einem TED Talk mit dem Titel »Build a School in the Cloud« ließ Mitra in einem Slum in Neu-Delhi Computer mit Internetzugang in Maueröffnungen installieren und diese mit Video überwachen. So wollte Mitra herausfinden, ob und wie Kinder lernen, wenn man sie sich selbst überlässt.

Zur Überraschung der Projektleiter fingen die Kinder nach einer gewissen Zeit an, sich Wissen anzueignen und untereinander auszutauschen. Das »Hole in the Wall« – wie er den Versuch nannte – reichte aus, um sie zu selbstständigem Lernen anzuregen. Mitra spricht von »minimalinvasivem Lernen«.

Aus dem Experiment wurde ein Unternehmen, hinter dem eine indische IT-Firma zusammen mit der Weltbank steht. Die Hole-in-the-Wall Education Ltd. baute die Zugänge für Kinder in ganz Indien und mehreren Ländern Afrikas aus und ermöglichte damit zahlreichen Kindern den Zugang zu Bildung. Für seinen Vortrag erhielt Mitra von der TED-Konferenz ein Preisgeld von einer Million Dollar. Das Geld verwendete er, um in Afrika ein zweites Projekt zu gründen, das er »School in the Cloud«[11] nannte. Es besteht aus einem ähnlichen Netzwerk von lokalen Internetzugängen für Kinder. Das Lernen wird mit einem E-Learning-System unterstützt und zum Teil in den Schulunterricht vor Ort eingebunden. Kern des Konzepts sind Online-Educators, die den Kindern Fragen beantworten und sie durch eigene Fragen zum Nachdenken anregen.

Wir sollten bei allem das Spiel nicht vergessen! Der Hirnforscher Gerald Hüther weist darauf hin, welche Kraft das Spielen im Hinblick auf das Lernen hat. Ich bleibe dabei, für sehr junge Kinder die bekannten, technikfreien Spiele wie Fangen, Verstecken und Co. zu empfehlen. Dennoch möchte ich hier eine nette Geschichte über Computer-Games erzählen: Ein Junge rettete vor einigen Jahren das Leben seiner

Oma, als diese beim Autofahren ohnmächtig wurde. Der Junge übernahm blitzartig das Steuer und verhinderte einen Crash mit dem Gegenverkehr. Er sagte, er verdanke seine unglaubliche Reaktion dem Spiel Super Mario Kart (www.gameskinny.com/9rmjn/mario-kart-saves-lives-boy-takes-wheel-when-grandma-passes-out). Man sollte die Möglichkeiten von Video-Games als Unterstützung für das Lernen in Erwägung ziehen und – natürlich nur in enger Absprache mit Experten aus den Neurowissenschaften und der Pädagogik – mithilfe von ITlern intelligent und zu einem angemessenen Zeitpunkt nutzen.

## Online und offline

Ein Thema, das mir sehr am Herzen liegt, ist die sogenannte Lernpyramide (komischerweise haben wir zu meiner Zeit darüber in der Schule nie gesprochen!). Studien haben ergeben, dass Menschen, die etwas lesen, zehn Prozent des Inhalts behalten. Wenn sie etwas erklären, merken sie sich 90 Prozent des Gelernten! Auf diesen Ergebnissen beruht die Lernpyramide, die verschiedene Methoden nach ihrer Effektivität im Hinblick auf den Lernerfolg hierarchisiert. Wichtig dabei ist, dass die Kombination der verschiedenen Lernwege – vom Lesen über das Hören, Üben, Diskutieren bis zum Erklären – zu den besten Lernergebnissen führt.

Ich komme damit wieder ganz zu den Anfängen zurück: meinen eigenen Anfängen als Mathe-Erklärer, aber auch zu den Anfängen dieses Buches. In meinen Mathevideos bemühe ich mich, so zu erklären, dass es möglichst jeder versteht.

Es klingt ein bisschen paradox: Der, der erklärt, lernt am meisten und steigt am tiefsten in den Verständnisprozess ein. Der Physiker und Nobelpreisträger Richard Feynman, den ich

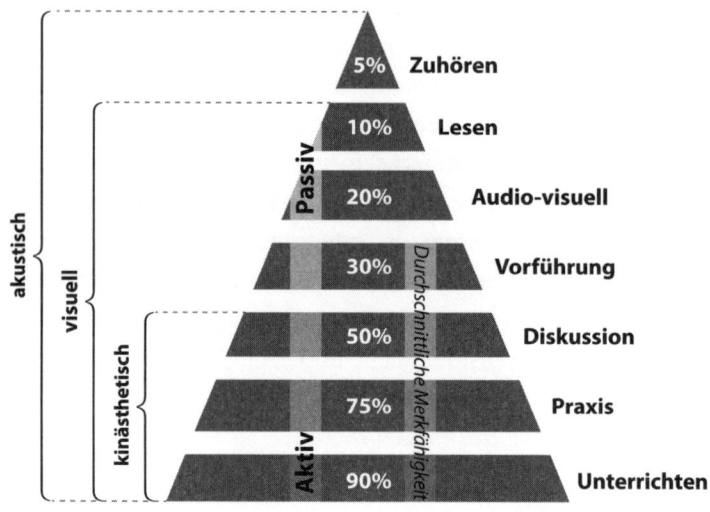

*Abb. 13*

bereits zu Beginn des Buchs zitiert habe, behauptete: »Wenn man etwas nicht einfach erklären kann, hat man es nicht verstanden.«

Ich empfehle, den Umkehrtest zu machen und Leuten, die etwas erzählen, auf den Zahn zu fühlen. Wenn man sie nicht versteht, dann liegt das oft daran, dass sie das, wovon sie reden, selbst nicht zu 100 Prozent durchdrungen haben.

Das Erklären ist eine Art Wunderwaffe: Die Nachfragen von Lernenden decken Lücken auf, die man bei seinem eigenen Vortrag vielleicht nicht wahrnimmt. Sie zwingen einen außerdem, die Zusammenhänge gut zu strukturieren. Was muss jemand *zuerst* wissen, um ein Problem zu verstehen? Welche Details, die für das Verständnis wichtig sind, blende ich bei einer Erklärung versehentlich aus? Das ist auch der Grund, warum wir unter mathefragen.de Lernende dazu animieren wollen, sich als Helfer zu engagieren. Man beschäftigt sich intensiver mit dem Thema, trägt Verantwortung dafür, dass die Erklärung auch wirklich ankommt und der Zuhörer am Ende etwas wirklich verstanden hat. Wir arbeiten zudem an Bewertungsmechanismen, wie gut jemand hilft. Davon können Nutzer und zukünftige Arbeitgeber sich jedoch auch unmittelbar ein Bild machen, da es für jeden mithilfe von Smartphone und Youtube extrem einfach ist, selbst Erklärvideos zu produzieren und diese bei mathefragen.de einem Lernenden zur Verfügung zu stellen.

## *Nugget-Learning, Bite-sized Learning, Mikrolearning*

Eine Studie von Microsoft hat ergeben, dass unsere Aufmerksamkeitsspanne von zwölf auf nur acht Sekunden gesunken ist. Dieser Erkenntnis entsprechend tendieren viele moderne Lehransätze zum Nugget-Learning, auch Bite-sized Learning oder Mikrolearning genannt. Und zwar nicht nur deshalb, weil die Aufmerksamkeitsspanne möglicherweise – wie die erwähnte Studie behauptet – gesunken ist, sondern weil schon Untersuchungen aus den 1990er-Jahren belegen, dass wir Dinge in einem Zeitraum von 15 bis 20 Minuten sehr gut aufnehmen können, während danach die Aufnahmefähigkeit rapide abnimmt.[12] Ich frage mich, warum wir, wenn wir das schon seit mehr als 20 Jahren wissen, immer noch an Schulstunden und Vorlesungen festhalten, die 45 oder 90 Minuten dauern.

Die Erfahrung zeigt, dass kleine Lerneinheiten vom Gehirn besser aufgenommen und verarbeitet werden als größere. Die von mir häufig besuchte Webseite t3n.de hat zum Mikrolearning einen Bericht veröffentlicht, dem zufolge das Lernen in Häppchen um bis zu 17 Prozent effizienter sein soll.[13] Doch nicht nur das: Auch die Motivation der Lernenden, heißt es hier, steigt um bis zu 50 Prozent. Das passt natürlich zu der Länge vieler Youtube-Videos und Lern-Apps, die Stoff in Lern-Nuggets von wenigen Minuten vermitteln. Durch sie stehen immer mehr Lern-Nuggets zur Verfügung, die für das Mikro- oder Bite-sized Learning benutzt werden.[14]

Eines ist dabei allerdings zu bedenken: Der erwähnte Artikel auf t3n.de fokussiert ausdrücklich auf berufliche Schulungen. Hier bietet sich das Lernen in kleinen Häppchen auch deshalb besonders an, weil in Unternehmen oft kurzfristig sehr spezielle Skills oder ein spezifisches Wissen gefragt sind. Anstatt aufwendig konzipierte, hochkomplexe Kurse zu schaffen oder zu buchen, in denen Mitarbeiter dann mit einer viel zu großen Menge an Informationen überhäuft werden – von denen sie drei Viertel wieder vergessen –, stellen die Firmen bedarfsgerechte Nuggets recht schnell und auf die Anforderungen an einzelne Mitarbeiter zugeschnitten zur Verfügung, was ihre Schulungen, wie sich zeigt, deutlich effizienter macht.

Meines Erachtens hat das Lernen in kleinen Häppchen seine Grenzen. Es bietet sich vor allem dann an, wenn schon Wissen da ist. Wenn die Jobwelt sich von heute auf morgen verändert, kann es reichen, sich das Neue in kleinen Häppchen anzueignen. In der Schule kann es ebenfalls sinnvoll sein, wenn man Lehrstoff ergänzen oder vertiefen will. Nugget-, Mikro- oder Bite-sized Learning eignet sich ideal für das lebenslange Lernen!

### Nanodegrees erwerben

Zu den Nuggets, den kleinen Häppchen, in denen Lernen vor allem im Bereich von Weiterbildungen sinnvoll ist, passt, dass sich im Bereich von Zertifizierungen und Abschlüssen das Modell der Nanodegrees zunehmend verbreitet. Die On-

line-Universität Udacity vergibt solche Minizertifikate, die
nachweisen, dass sich jemand bestimmte Fähigkeiten in bestimmten Themengebieten angeeignet hat. Ich glaube, in Zukunft wird nicht mehr jeder mit drei, vier »großen« Abschlüssen durchs Leben gehen. Schon jetzt zeigt sich in der Arbeitswelt eine Tendenz zu regelmäßig neuen Abschlüssen, die
durch kurzzeitige Weiterbildungen erlangt werden und mit
denen Berufstätige das eigene Portfolio erweitern. Im deutschsprachigen Raum nutzen Angestellte und Freelancer vor allem die Plattformen Xing (jetzt New Work SE) und LinkedIn,
um ihr Portfolio einer breiten Masse zu präsentieren. Das
sind professionelle Netzwerke, auf denen berufliche Kontakte
geknüpft werden, aber auch qualitativ hochwertige Artikel zu
lesen sind, sodass die Nutzer auch hier permanent dazuler-
nen und Inspiration für neue Ideen finden. Für mich gehört
das Kommunizieren, Weiterbilden und Netzwerken auf diesen Plattformen in Zukunft zum Standard, so wie man sich
früher mit einem klassischen Lebenslauf und durch die Teilnahme an Weiterbildungen vor Ort beworben und den beruf-
lichen Horizont erweitert hat. Das heißt, der Prozess des
Matchings, die Art und Weise, wie Firmen mit ihren Angestellten zusammenkommen, verändert sich gerade durch die
Möglichkeiten der sozialen Netzwerke grundlegend: Das New
Learning verbindet sich hier mit dem New Recruiting (oder
E-Recruiting). Schon heute scannen Firmen Berufsportale,
um Mitarbeiter gezielt mit Jobangeboten anzusprechen. Je
besser man sein eigenes Portfolio digital auf entsprechenden
Plattformen präsentiert, desto höher ist die Chance, gefunden
und rekrutiert zu werden. Auch dieser Bereich ist ein Beispiel
dafür, dass die sozialen Netzwerke längst mehr sind als private Spielwiesen à la Facebook oder Instagram. Wer Jugendliche
ausbildet, sollte sie auch darauf vorbereiten, wie sie auf dem

Weg in den Beruf Karrierenetzwerkplattformen am besten
nutzen können.

### Welche Skills braucht man in Zukunft?
Unser Bildungssystem ist immer noch auf die Anforderungen
der industrialisierten Gesellschaft ausgerichtet (oder, wie wir
am Beispiel des Technikwissens gesehen haben, nicht einmal
das). In Zukunft aber werden Routineaufgaben mehr und
mehr von Maschinen übernommen. Das ist natürlich für viele mit Ängsten verbunden – um den Arbeitsplatz und alles,
was daran hängt. Dabei ist diese Entwicklung eigentlich ein
Glück. Denn von Natur aus fühlen wir uns viel wohler, wenn
wir uns kreativ entfalten können. Wir sind gar nicht drauf
ausgerichtet, monoton immer das Gleiche zu machen.

Wenn die vierte industrielle Revolution jedoch zur Ab-
schaffung der Routinejobs führt – wenn wir also in Zukunft
nicht mehr vor allem Arbeiter brauchen, die montags früh
um neun pünktlich an der Maschine stehen –, wie sehen dann
eigentlich die Anforderungen in der neuen Arbeitswelt aus?
Was sollte jemand können, der die Schule und weiterführende
Bildungseinrichtungen verlässt? Was braucht er, um als Mitarbeiter für Unternehmen interessant zu sein? Oder um selbst
als Unternehmer erfolgreich zu werden?

Schon jetzt zeichnet sich ab, dass es auf andere Qualitäten
ankommen wird als früher. Die Bedeutung von Kommunikation nimmt zu. Von Kritikfähigkeit. Heute ist es viel wichtiger,
dass wir in der Lage sind, Dinge auszudiskutieren. Jeder muss
vor anderen sprechen können, Dinge präsentieren, Wissen
vortragen. Empathie ist gefragt und, natürlich – das versteht
sich von selbst –, ein Verständnis davon, wie die Online-Welt
funktioniert.

Das ist überhaupt nicht banal, wie man an einem Beispiel sehen kann, das vor Kurzem durch die Medien ging. Vor der Europawahl im Mai 2019 wurden die Parteien von einem Video des Youtubers Rezo aufgeschreckt. Das Video hieß »Die Zerstörung der CDU« und war mit etwa 45 Minuten ungewöhnlich lang. Rezo kritisierte darin vor allem die Politik der CDU und belegte seine Anklage mit fundierten Fakten und Verweisen auf seine Quellen. Jeder konnte also nachvollziehen, woher er seine Argumente bezog und ob sie plausibel waren. Nach einem kläglich gescheiterten Versuch der CDU, auf Rezos Attacke mit einem eigenen Video zu antworten, präsentierte deren Schwesterpartei, die bayerische CSU, nun Ende August den parteieigenen Youtube-Kanal CSYou. Und zog mit dem ersten Video sofort jede Menge Hohn und Spott auf sich. Warum? Die Verantwortlichen in der Partei glaubten offenbar, der Erfolg von Youtube-Videos habe etwas mit dem äußeren Erscheinungsbild zu tun. Damit, dass viele Youtuber lässig gekleidet sind, coole Namen oder auch mal wie Rezo blaue Haare haben. Sie haben nicht verstanden, wie die Kommunikation im Netz funktioniert, worauf es ankommt und was ein Video leisten muss, damit es von den Usern geschätzt und weiterverbreitet wird. Im Grunde genommen haben sie die Netzcommunity für dumm gehalten. Sie haben nicht damit gerechnet, dass es auch im Internet um die Qualität der Inhalte geht, und geglaubt, es reicht, wenn sie jemanden vor die Kamera stellen, der lustig gefärbte Haare hat. Es ist dieselbe Überraschung, die ich von der Schule so gut kenne: darüber, dass Jugendliche sich tatsächlich für Mathe *interessieren*. Mit Interesse an Inhalten hat man bei der CSU nicht gerechnet. Stattdessen haben die Macher des Videos einfach ein paar Statements zusammengehauen, die nicht wirklich von den Phrasen zu unterscheiden waren, die man aus den öffentlichen Medien und der Presse bereits zur Genüge kennt. Die Netzcommunity hat einstimmig reagiert: Das Video ist ein kommunikatives Desaster.

Youtuber und alle, die da auf Instagram, Snapchat und Tik-Tok folgen, haben Spaß bei dem, was sie tun. Aber sie haben eben nicht *nur* Spaß, sondern *auch*. Das führt mich zu einem Aspekt des Lernens, der überhaupt nicht neu ist: Jede Lernerfahrung ist mit Emotionen verknüpft – mit negativen wie Frust, Enttäuschung und Angst, aber auch mit positiven. Deshalb sollte es Lehrern immer darum gehen, negative Emotionen zum Anlass für Korrekturen zu nehmen und in positive umzuwandeln. Wenn die Schüler gelangweilt sind oder sich ablehnend verhalten, sollte das für uns als Lehrende eine Herausforderung sein: Machen wir etwas anders!

Ich habe oft die Erfahrung gemacht, dass Schüler, Auszubildende und Studierende sich motivieren und begeistern lassen, wenn man gemeinsam Erfolge feiert. Was, wenn das Lernen und Lehren von Physik, Mathematik, Geschichte und Co., unterstützt durch Technologie, zum Teamsport werden würde? Der Coach inspiriert zu einem Thema, sei es durch den klassischen Vortrag oder indem er Schüler dabei unterstützt, zu üben und sich mithilfe digitaler Medien Stoff anzueignen. Mehrere Coaches arbeiten vor Ort Hand in Hand. Zum Beispiel: Der Biologieexperte kooperiert mit dem Informatik- und dem Mathematikexperten in einem Projekt zum aktuellen Brennpunktthema »Wie projiziert man das menschliche Lernen in neuronalen Netzwerkstrukturen auf Maschinen?«. Bei Bedarf stehen dazu nahezu unbegrenzte Reserven an Online-Tutoren zur Verfügung, die nach persönlichem Geschmack Wissen ergänzen oder zu Neuem anregen. Auch sie können Emotionen wecken – wie man am Feedback auf meine Videos unschwer erkennen kann.

Ich glaube, das Wichtigste, was wir in der Schule lernen sollten, ist: Lernen, wie man lernt. Jeder sollte wissen, welche Strategien ihm helfen, sich einen Stoff oder eine Fähigkeit (wie eine Sprache, Programmieren etc.) anzueignen. Jeder sollte wissen, wie er Durchhaltevermögen entwickelt, um auch durch die Mühen der Ebene zu kommen. Jeder sollte Techniken erlernen, die ihm helfen, sich Dinge zu merken, aber auch, sich die Neugierde und den Spaß am Lernen zu erhalten. Je besser das gelingt, desto besser sind wir für den exponentiellen Wandel gerüstet, der uns alle vor die Herausforderung stellt, ein Leben lang lernen und uns an völlig neue Dinge anpassen zu müssen.

Meines Erachtens sollte es vor allem in der Schule längst Programm für alle Lehrenden sein: den Schülern beizubringen, wie man mit Begeisterung lernt. Ich denke, hier besteht eine riesige Chance, auch mit der Unterstützung von künstlicher Intelligenz herauszufinden, welcher Lerntyp man eigentlich ist.

Warum werden Soft Skills wie emotionale Intelligenz, Sozialverhalten, Kommunikationsvermögen und Empathie in der digitalisierten Welt so wichtig?

Ein Grund ist, dass wir, wie es Jack Ma beschreibt,[15] genau die Dinge lernen müssen, die Maschinen auch in naher Zukunft nicht können werden. In der Auswertung von Daten, beim reinen Abfragen von Wissen werden wir mit den Maschinen der Zukunft nicht konkurrieren können. Deshalb müssen wir uns auf das konzentrieren, was auch in Zukunft unsere Aufgabe sein wird: Probleme lösen, verhandeln, vortragen, vermitteln. Verantwortung übernehmen können, aber auch teamfähig sein und mit Kritik umgehen können. Je mehr »IQ« die Maschinen haben werden, desto wichtiger wird es sein, dass wir Menschen unseren »EQ«, unsere emotionale

Intelligenz, schärfen. Sie gilt als eine der Work-Skills der Zukunft.[16]

*Die am meisten nachgefragten Fähigkeiten*
(2020; Weltwirtschaftsforum)

1. Komplexe Probleme lösen
2. Kritisches Denken
3. Kreativität
4. Personalführung
5. Zusammenwirken mit anderen
6. Emotionale Intelligenz (neu)
7. Beurteilungsvermögen und Entscheidungsfindung
8. Serviceorientierung
9. Verhandlungsgeschick
10. Kognitive Flexibilität (neu)

Im Agrarzeitalter brauchte man Menschen, die auf dem Feld arbeiten konnten. Im Industriezeitalter brauchte man Arbeitskräfte, die Maschinen bedienen konnten. In Zukunft werden Menschen das leisten müssen, was Maschinen nicht können: Sie werden Herz und Hirn einsetzen müssen, um erfolgreich zu sein.

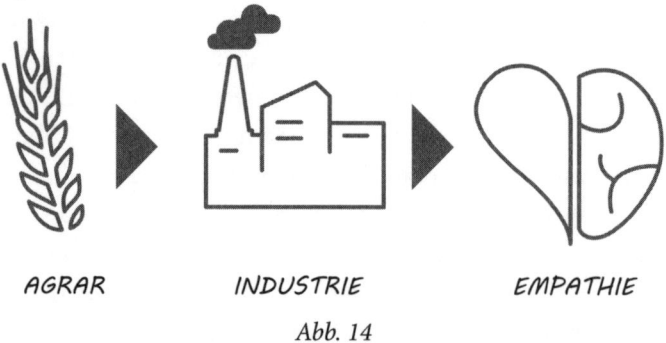

AGRAR          INDUSTRIE          EMPATHIE

*Abb. 14*

*Welche Inhalte sind in Zukunft wichtig?*

Zu den Dingen, die wir uns als Gesellschaft natürlich immer wieder überlegen müssen, gehört die Frage nach den Inhalten, die unterrichtet und gelernt werden sollen. Ist es wichtig, Latein zu lernen und Goethe zu kennen? Brauchen wir, was von vielen gefordert wird, neue Fächer wie Wirtschaftskompetenz?

Sicher ist, um die Welt zu verstehen, in der wir leben und arbeiten, sollte man sich thematisch beschäftigen mit:

- Informatik, künstlicher Intelligenz, Robotik, maschinellem Lernen
- Mathematik und Naturwissenschaften
- digitalen Kommunikationstools (privat und geschäftlich)
- Cybersecurity (Sicherheit im Internet)
- dem Internet der Dinge
- Entrepreneurship (und zwar: denken und handeln können wie ein Unternehmer, was nicht heißt, dass jeder unbedingt selbst gründen muss)
- Wie lernt der Mensch, wie lernt das Gehirn, wie lernt man Lernen?
- Was werden Maschinen nicht besser können als Menschen? Welche menschlichen Qualitäten werden in der Arbeitswelt gebraucht?

Ich halte es für extrem wichtig, dass diese Themen mit der Vermittlung und dem Trainieren der oben beschriebenen Skills verbunden werden. Werte, Kritikfähigkeit, Empathie, Teamfähigkeit, der Mut, Neues zu probieren – Dinge, die häufig unter dem Schlagwort der »emotionalen Intelligenz« zusammengefasst werden. Deshalb werden Bereiche – ich will nicht von »Fächern« sprechen, weil es im New-Learning-

Ökosystem für mich keine Fächer im klassischen Sinne mehr gibt –, deshalb also werden Bereiche wie Sport, Kunst, Musik und Theater in Zukunft wichtig bleiben oder noch an Bedeutung gewinnen. Denn hier hat jeder Einzelne die Möglichkeit, sich individuell auszudrücken und gleichzeitig Themen zu verhandeln, die uns alle angehen. Die Kreativität und Freiheit, die wir im Kindergarten vor allem in spielerischer Form ausleben durften, kommt uns hier zugute. Warum das nicht mit den Schulkindern ab dem Lebensalter von sechs, sieben Jahren fortsetzen und zur richtigen Zeit mit den oben angesprochen Themen verbinden?

Eine Fähigkeit, die mir in Bezug auf die Zukunft besonders wichtig erscheint, ist das Vortragen vor anderen. Für viele verbinden sich damit große Ängste, nicht wenige vermeiden es, sobald sie die Referate in Schule und Ausbildung gequält durchgestanden haben, und reden für den Rest ihres Lebens nie wieder vor einem größeren Publikum.

Für mich selbst wurde es natürlich immer wichtiger, vor anderen sprechen zu können, je stärker meine Videos sich verbreiteten. Zwar hatte ich durch meine Filme ein bisschen Übung, aber es ist doch etwas anderes, wenn man auf einer großen Bühne steht! Noch vor einigen Jahren konnte ich mir das nicht vorstellen, schon gar nicht, auf Englisch zu sprechen. In dieser Hinsicht ist letztes Jahr (2018) ein kleiner Traum für mich wahr geworden, als ich auf einer TED-Bühne sprechen durfte – auf Englisch. Das wäre nicht möglich gewesen, wenn ich meine Angst nicht irgendwann überwunden hätte, es einfach probiert und mit jedem Vortrag gelernt hätte. Denn im Grunde genommen ist es eine Frage der Routine. Wenn man häufig vor Publikum spricht, nehmen Angst und Aufregung mit der Zeit ab; die Strategien, sich Inhalte zu merken und den Vortrag zu strukturieren, werden besser. Daher gebe ich überall, wo ich mit Menschen spreche, den Tipp, das Vortragen von Themen vor anderen zu üben. Dazu bedarf es nicht einmal digitaler Geräte oder finanzieller Ressourcen!

***Tipps für alle, die selbst zur New-Learning-Revolution beitragen wollen***
In Gesprächen habe ich es mir angewöhnt, das New-Learning-Ökosystem so, wie ich es mir vorstelle, zu skizzieren:

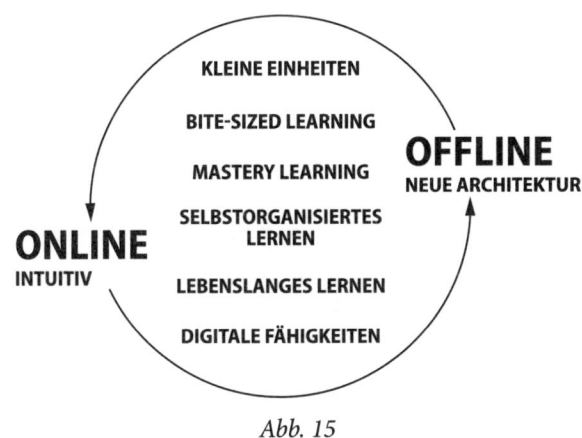

*Abb. 15*

Da ich auf Vorträgen und bei vielen Begegnungen immer wieder nach Rat und Tipps gefragt werde, fasse ich hier abschließend noch einmal in einer Liste zusammen, wie man insbesondere digitale Tools und die sozialen Netzwerke nutzen kann, um selbst zu lernen, Content zu produzieren und mit diesem in Kommunikation mit Usern und andern Creators in Kontakt zu treten:

1. Lernt, wie man lernt! Tipp Nr. 1!! Findet vor allem heraus, was euch persönlich am besten hilft.

2. Übt das Vortragen vor anderen Menschen, das braucht man auch, wenn man Videos produzieren und hier Sachverhalte und Themen anschaulich erklären will.

3. Mit der Anchor-App kann jeder Laie einen Podcast starten.

4. Mit der Meetup-App findet man im Umkreis interessante Events vor Ort.

5. Das Smartphone enthält eine Kamera, mit der man Videos produzieren und sie auf verschiedenen Plattformen verbreiten kann. Probiert einfach mal, erste Erklärvideos bei Youtube zu teilen (oder natürlich bei TikTok, Instagram und Co.).

6. Schaut regelmäßig TED Talks für Input, und sucht bei Youtube nach relevanten Themen.

7. Vernetzt euch über Xing (New Work SE) und LinkedIn mit Gleichgesinnten und tauscht euch aus. Und stellt dort eure Projekte, Fähigkeiten etc. ein – selbst wenn es Babysitting ist (= Empathie).

8. Testet Tools wie Slack, Evernote oder Trello zum gemeinsamen Arbeiten.

9. Nutzt vorhandene Möglichkeiten, um vor Ort zukunftsträchtige Fähigkeiten zu erlernen (wie zum Beispiel Open Roberta).

10. Belegt vielleicht auch mal einen kostenpflichtigen Online-Kurs zu einem Zukunftsthema, gebt das anschließend in eurem Profil bei Xing oder LinkedIn an und schaut, was passiert – zum Beispiel, wenn ihr ein entsprechendes Zertifikat von Udacity oder Coursera einstellt.

11. Beschäftigt euch regelmäßig mit neuen Themen wie der künstlichen Intelligenz, man kann das wunderbar mit den eigenen Vorlieben kombinieren, zum Beispiel: Auswirkung der künstlichen Intelligenz auf Kunst oder Medizin.

12. Wenn ihr ein langfristiges Projekt verfolgt, braucht ihr ein Curriculum. Für Differenzialrechnung in der Tiefe zum Beispiel braucht man ein Curriculum, das heißt, man muss sich vorher überlegen: Was erkläre ich wann, welcher Schritt folgt auf welchen?

13. Lest regelmäßig Bücher (Readers are Leaders). GaryVee, Tom Bilyeu und Co. geben gute Buchtipps. Vielleicht auch in digitaler Form, als Text oder Audiofile in der kuratierten Zusammenfassung bei Blinkist.

14. Fangt an! Werdet selbst Rockstars der Bildung!

## Die neue Schule ist überall!

Wenn Leute sich zum TED Talk treffen, ist das Schule. Sagt Ken Robinson. Jeder, der schon mal ein TED-Talk-Video auf Youtube gesehen hat, wird ihm recht geben. Da sitzen Menschen in einer Art Hörsaal zusammen, vorne auf der Bühne steht ein Vortragender, mit Rednerpult, Mikrofon und oft auch ein paar Slides, die während des Vortrags gezeigt werden. Früher war das mal ein Overheadprojektor, da wurden Papierseiten aufgelegt. Von der etwas moderneren Ausstattung abgesehen ist das also alles nicht besonders neu, und kaum anders, als es in vielen Schul-, Ausbildungs- oder Universitätshörsälen aussieht. Und doch sind die TED Talks das beste Beispiel für die Bildungsrevolution, die wir gerade erleben.

Bei den TED Talks passiert vieles von dem, was ich hier beschrieben habe und was Verfechter des New Learning fordern und propagieren: Die Voraussetzung dafür, dass Leute sich hier treffen, sind Neugierde und Interesse, und die Lust, etwas Neues zu lernen. Die Dauer der Vorträge ist mit bis zu

20 Minuten relativ kurz und entspricht dem, was sich wissenschaftlich als ideal für die Aufnahme von neuen Inhalten erwiesen hat. Die Videos von den Vorträgen sind überall, zu jeder Zeit und für jeden zugänglich. Bei den Vortragenden handelt es sich meist um hervorragende Vertreter ihres Fachs, die wissen, wie man die Zuhörer mit viel Kreativität und Eloquenz nicht nur informieren, sondern vor allem begeistern kann. Hier trifft sich eine Community zum gemeinsamen Lernen.

Wenn ich also dauernd fordere, dass wir Schule neu definieren müssen, dann will ich hier, ganz am Ende des Buches, noch einmal ganz von vorn anfangen. Was bedeutet Lernen? Bildung? Schule?

»Lernen« ist ein Prozess, um sich Wissen und Fähigkeiten anzueignen. »Bildung« ist eine in größerem Umfang organisierte Form des Lernens. Bildung erfordert langfristige Pläne, die Curricula, die größere, komplexere Lerninhalte strukturieren. So, dass man sie möglichst effizient und mit einem guten Ergebnis erlernen kann. Das gilt zum Beispiel für Sprachen, aber auch für jedes umfangreichere Thema der Mathematik und deren tieferes Verständnis. Der Infinitesimalrechnung zum Beispiel waren nur Leibniz und Newton wirklich gewachsen. Sie muss geordnet vermittelt werden, jeder, der hier sich selbst überlassen wäre, würde hoffnungslos scheitern.

Zur Bildung gehören nicht nur Themen, sondern auch Soft Skills, Fähigkeiten also, die wir entwickeln sollten, um uns in der Welt, in der wir leben, zurechtzufinden.

Der »Lehrer« ist jemand, der andere beim Lernen begleitet, sie anleitet und vor allem: begeistert!! Lehrer werden in Zukunft wichtiger denn je. Ich glaube, wenn ich jemandem eine Jobgarantie aussprechen kann, dann Lehrern. In Schulen,

aber auch für die Weiterbildung in Firmen, und in vielen anderen Umgebungen.

Wenn wir von diesen vermutlich wenig umstrittenen
Grundvoraussetzungen ausgehen, können wir Schule neu definieren. Und zwar, ganz im Sinne Ken Robinsons, als Community von Lernenden.

Drei Dinge müssten dabei um 180 Grad umgekehrt werden:
Schule braucht Verschiedenheit (Diversity), sie sollte also die
Tatsache fördern, dass jeder unterschiedliche Talente und Interessen hat und damit auf seine Weise zum Gemeinwohl beitragen kann. Schule braucht Kreativität, und sie braucht Team-
arbeit. Denn produktiv sind wir als Gesellschaft in Projekten
und Unternehmen dann, wenn wir gut in Teams zusammen-
arbeiten. Bisher aber, so Robinson, bestraft das Schulsystem
diese drei Dinge und fördert das Gegenteil: Konformität, das
unkritische Erfüllen von Anforderungen und Aufgaben (was
das Gegenteil von Kreativität ist) und Wettbewerb bzw. Rivali-
tät zwischen den Schülern.

Nur wenn wir diese drei Faktoren umkehren, werden wir
zu einer Gemeinschaft von Lernenden, von der jeder Einzelne
genauso profitiert wie die Gruppe.

Wenn wir das hinkriegen, dann ist jede Gruppe, die zusammenkommt, um voneinander zu lernen, eine Schule. Und
wenn man Schule so denkt, ist sie überall möglich, und jeder
kann daran teilnehmen. Und zwar in jeder Rolle – als Lernen-
der oder als Lehrender.

## Manifest der Bildung

Wenn ich meine Vorstellungen von der Schule der Zukunft in zehn Forderungen zusammenfasse, sehen sie so aus:

1. Mehr Lehrer statt mehr Tablets für Kids!
2. Gebt den Lehrern mehr Freiheit zum Experimentieren – jetzt!
3. Lehrer sind die Grundlage jedes Lernerfolgs – macht sie jetzt fit für die Zukunft!
4. Menschen sind verschieden – deshalb Schluss mit der Konformität in der Bildung!
5. Keine Schüler*in darf mehr an Mathe scheitern!
6. Die Jugend ist im Netz, also holt sie dort mit Bildungsinhalten ab!
7. Die Aufgabe der Bildung ist es, Kreativität zu wecken und zu leben – zur Vorbereitung auf das Zeitalter der künstlichen Intelligenz!
8. Alle Schulen müssen als digitale Lernorte auch architektonisch neu gestaltet werden!
9. Künftig darf kein Jugendlicher mehr die Schule abbrechen müssen!
10. Schon jetzt müssen innovative Initiativen wie »Roberta« flächendeckend genutzt werden!

## Let's rock Education!

Was ich hier vorschlage, gilt nicht nur für Schulen, sondern auch für Unternehmen. Denn in Unternehmen findet ein Großteil von Bildung statt. Große Konzerne wie BMW, Daimler oder SAP haben firmeneigene Fortbildungseinrichtungen.

Andere nehmen Weiterbildungen als externe Dienstleistungen für ihre Mitarbeiter in Anspruch. Sie alle müssen ihre Curricula überdenken. Auch hier muss das Video-Learning zur Grundlage für die Aus- und Weiterbildung werden. Dabei geht es nicht mehr nur darum, dass Firmen Mitarbeiter auf eine Fortbildung schicken, damit sie anschließend im Unternehmen besser einsetzbar sind. Die Herausforderungen der vierten industriellen Revolution und des damit verbundenen exponentiellen Wachstums erfordern von uns allen, uns ein Leben lang anzupassen und Neues zu lernen. Wenn dieser Prozess aber nach Schule, Ausbildung und Universität nicht beendet ist, dann geraten die Unternehmen automatisch in eine größere Verantwortung als früher. Es liegt nun an ihnen, ihre Mitarbeiter, auch die älteren unter ihnen, auf die Veränderungen der Technik- und Lebenswelt einzustellen.

Ich möchte deshalb nicht nur den Staat, sondern auch die Unternehmen in die Pflicht nehmen. Auch sie haben eine gesellschaftliche Verantwortung für die Bildung. Auch sie sollten anfangen, Videos zu produzieren und Content zu schaffen, der einen Mehrwert generiert.

Heute stellt sich nicht mehr die Frage, ob, sondern, wann und wie wir starten. Ich beobachte hier das Problem, dass oft mit viel Geld wenig relevanter Content produziert wird, der zu einem großen Teil auch noch unbenutzt liegen bleibt. Wie bereits erwähnt, überlege ich derzeit, speziell für den Bereich Videoproduktion (mit Schwerpunkt Bildung und Storytelling inklusive Distribution) mit einem Team neue Möglichkeiten der Umsetzungen anzubieten. Denn es ist einfach mein Drang, umzusetzen und nicht zu warten, bis es endlich jemand macht.

Natürlich brauchen wir auch in Zukunft kuratierten Content. Wir müssen über Curricula nachdenken und darüber,

wie wir die Qualität des Lernens sichern. Sowohl in Bezug auf
die Inhalte als auch die Methoden. Wenn nun auf einmal
überall »Schule« entsteht – so wie es durch die Verbreitung
von Bildungscontent im Netz ohnehin geschieht –, muss das
überhaupt nicht das Ende sämtlicher Institutionen bedeuten.
Im Gegenteil: Eher könnte ich mir vorstellen, dass Lehrer und
Schüler einer Schule oder Universität gemeinsam überlegen,
wie sie das Lernen vor Ort verändern, zum Beispiel, indem sie
den Klassenraum umkehren, TED Talks veranstalten oder
eine Podcast-Serie produzieren. Ich habe das ausführlich beschrieben. Ich möchte hier auch den Einzelnen noch einmal
davor warnen, alles hinzuwerfen und nur noch vor dem Bildschirm zu lernen. Es kann gefährlich sein, die Schule oder
das Studium abzubrechen. Nicht nur, weil selbstorganisiertes
Lernen ein hohes Maß an Wissen und Fähigkeiten voraus-
setzt. Sondern auch, weil die Anbindung an Mentoren, Tutoren, Lehrer und eine Lerncommunity etwas sehr Wertvolles
ist. Ich glaube, man sollte angesichts der jetzt schon stattfin-
denden Veränderungen flexibel sein, schauen, wo Freiräume
entstehen, sich selbst verändern, anpassen, loslegen. Es muss
nicht jeder ein Unternehmer werden. Manchmal ist eine soli-
de Ausbildung, zusammen mit einer Fortbildung zum Beispiel im Bereich Machine-Learning, viel besser als eine Karriere, die auf den ersten Stufen der Leiter mit mehreren in den
Sand gesetzten Start-ups geschmückt ist.

Wir brauchen eine neue Schule, die überall ist. Weil wir die
Schule vor allem für Kids zu etwas gemacht haben, das der
Welt im 21. Jahrhundert nicht mehr entspricht.

Kinder lieben es zu lernen, das wird niemand bestreiten,
der sich einmal die Mühe gemacht hat, auf ihre Bedürfnisse
wirklich einzugehen.

Aber nicht alle lieben Bildung.

Und einige haben eine harte Zeit in der Schule.

Lehrer lieben es zu unterrichten.

Aber nicht alle lieben die Bildungsvorgaben der Ministerien.

Und auch von ihnen haben einige eine harte Zeit in der Schule.

Das Problem an der Schule ist also nicht die Gemeinschaft von Lehrenden und Lernenden, die hier zusammenkommt. Sondern die veraltete Architektur mit ihren kasernenartigen Gebäuden, den langen Gängen, unbequemen Holzbänken und Tafeln. Und die Art und Weise, wie wir Schule praktizieren – mit starren Lehrplänen, und mit Tests und Klassenarbeiten, mit denen wir Lücken und Mängel nur feststellen, ohne sie anschließend zu beheben.

Wenn ich fordere, Bildung neu zu denken, geht es mir bei Weitem nicht darum, Lehrer durch Technologie zu ersetzen. Im Gegenteil: Die Community, auch die physische Begegnung und nicht nur die digitale in den sozialen Netzwerken, ist der Kern von Schule. Wir alle sollten dazu beitragen, »Schule« ein von Grund auf neues Gesicht zu geben, angefangen bei der Architektur.

Diese Community von Lernenden und Lehrenden kann überall sein, online und/oder offline. Denn lebenslanges Lernen bedeutet, das wir auch mit 30, 40 oder 50 zur »Schule« gehen werden. Das ist vielleicht der Aspekt, bei dem wir am stärksten dazu aufgefordert sind, umzudenken: Wir müssen wegkommen vom bisherigen linearen Bildungsmodell, vom standardisierten »Lebenslauf«, der bei der Geburt anfängt und dann über Kindergarten, Grundschule, weiterführende Schule, Ausbildung/Uni, Arbeit, Fortbildungen bis zur Rente führt, in genau festgelegten Zeiträumen. Wenn man bedenkt, wie verschieden Menschen sind, wie unterschiedlich ihre

Fähigkeiten und Interessen, dann ist es eigentlich erschreckend, wie starr das Korsett ist, in das wir vom Bildungssystem gepresst werden: Fast alle gehen ab dem Alter von 6 Jahren in die Grundschule, besuchen mit 10 eine weiterführende Schule, machen mit 16 die Mittlere Reife. Viele schließen mit 19 das Abitur an oder machen eine Ausbildung. Warum dieser Gleichschritt?

Dasselbe gilt, wenn man es weiterdenkt, für die Ferien. Wozu brauchen Kinder Ferien, und warum alle zur selben Zeit? Wie wäre es, wenn die Schule als eine Art verlängerter Kindergarten so frei ist und das Lernen so viel Spaß macht, dass jeder dann mal eine Woche aussetzen kann, wenn er es gerade braucht, oder wenn die Familie mal eine Woche wegfahren will?

Auch in der »neuen Schule« wird und muss es Orte geben, an denen wir uns zum Lernen treffen. Wir werden weiter Curricula brauchen, Mentoren und Lehrer. Aber nicht mehr unbedingt standardisierte Vorgaben für den Lebenslauf der Lernenden. Das allein wäre schon ein entscheidender Schritt für die Gesellschaft hin zu ungeahnten Möglichkeiten, sich kreativ zu entfalten und ständig Neues lernen zu können – so wie Kinder – und dabei der Neugierde freien Lauf zu lassen und den persönlichen Interessen zu folgen.

Die sozialen Netzwerke sollten wir dabei nicht verbannen, sondern nutzen. Denn sie leisten dabei zwei unglaubliche Dinge: Jeder kann alles, was ihn interessiert, zu jeder Tages- und Nachtzeit im Netz finden, oft hervorragend erklärt und aufbereitet. Wenn er sich dort auf die Suche begibt, kann er schnell in einen kommunikativen Austausch mit anderen Usern treten; und wird so wieder Teil einer Gemeinschaft von Lernenden!

Ein wesentlicher Teil des New Learning besteht darin, die

sozialen Medien als »Educational Media« zu nutzen – als Bildungsmedien.

Wir befinden uns heute im Frühstadium eines Wendepunkts, der einer der erfolgreichsten der Geschichte werden kann: Wir erleben die Informationsrevolution. Das Tempo dieser Revolution habe ich an der Exponentialkurve deutlich gemacht. Es ist derart rasant, dass Kreativität und analytisches Denken nicht mehr als optional gelten können, sondern Überlebenswerkzeuge sind. Die heutige Welt benötigt kreative, wissbegierige, selbstbestimmte, lebenslang lernende Menschen, die in der Lage sind, neuartige Ideen zu entwickeln und umzusetzen.

Die Fähigkeiten, die wir für diese Zukunft »als lebenslange Schule« brauchen, hatten wir als Kinder alle: Wir sind zehnmal hingefallen und haben trotzdem laufen gelernt. Wir waren neugierig und kreativ, haben spielend und mit anderen gemeinsam spielend gelernt. Genau diese Skills sind die Basis für das neue Lernökosystem.

Um es noch einmal mit einer kombinatorischen Matheformel zu sagen: Neugierde + Mut + Kreativität + Ausdauer = Grundlage für das New Learning.

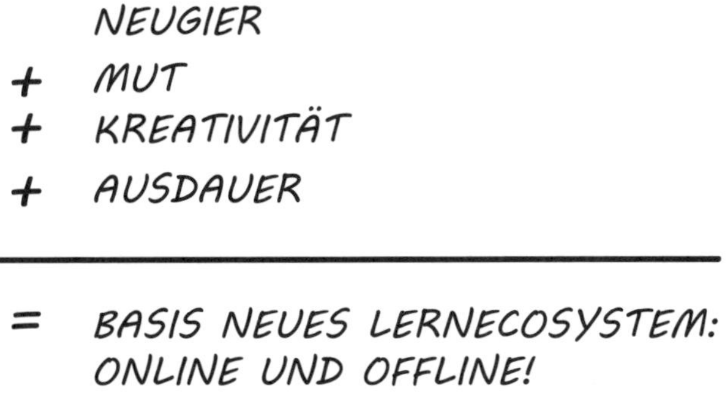

NEUGIER
+ MUT
+ KREATIVITÄT
+ AUSDAUER

---

= BASIS NEUES LERNECOSYSTEM: ONLINE UND OFFLINE!

*Abb. 16*

Wie das funktioniert, und wie verblüffend schnell Kinder lernen, beobachte ich tagtäglich bei meinem Neffen.

Unsere Aufgabe als Gesellschaft ist es, jedem bei Bedarf und zum rechten Zeitpunkt eine neue Lernumgebung (online wie offline) zu ermöglichen. Packen wir es an!

Let's rock Education!

# Anmerkungen

## Vorwort

1 *The New York Times*, 10.09.2014, www.nytimes.com/2014/09/11/fashion/
steve-jobs-apple-was-a-low-tech-parent.html?smid=nytcore-ios-share,
aufgerufen am 27.06.2019.
2 www.youtube.com/watch?v=aeld9vaXbeE&feature=youtu.be, aufgerufen am 10.08.2019.
3 www.youtube.com/watch?v=YYIOCBP8PJQ, aufgerufen am 11.08.
2019.
4 https://youtu.be/8P57hOHSbg0.

## Die ganze Mathematik
## in Kurzvideos

1 https://youtu.be/OmJ-4B-mS-Y.
2 www.bento.de/future/lerntipps-fuer-die-uni-drei-lern-youtuber-er-
klaeren-wie-du-dich-am-besten-auf-pruefungen-vorbereitest-a-736b
32fe-07e9-443f-b8be-29969419f35a, veröffentlicht am 12.06.2019, aufgerufen am 3.07.2019.
3 In Anlehnung an den Buchtitel des Psychologen Paul Watzlawick.
4 www.youtube.com/watch?v=meDTxLeR3Dk&feature=youtu.be.
5 www.roberta-home.de.
6 https://socialblade.com/youtube/c/mathebydanieljung/videos.
7 www.heise.de/developer/meldung/Deep-Learning-Turing-Award-
fuer-Yoshua-Bengio-Geoffrey-Hinton-und-Yann-LeCun-4353832.
html.

## Unser Bildungssystem: ein Dschungel

1   www.faz.net/aktuell/wirtschaft/studivz-insolvenz-die-einstige-netz-
    werk-erfolgsstory-ist-pleite-15189212.html.

2   www.spiegel.de/netzwelt/gadgets/oculus-rift-kauf-was-facebook-mit-
    einer-3-d-brille-will-a-960814.html, 26.03.2014, aufgerufen am 16.08.
    2019.

3   https://tu-dresden.de/gsw/ew/ibbd/sp/ressourcen/dateien/forschung/
    online-archiv/FIBS.pdf?lang=de.

4   https://tu-dresden.de/gsw/ew/ibbd/sp/ressourcen/dateien/forschung/
    online-archiv/FIBS.pdf?lang=de.

5   Durchgeführt vom Forschungsinstitut für Bildungs- und Sozialökono-
    mie, veröffentlicht unter: https://tu-dresden.de/gsw/ew/ibbd/sp/res-
    sourcen/dateien/forschung/online-archiv/FIBS.pdf?lang=de.

6   www.bertelsmann-stiftung.de/de/themen/aktuelle-meldungen/2016/
    januar/eltern-geben-jaehrlich-rund-900-millionen-euro-fuer-nach-
    hilfe-aus/, aufgerufen am 10.08.2019.

7   www.youtube.com/watch?v=a76CGdrIu2E&feature=youtu.be.

8   www.rga.de/rhein-wupper/muss-lehramts-bewerber-abweisen-
    13026697.html.

9   www.focus.de/familie/lernen/nachhilfe/der-globale-mathe-lehrer-
    nachhilfe-auf-youtube_id_2246779.html, aufgerufen am 10.08.2019.

10  www.focus.de/familie/lernen/nachhilfe/der-globale-mathe-lehrer-
    nachhilfe-auf-youtube_id_2246779.html, aufgerufen am 10.08.2019.

11  http://ch.bettermarks.com/spickzettel/computergestuetzte-lernsyste-
    me-interview-prof-dr-dr-manfred-spitzer.html.

12  www.businessinsider.de/how-skillshare-learning-platform-works-re-
    view?r=US&IR=T.

13  https://filmora.wondershare.com/de/screen-recorder/lynda-vs-skills-
    hare.html;
    www.businessinsider.com/linkedin-buys-lyndacom-for-15-billion-
    2015-4?IR=T.

14  www.sueddeutsche.de/bildung/lehrerschmidt-youtube-mathe-alge-
    bra-gleichungen-1.4474578.

15  www.ardmediathek.de/ard/player/Y3JpZDovL25kci5kZS80MzY0Z-
    mUxZClYjA3LTRiMTQtODYyMy1mNGEzYWQ2ZTI0YmI/.

16  Dieser Artikel erschien als Xing-Insider-Artikel von Daniel Jung: www.
    xing.com/news/klartext/3287.

17   https://j3l7h.de/blog/.

18   www.spiegel.de/spiegel/unispiegel/martin-bonner-koelner-profes-
     sor-ist-ein-youtube-star-a-1195648.html, aufgerufen am 22.08.2019.

19   www.bwl.uni-mannheim.de/news/ars-legendi-lehrpreis-fuer-mann-
     heimer-mathematik-professor-dr-leif-doering/ und www.rheinpfalz.
     de/lokal/ludwigshafen/artikel/mathematik-auf-youtube-mannhei-
     mer-professor-ausgezeichnet/.

20   https://de.wikipedia.org/wiki/Schülerhilfe.

21   https://de.wikipedia.org/wiki/Studienkreis.

22   www.businessinsider.de/futurist-predicts-online-school-largest-on-
     line-company-2016-12?r=US&IR=T.

23   https://tu-dresden.de/gsw/ew/ibbd/sp/ressourcen/dateien/forschung/
     online-archiv/FIBS.pdf?lang=de.

24   Wikipedia, WeWork.

## New Learning ist der Schlüssel

1    www.youtube.com/watch?v=4yrRKIgRWXk.

2    www.youtube.com/watch?v=cfRD-tHafxg&feature=youtu.be.

3    www.youtube.com/watch?v=_RKGhp83FN4.

4    www.classcentral.com/report/blooms-2-sigma-problem/.

5    https://blog.coursera.org/how-to-integrate-mastery-learning-in-
     to-course-design/.

6    www.faz.net/aktuell/feuilleton/hoch-schule/optimaler-unterricht-ge-
     sucht-eine-uni-macht-schule-16346830.html?GEPC=s9.

7    https://bildung.vdma.org/technikunterricht.

8    »I believe that the motion picture is destined to revolutionize our
     educational system«, Thomas Edison said in 1922, »and that in a few
     years it will supplant largely, if not entirely, the use of textbooks.« Edi-
     son wird von Derek Muller in einem hervorragenden Video zitiert:
     www.youtube.com/watch?v=GEmuEWjHr5c.

9    www.brandwatch.com/de/blog/statistiken-youtube/.

10   youtube.com/watch?v=rHt-5-RyrJk.

11   www.theschoolinthecloud.org/people/sugata-mitra/.

12   www.researchgate.net/publication/238711199_Can_Students_Learn_
     from_Lecture_Demonstrations.

13   https://t3n.de/news/nur-noch-haeppchen-lernen-sollten-1139051/.

14   https://elearningindustry.com/bite-sized-learning-vs-micro-learning-
     are-same.

15   www.youtube.com/watch?v=rHt-5-RyrJk&feature=youtu.be.

16   http://conversationaleq.com/future/.

Alle im Text enthaltenen externen Links begründen keine inhaltliche Verantwortung des Verlages, sondern sind allein von dem jeweiligen Dienstan-
bieter zu verantworten. Der Verlag hat die verlinkten externen Seiten zum
Zeitpunkt der Buchveröffentlichung sorgfältig überprüft, mögliche Rechts-
verstöße waren zum Zeitpunkt der Verlinkung nicht erkennbar. Auf spätere
Veränderungen besteht keinerlei Einfluss. Eine Haftung des Verlags ist daher ausgeschlossen.

# Bildnachweis

Abb. 1: le-tex publishing services nach
www.instagram.com/mathe__magic/

Abb. 2, 3, 4, 11: Daniel Jung Academy

Abb. 5: le-tex publishing services nach
https://towardsdatascience.com/cousins-of-artificial-
intelligence-dda4edc27b55

Abb. 6, 7, 10, 12, 14, 15, 16: le-tex publishing services nach
Daniel Jung Academy

Abb. 8: le-tex publishing services nach Mathieu Nebra,
https://www.classcentral.com/report/blooms-2-sigma-problem/

Abb. 9: le-tex publishing services nach
https://blog.coursera.org/5-tips-learn-more-effectively-
in-class-with/

Abb. 13: le-tex publishing services nach
https://www.educationcorner.com/the-learning-pyramid.html